難民

REFUGE:
TRANSFORMING
A BROKEN REFUGEE SYSTEM
by Alexander Betts and Paul Collier

行き詰まる国際難民制度を超えて

著◉アレクサンダー・ベッツ
ポール・コリアー

監修◉滝澤三郎

監訳◉岡部みどり
佐藤安信
杉木明子
山田満

翻訳◉金井健司
佐々木日奈子
須藤春樹
春聡子
古川麗
松井春樹
松本昂之
宮下大夢
山本剛

明石書店

REFUGE: TRANSFORMING A BROKEN REFUGEE SYSTEM
by Alexander Betts and Paul Collier

Japanese translation published by arrangement with Paul Collier and Alexander Betts Ltd
c/o The Wylie Agency (UK) Ltd through The English Agency (Japan) Ltd.

日本語版への序文

国民国家が存在する限り、難民は存在する。国家が人々の最も基本的なニーズを満たすことができないとき、その国民は国際的な保護を求めて国境を越えて逃げる。21世紀の戦争、権威主義、気候変動の中で、難民の移動は現代を象徴するグローバルな課題の一つである。このような中で、少なくとも帰国できるようになるまで、難民を自国に受け入れ、社会経済的に統合することが受入国に求められている。

本書の目的は、世界の難民制度の将来像を提示することである。理想主義ではなく、政治的現実主義に立脚し、現実政治の制約の中で機能しうるアプローチを特定する試みである。本書はもともと、2016年のヨーロッパ「難民危機」の文脈で書かれたものだ。1年の間に100万人を超える庇護希望者がEUに到着し、その大半がシリアからドイツに渡った者だった。その結果、極右政党が勢力を伸ばし、イギリスのEU離脱（Brexit）が決定するなど、ヨーロッパ全土でポピュリスト的ナショナリズムが急速に高まった。そのような危機を目の前にして、我々の目的は、難民に対する国民の懸念と難民を保護する倫理的・法的義務を両立させることができるアプローチを政策担当者が考えるときの現実的な解決策を示すことにあった。

当時から変わったものもあれば、変わらないものもある。2016年以降、世界の強制避難民の数は増え続け、2023年には初めて1億人を超える。新たな難民危機が出現し、2022年には約700万人の難民がウクライナからヨーロッパに逃れ、2018年以降は500万人の難民がベネズエラを離れ、アフガニスタンや南スーダンなど進行中の危機からの移動も急増している。数が増える一方で、庇護を提供する国々の政治的意志は低下し続け、英国からデンマーク、オーストラリアに至る多くの豊かな国家が、自力で外国にたどり着いて庇護を求めることの正当性に異を唱えている。

本書は、世界の難民制度の革新を呼び掛けている。それは、人間として最も基本的な権利を求めて逃げる人々のための聖域を持続可能なものにするためであった。1951年条約とUNHCRの重要性を認識しつつも、聖域が政治的に持続可能であるためには抜本的改革が必要だと主張している。我々からすると、1951年難民条約は不可欠であるが不十分だ。グローバルな責任分担や、脆弱国家や気候変動といった新たな移住の原因から逃れる人々に対する国家の義務といった重要な問題について、難民条約はほとんど沈黙している。UNHCRは、徐々に改革が進んでいるものの、法律と人道支援に重点を置きすぎており、難民保護の政治と経済については十分な対応をしていない。国際法が重要でないということではないが、国連が効果を発揮するためには、国家利益に訴え、難民受け入れ国に経済的機会を創出することが必要なのだ。国際法はUNHCRが利用できる影響力の源泉の一つに過ぎない。

世界の難民制度の根本的な改革はいまだに行われていない。1951年の難民の地位に関する条約と国連難民高等弁務官事務所（UNHCR）は、難民保護に関わる主な世界的機関として持ちこたえている。国際難民法は、各国の裁判所が庇護規範の侵食を遅らせるための重要なチェック&バランスとして機能してきた。UNHCRは、2018年に合意された「難民グローバルコンパクト（GCR）」を通じて、特に難民の自立政策を通じた責任分担の強化を通して、発展途上の受け入れ国にいる難民を支援するという富裕国の約束を再確認するなど、徐々に変わってきた。

しかし、自力での庇護申請や第三国定住は、少数の難民を保護する重要な手段であるが、大半の難民は紛争や危機の中にある出身国の隣国に保護を求める。難民制度にとって最も重要なことは、コロンビアからトルコ、パキスタンまで、圧倒的多数の難民を受け入れている第一次庇護国における難民保護を根本的に見直すことだ。難民キャンプの在り方を考え直し、働く権利、移動の自由、教育へのアクセスなどの社会経済的な権利と機会への難民のアクセスを拡大する必要がある。人道主義だけではなく、開発主義をも重視することで、難民とホストコミュニティがより良い関係を築ける。難民保護の目的は自立を回復することであり、難民と受け入れ社会が援助に依存しない生活を取り戻せるようにすることにある。

私たちは、すべてが正しかったとは言わないが、このような核心的議論を今も主張している。なるほど私たちはアンゲラ・メルケルに対して批判的すぎたのかもしれない。ヨーロッパと豊かな国々は、必要な時に難民を受け入れることができている。シリア難民は、多額の投資と大きな政治的コストを伴ったとはいえ、ほとんどの場合、ドイツにうまく溶け込んでいる。我々は、国際難民法に対して批判的すぎたかもしれない。ポピュリスト的なナショナリズムの最悪の行き過ぎを裁判所が阻止することができるなど、難民法が重要な役割を果たしていることは間違いない。UNHCRについても批判的すぎたかもしれない。UNHCRは、私たちが求めた変化の一部を採用し、開発政策をその活動の中心に据えるようになった。

しかし、より広範な潮流についての私たちの判断は正しかった。難民の数は増加し、受け入れの政治的な意志は低下している。受け入れが長期的に持続可能であるためには、各国と国際社会の両方で、難民政策の幅広い見直しが必要であり、避けられない。難民はどの国へでも自発的に渡航して庇護を求めることを認められるべきだ、という考えに否定的な国が増えつつある。経済の構造的な変化、中国の台頭、自由主義的な国際秩序の衰退は、難民保護に対する国家のコミットメントが所与のものではなくなったことを意味している。このようなコミットメントは、国内の政治的コンセンサスを通じて、あるいは相互に有益な国際協定を通じて生まれなければならない。政治家や国際機関は、このようなコンセンサスの構築や、多国間、地域、二国間での新たな協定の締結を促進しなければならない。

本書で取り上げたヨルダン・コンパクトは、そのような協力の一例だ。その実施は完璧ではなかったが、ヨルダンはシリア難民を受け入れるというコミットメントを維持し、国内でシリア難民に働く権利を与え、約20万件の労働許可証を出した。これは、欧州連合（EU）と世界銀行がヨルダンに譲許的な資金と貿易譲許を提供することによって可能となった。この事例から学べることはたくさんある。難民保護は、難民の機会を拡大すると同時に、ドナー国とホスト国の双方にとって利益をもたらしうるのだ。難民保護が効果的であるためには、このような協定は労働機会を生み出し、さらに難民が解決策の設計に参加できるようにする必要がある。

次に、本書が現代の日本にとってどのような意味を持つかを考えよう。

日本はこれまで、難民政策において独自のアプローチをとってきた。国際協力機構（JICA）の活動を通じて、出身地域にいる難民を支援するための人道支援や開発援助を惜しみなく行ってきた一方、難民認定制度と再定住によって受け入れる難民はごく少数にとどまってきた。このような貢献の仕方は「小切手帳外交」と呼ばれたが、歴代の政府は、日本の比較優位は「ここ（日本）にいる難民」ではなく「そこ（外国）にいる難民」を支援することにあるという考えを維持してきた。日本はまたUNHCRへの主要な拠出国であるだけでなく、UNHCRの執行委員会に積極的に参加するなど、重要な外交的役割を担ってきた。

日本の難民政策は近年、徐々に変化している。受け入れ数は少数だが、難民が日本に庇護を求めることが排除されることはない。2022年にはアフガニスタン、ウクライナ、ミャンマーからの難民を含む、合計1万3500人が国内で庇護を提供された。これらの貢献と並んで多額の資金援助が続けられている。財政逼迫にもかかわらず、ウクライナの人道支援に600億円（5億米ドル）が拠出されている。

このような変化は、難民問題が国内で政治課題として重要視されるようになったこと、難民に対する国民の認識やメディア報道の増加、外国人労働者受け入れの緩和などを背景として起こった。国際的には、日本は2023年12月に開催される難民グローバルコンパクトのフォローアップ会合での副議長国の1つに選ばれ、国際的な難民保護制度の維持・強化においてリーダーシップを発揮することが期待されている。

日本は難民保護に関して世界的、地域的に指導的役割を果たすことができる立場にある。日本が難民政策の策定の際に直面するジレンマの多くは、本書の議論と共通している。日本国内に難民を受け入れることと、人道支援や開発援助を通じて世界の他の地域にいる大半の難民を支援することの適切なバランスは何か？　世界の難民保護体制における日本の比較優位は何か？　日本が目指すべき世界の難民保護体制とはどんなものか？

日本が難民保護に最も貢献できるのは、人道支援や開発援助への財政的貢献と、多国間協調におけるリーダーシップである。日本での庇護と再定住へのアクセスを徐々に拡大するというコミットメントは歓迎すべきもので、日本が世界の他の国々に対して、「公平な負担分担」をする意思があることを示すものだ。少数とはいえ難民を受け入れることで、日本はケニア、ウガンダ、タイなどの国々を説得するための道徳的権威を強めることができる。また、難民を受け入れることで難民問題が日本国民の目に触れ、日本の国際貢献に対する国民の支持をさらに強めることができる。

しかし、本書で述べたように、豊かな国ができる最大の貢献は、世界の難民の大半を受け入れている発展途上国を支援し、難民に対する多国間国際協力の有効性を高めることにある。そのためには、難民と受け入れコミュニティの双方が自立と生計の機会を拡大できる開発ベースの難民政策を重視しなければならない。日本は、タイからタンザニアまで、世界中の受け入れ国で難民が働く権利を持てるように外交的影響力を行使し、難民の雇用機会を創出する市場ベースのアプローチを採って世界中の難民の教育へのアクセスの改善に貢献すべきである。日本の包括的な目標は、世界中の難民主導の組織や難民主導のビジネスを支援することを含め、難民の自律性を高めることにあるべきだろう。

日本は、アジアにおいて特に重要な地域リーダーとしての役割を担っている。アジア太平洋地域は400万人以上の難民を受け入れている。2021年にミャンマーで起きたクーデターにより、80万人のロヒンギャ難民がミャンマーから逃げた。日本はミャンマー難民、特にロヒンギャ難民を支援するために、重要な貢献をしているが、そのアプローチは多面的なものとなりうる。まずはバングラデシュや東南アジア諸国にいるロヒンギャ難民に対して開発に基づいた機会の創出と自立支援を促進することができる。日本企業は、ユニクロのように衣料品などの分野で雇用を創出する役割を果たすことができるだろう。ユニクロはグラミン銀行と連携し、バングラデシュで社会的企業を立ち上げ、利益を再投資して貧困に苦しむ人々を支援する活動を展開している。民間企業の役割を活用することで、日本は難民がいずれは支援から「卒業」して自立していくプロセスを支援することもできる。マレーシアやバングラデシュなどの難民受け入れ国には、すでに経済特区が存在し、製造業や繊維製品などの分野で大きな比較優位性があるから、本書で示した難民経済特区のモデルは、アジアでも応用できる可能性がある。

日本はアフガニスタンでも重要な役割を担っている。2021年8月にカブールが陥落し、タリバンが復活して以来、数十万人の難民がイランやパキスタンなどへ逃れ、1000人近くが日本に避難して来た。日本政府は過去30年間に7000億円以上の民生援助をアフガニスタンに提供してきた。日本のNGOもアフガニスタンの開発・復興に大きく貢献している。日本の役割は、アフガニスタン国内で国内避難民を支援し、パキスタンやイランといった近隣諸国を人道支援や開発支援で支援し、さらに難民再定住プログラムを開始して可能な限りの数を受け入れるなどして国際的連帯とリーダーシップを発揮することにある。

シリアとウクライナの危機は、難民流入が世界のどの地域でも起こりうることを欧州諸国に教えた。欧州連合（EU）は7年間で2度、数百万人の庇護希望者の流入を経験した。イギリスのような島国でさえ影響を受けている（2022年に合計25万人以上の避難民を受け入れた）。日本にとっての教訓は、大規模な難民の移動に無縁な国や地域はないということだ。さらなる教訓は、人種や宗教に基づく選別に気を付けることだ。ウクライナ人に対する欧州の対応は、シリア人に対する対応と対照的だった。ウクライナからの難民は、白人、キリスト教徒、女性が多く、温かく迎えられたが、シリア（およびその他の地域）からの難民は、イスラム教徒の男性が多く、2015年8月から12月にかけてのわずかな期間だけ歓迎されただけだった。日本が庇護国家としてどのようなアイデンティティを打ち出すかを考えるとき、人種、宗教、国籍に基づいた差別的選別にならないようにするには、そしてそうしていないと評価されるにはどうすればいいのだろうか。人種や宗教に関係なく、最も弱い立場の人々のニーズに応えつつ、管理可能な再定住事業や安全な庇護ルートを構築するにはどうすればいいだろうか？

日本の世界的なリーダーシップは世界の難民制度の将来にとってとても重要だ。日本は、国連の「難民グローバル・コンパクト」の将来像を作ることができ、またその先を見据えて、既存の国際機関の改革のためのビジョンを示すことができる。脆弱な国家や気候変動の影響から逃れてきた人々を適切に保護する体制を構築するために、1951年条約をどのように補完することができるのか？　世界の貧しい地域の受け入れ国をより確実に支援するために、世界的な責任分担の規範をどのように強化することができるだろうか？　ＵＮＨＣＲが、新しい国際協定をより円滑に進めて難民の自立に向けた開発ベースのアプローチなどの新しい分野で主導権をとり、変化する世界秩序に適応できるようにするには、どのような改革が必要だろうか？　日本は、これらの問いに立ちむかうことで、世界第3位の経済大国、アジアで唯一のＧ７メンバー、ＵＮＨＣＲへの最大のドナーの一員として、国際的難民政策をリードする強い立場にある。

日本が歴史的に先駆的な役割を果たしてきた分野の一つに、ＪＩＣＡの活動をはじめとした、難民の自立と社会経済的エンパワーメントの提唱と促進がある。本書を書いて以来、私（ベッツ）は新しい本『The Wealth of Refugee: How Displaced People Can Build Economies』（オックスフォード大学出版局）を出版した。この本は、オックスフォード大学の「難民経済プログラム」で行われた研究をもとに、「難民の自立を支援するためには何が有効か？」をより深く追求したもので、開発ベースのアプローチが、難民の福祉を改善し、難民とホストコミュニティの社会的結束を高め、また移住の必要性を減らすために、いかに効果的であるかを明確に示している。そこでは働く権利と機会、職業教育を含む教育へのアクセスが、持続可能な難民政策を作る上で極めて重要であることが示され、ケニアのカクマ難民キャンプからエチオピアのドロアド難民キャンプに至るまで、開発ベースの政策が実際にどのような効果を上げているのかが紹介されている。多くの点で、日本は長い間、この種の政策のパイオニアであった。

結論として、日本は今、難民政策の策定において刺激的で極めて重要な時期にある。日本国内での庇護へのアクセスを広げる一方で、海外での人道支援や開発支援を継続している。世界の難民制度が脅威にさらされ、改革を必要としている今、日本は重要な指導的役割を果たすことができる。本書が、その長所と短所を踏まえつつ、日本の難民政策と世界の難民制度の将来について、政策担当者と一般市民の間で議論を喚起する一助となることを切に願っている。

オックスフォード、2023年3月31日

アレクサンダー・ベッツ

監修者まえがき

２０１５年から２０１６年にかけてシリア難民を中心に１００万人を超す難民・移民がドイツなど欧州諸国へ移動し、第二次世界大戦以来最大の「欧州難民危機」を生んだ。欧州諸国はパニックに陥り、対症療法を繰り出した。危機が深刻化するにつれ、難民や移民排斥を訴える排外主義が勃興してＥＵ離脱やトランプ大統領誕生の一因となった。国際的難民制度に対する信頼は崩壊し、欧州諸国は難民への扉を閉じ始めた。今日、世界の３７００万人の難民の大半は行き場を失い、外国に逃げず（逃げられず）国内に留まる国内避難民の数は６０００万人に迫る。

難民の国際的保護制度は、１９５１年の難民条約とＵＮＨＣＲに基礎を置くが、その制度は「迫害」から逃げる人々を念頭に置いているため、内戦や暴力、戦争による「命への危険」から逃げる人々に効果的に対処できない。また、貧困・失業から逃れる経済移民や、気候変動で住み家を失った人が、ほかに合法的な移住の道がないため、難民制度を利用する状況にも対応できない。

他方で、南側の開発途上国に残る90％の難民は忘れられている。欧州諸国にたどり着いた難民申請者には７５０億ドルもが費やされたが（1人あたり１３５ドル）、難民発生周辺途上国やそこに残された難民にはわずか50億ドルしか費やされていない（1人あたり1ドル）。世界の難民の3分の1は、自由のない難民キャンプに閉じ込められ、働くことが許されないまま無為に何年も何十年も過ごす。残りの3分の2は大都市のスラムなどで支援もなく身を潜めて生きる。難民は機能不全の国際的保護システムのなかで苦しんでいるのだ。この構造的な欠陥の中から多くの難民・移民の先進国への命がけの移動が続く。

以上のような問題認識に基づき、オックスフォード大学難民研究所所長のアレクサンダー・ベッツと開発経済学の大家であるポール・コリアーは、90%の難民の留まる周辺国で、難民に就労機会と教育を与えることで難民の自立を推進することを提唱する。難民には食料、水、テント、毛布以上のものが必要だ。それは自立と社会統合のための「経済活動」だ。難民に就労と教育の機会が与えられるなら、彼らは経済的に自立し、受け入れ国経済に貢献し、さらには紛争後の自国の再建に参加できる。著者たちは、難民の「脆弱性」に焦点を当てるのでなく彼らの「能力」に着目するという視座の転換により、難民と受け入れ国双方の利益となる解決策が生まれると主張する。

2017年の本書の出版以来、多くの好意的な書評が出されているが、法律家を中心とした伝統的な庇護理論を唱える人々やUNHCRからの反論もあり、本書は法律的アプローチと政治経済的アプローチの間の論争の書でもある。ただ、2018年に合意された「国連難民グローバルコンパクト」には、著者たちの主張である開発ベースの人道援助や教育・就労を通した難民の自立が反映されており、UNHCRも就労を通した自立を重視するようになったので、今日では本書のアプローチが主流化しているということができよう。

本書の刊行以来、日本の難民受け入れ政策には大きな変化が見られる。難民受け入れ数が少ないと批判されてきた日本だが、2021年のミャンマーの軍事クーデタやアフガニスタンのタリバン制圧、2022年のロシアによるウクライナ侵攻などを受けて、日本に庇護を求める人々が急増した。政府は2021年には約3万5千人の在日ミャンマー人の希望者全員に在留延長を認め、2022年に1682

人のミャンマー人に「本国事情」による在留を認めたほか9527人にも「特定活動」在留資格を与えた。タリバンの迫害を恐れる約1000人のアフガン退去者については、147人を難民認定したほか329人に「特定活動」で在留を認めた。ウクライナ避難民については政府が主導する形で2238人を受け入れた。2022年の日本の庇護総数は約1万3500人となり、1978年から2005年までの28年間に受け入れられたインドシナ難民1万1319人を上回る。2023年、日本は出入国管理及び難民認定法を改正し、アジア諸国で初めて、難民を難民に準じて保護する「補完的保護」制度を導入した。さらに「難民認定の手引き」を策定・公表したが、それは迫害の定義を拡大し、難民認定手続きの透明性を高めている。これらの改革は、ほぼ10年に亘る難民認定制度の改革の結果であり、今後、日本で庇護される人々の数を増やすことにつながるだろう。日本が難民条約に加入して42年にして日本の難民受け入れにかかる政策は大きな転機を迎えている。

国際的負担分担面では、2010年に始まった難民の第三国定住制度は拡大し、今では年間60人の受け入れ枠ができたほか、難民を留学生として受け入れる試みも広がっている。海外の難民支援事業に対する日本の官民の資金協力は伝統的に多額だったが、それはウクライナ支援を中心として大きく増えている。

日本は「人間の安全保障」の理念のもと、JICAなどを中心として開発支援と人道支援の連携を唱道してきた。紛争と貧困の根本原因に着目し、対策面では「自立」を助けるという姿勢を保つのは日本のODA援助の基本であり、それは著者らが提唱する「開発ベースのアプローチ」と同じものだ。本書のアプローチは日本の援助体質に合うと言えよう。2023年4月に世界銀行が「世界開発報告2023――移民、難民と社会」を発表した。世界銀行が同報告で難民を本格的に取り上げるのは初めてで、それがこの問題の国際的重要性を示している。同報告は、移民や難民の問題を国際法上の庇護の視点

（移動の動機）と労働経済学（スキルマッチ）の視点の組み合わせで分析し、移動する人々を高度人材、スキルのある難民、スキルのない難民、スキルも移動の動機もない困窮移民の四つに分類し、それぞれについて出身国と受入国が取るべき政策オプションを示している。同報告は教育、訓練と就労機会の重要性を指摘し、人道支援の限界を開発支援によって乗り越えようとする点で本書の提言と軌を一にしている。

いままで、日本の難民問題を巡る論議は、途上国の紛争や貧困などの実態が知られないまま、また「迫害」概念によって立つ1951年難民条約の限界を意識しないまま、少数の難民申請者の法的な「難民認定問題」に矮小化されてきた。著者らが指摘するように、今日の難民の大半は「迫害のおそれ」ではなく「生命と身体への危害のおそれ」から逃げているという事実は認識されなかった。国際社会での日本の役割という視点や政治的、経済的、社会的な分析、国際公共財としての難民保護に日本がどのようにかかわるべきか、どのような国際的負担分担の形があり得るかといった問いは少なかった。

21世紀型の難民問題について日本と私たちはどのように対応すべきなのかという難問を真正面から突き付ける本書は、政策担当者、実務家、研究者、学生、そして一般市民のいずれにとっても挑戦的な本となろう。

滝澤　三郎

訳者を代表して
2023年3月31日

難民――行き詰まる国際難民制度を超えて　目次

第Ⅲ部　歴史を変える

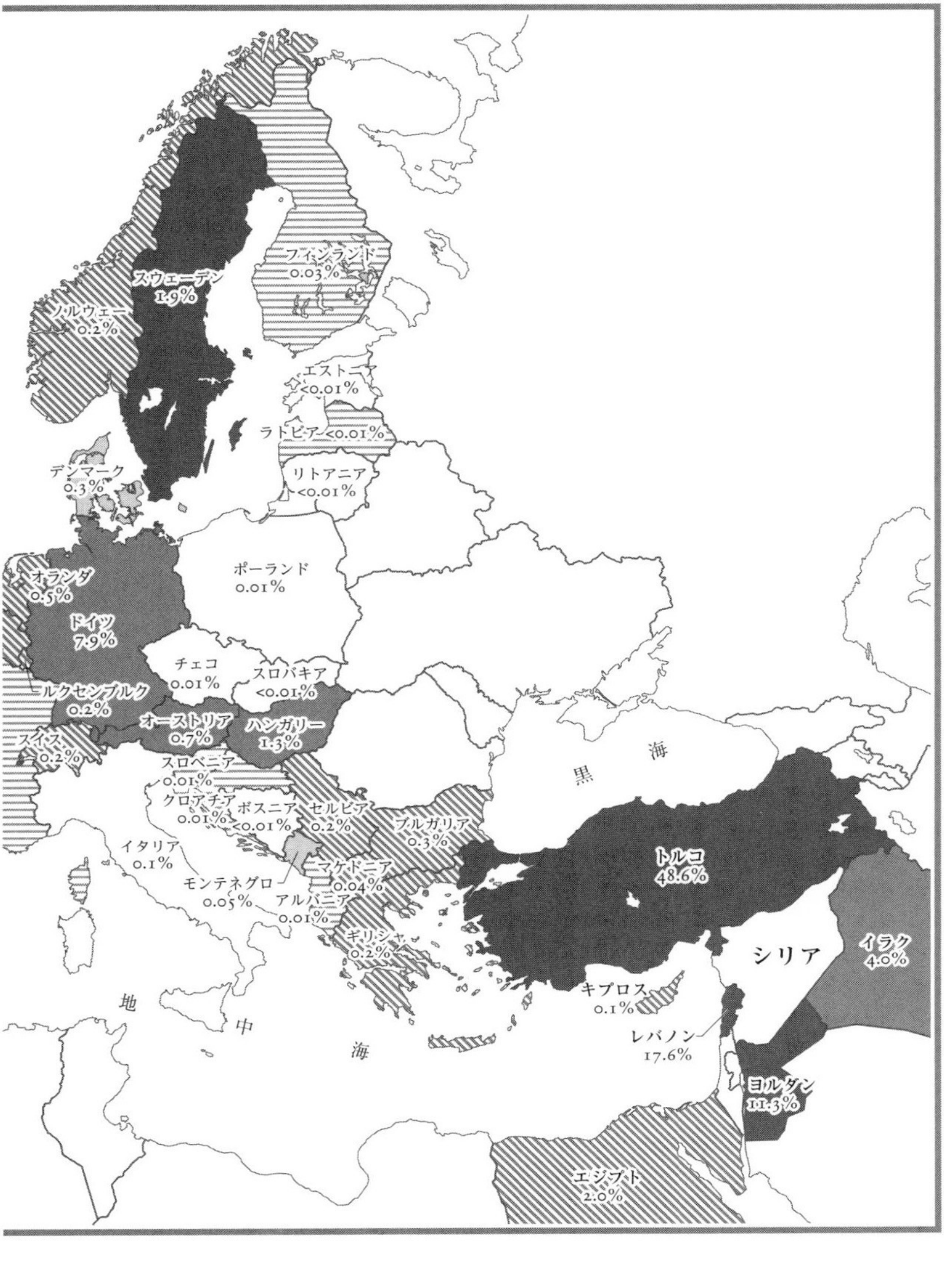
フィンランド
0.03%
スウェーデン
1.9%
ノルウェー
0.2%
エストニア
<0.01%
ラトビア <0.01%
デンマーク
0.3%
リトアニア
<0.01%
ポーランド
0.01%
オランダ
0.5%
ドイツ
7.9%
チェコ
0.01%
スロバキア
<0.01%
ルクセンブルク
0.2%
オーストリア
0.7%
ハンガリー
1.3%
スイス
0.2%
スロベニア
0.01%
クロアチア
0.01%
ボスニア
<0.01%
セルビア
0.2%
ブルガリア
0.3%
黒海
イタリア
0.1%
モンテネグロ
0.05%
マケドニア
0.04%
アルバニア
0.01%
トルコ
48.6%
ギリシャ
0.2%
シリア
イラク
4.0%
キプロス
0.1%
地中海
レバノン
17.6%
ヨルダン
11.3%
エジプト
2.0%

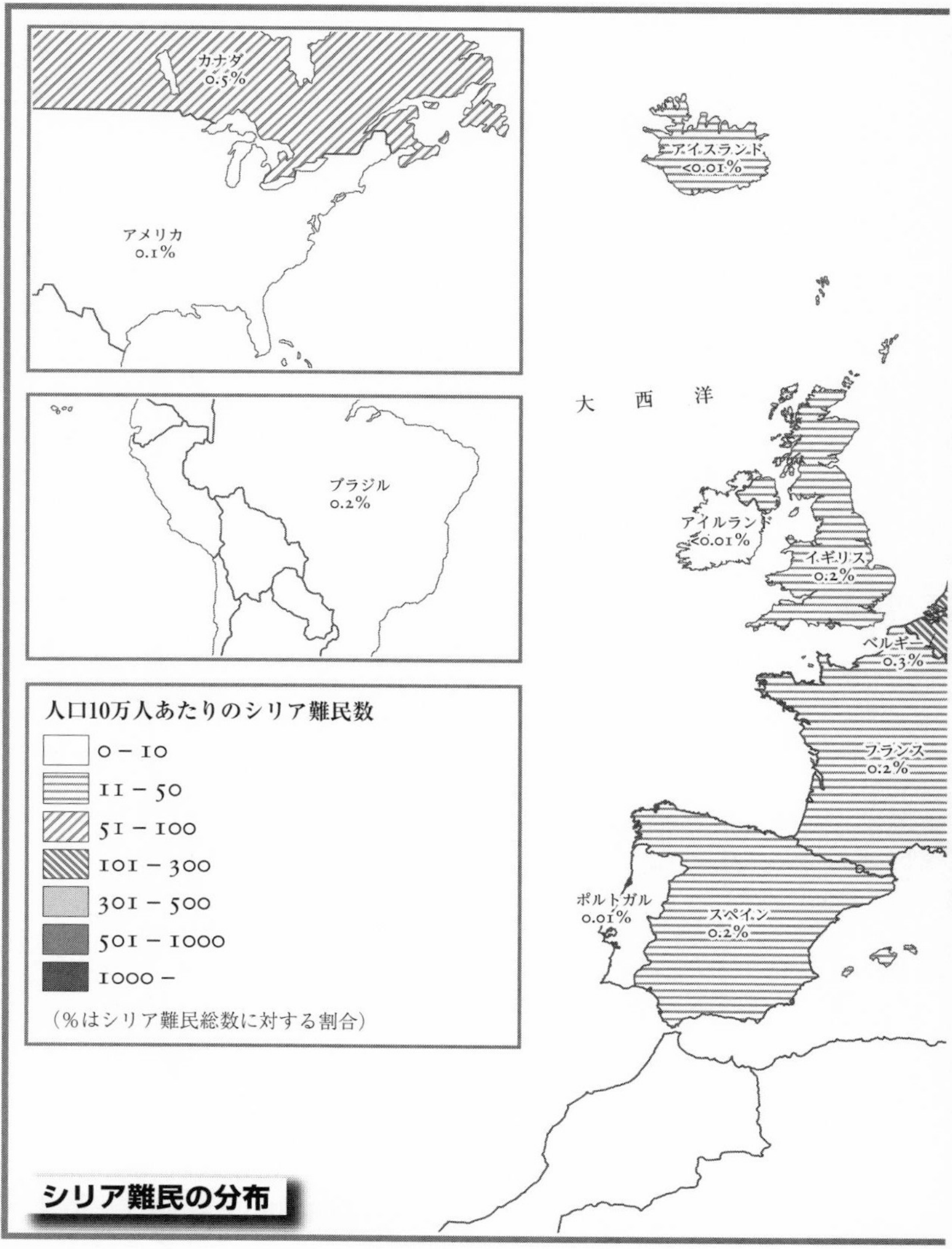
カナダ
0.5%
アメリカ
0.1%
ブラジル
0.2%
アイスランド
<0.01%
大 西 洋
アイルランド
<0.01%
イギリス
0.2%
ベルギー
0.3%
フランス
0.2%
ポルトガル
0.01%
スペイン
0.2%
人口10万人あたりのシリア難民数
0 − 10
11 − 50
51 − 100
101 − 300
301 − 500
501 − 1000
1000 −
(%はシリア難民総数に対する割合)
シリア難民の分布

Source: UNHCR

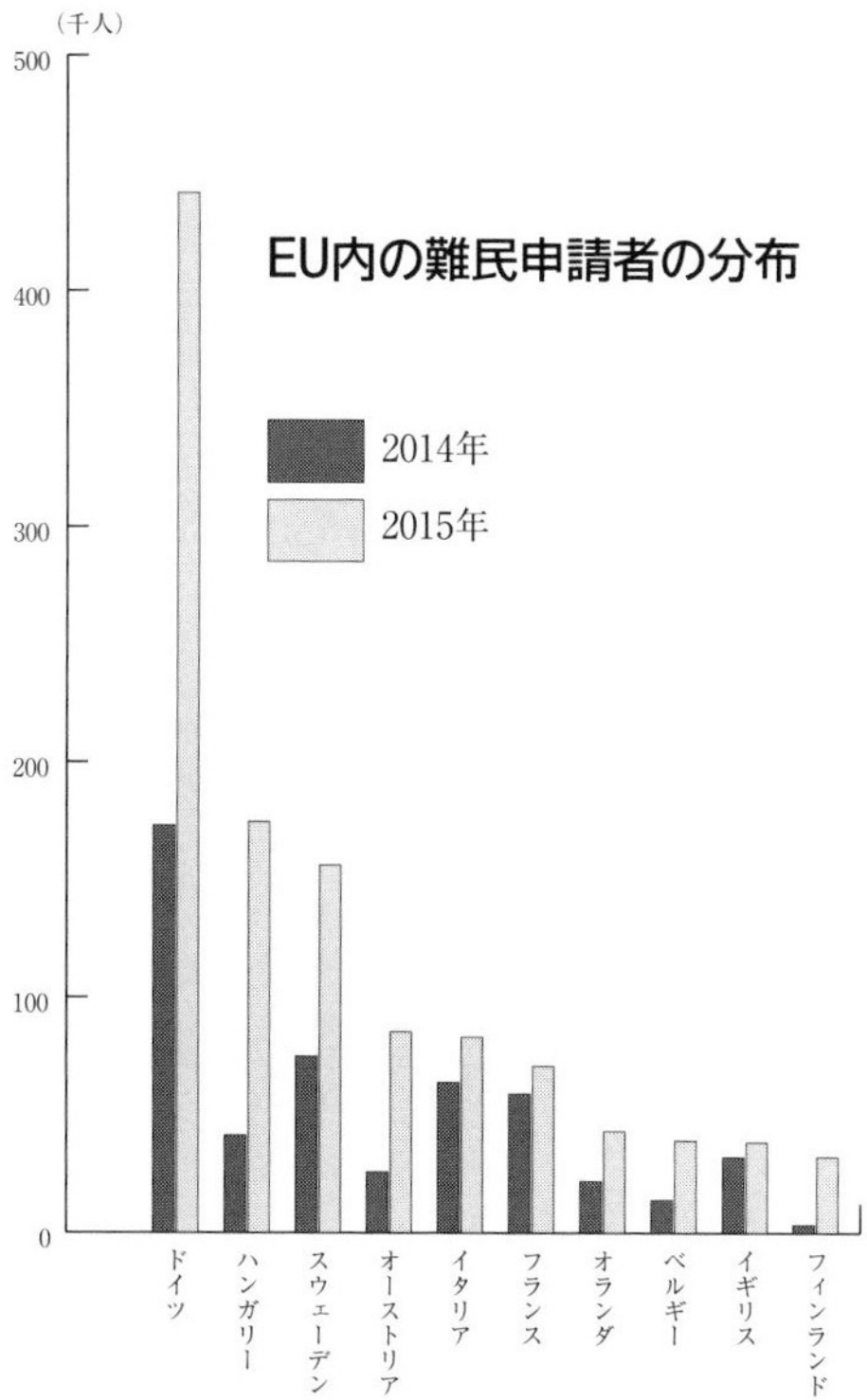

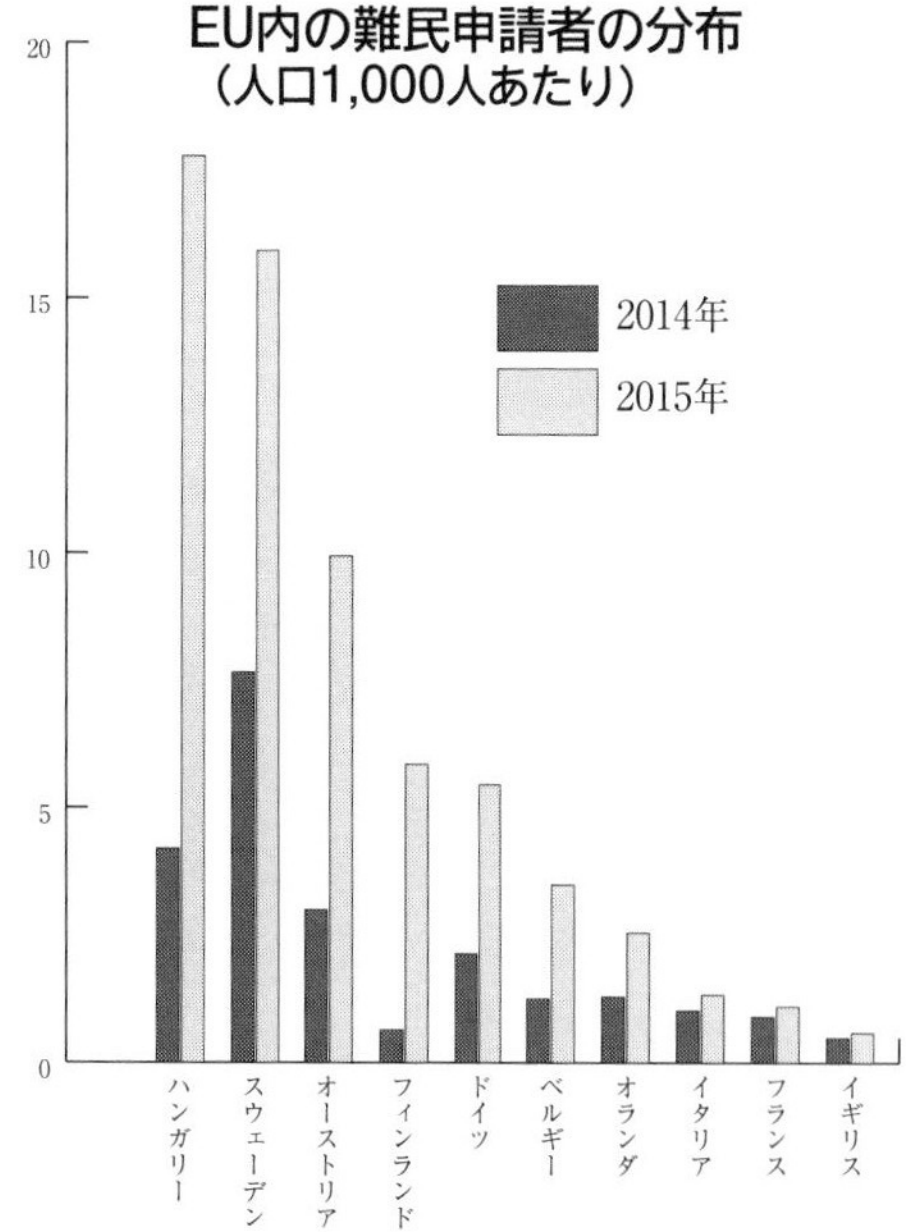

Source: Eurostat

この本を書いたきっかけ

　この本の背景にある共同研究は、ある誘いにさかのぼる。2015年初頭、ヨルダンは崩壊した世界の難民システムの現実に日々直面していた。私たちの活動を知っていたヨルダンのシンクタンク「WANA」から、政府と一緒にブレインストーミングをしてみないかとの誘いがあった。私たちはどちらも中東の専門家ではなく、地理的な関心は主にアフリカにある。法律家でも人類学者でもない。ポールは経済学者、アレックスは政治学者だが、私たちはそれぞれこの二つの分野の境界を越えて活動してきた。ポールは長い間、開発と紛争について研究してきたが、それを難民の文脈に適用したことはなかった。「危害を加えないこと」を意識している彼は、慣れない領域に踏み込む依頼をいつも断っていたし、今回もそうしていただろう。しかし、アレックスにとって難民というテーマは馴染みのない領域ではなく、彼のライフワークだったのだ。彼は、2015年には、オックスフォード大学にある世界最大の難民研究センターの所長だった。そんなことから私たちはチームになった。

　同年4月にヨルダンに到着したとき、私たちはWANAの力を借りてうまくやった。事務局長のエリカ・ハーパー（Erica Harper）は、私たちにはない現地状況についての知識をすべて持っていた。彼女の夫のアンドリューがヨルダンのUNHCR（国連難民高等弁務官事務所）代表だったからでもある。高まるニーズとリソースの減少に直面し、アンドリューの仕事はとても難しくなっていた。そんな中で彼の精力と知性は不可欠だった。エリカとアンドリューを通じて、私たちは必要な知識と人的ネットワークにすぐにアクセスできた。

私たちは、最初に手探りでアイデアを出し合った。ヨルダン政府は、難民に対して典型的な制限を課しており、難民は仕事をすることが許されていなかった。他方でヨルダンは多くの中所得国に見られるように、援助を受けるほど貧しくはないが、所得水準を上げるのに苦労していた。そこで私たちは、難民の流入を「重荷」から「国際社会との新たな関係構築の機会」と捉え直すことができないかと考えた。国際的な難民支援のレベルが下がっていることに大きな不満を持っているＮＧＯや国際機関、政府などにこのアイデアを持ちかけた。

私たちはザータリ難民キャンプを訪れた。そこには、この本のテーマに通じる「時が止まり停滞した生活」があった。しかし訪問の中で偶然が手伝ってくれた。ヨルダン政府の担当官が、余った時間を利用してちょっと遠回りして、政府が自慢するまったく違うものを見てみないかと提案したのだ。ほんの15分ほどの距離に、キャンプとはまったく違う世界が広がっていた。フセイン・ビン・タラル国王の開発地区（ＫＨＢＴＤＡ）だ。そこには1億ポンドが投資され、この一帯へのビジネス誘致を目的とした、設備の整った広大な経済地区となっていたのだ。しかし、隣国シリアでの紛争の影響でこの地区の利用率はわずか10％に過ぎなかった。ヨルダン人はそこで働きたがらなかったのだ。

この4年間、ヨルダンでは8万３０００人もの難民が無為に時を過ごさざるを得ない一方で、15分離れたところの広大な地域は、労働者不足のため空っぽになっていたのだ。オックスフォード大学の教授2人の知力を合わせて考えた結果、適切な国際的支援があれば誰もがより豊かになれるはずだ、との結論に達した。私たちはすぐにこのアイデアを国中へ拡大することができると気づいた。国内のいたるところに難民集住地区があるではないか。それはヨルダン特有のことなのか？　ひょっとしたら他の場所でも同様のアプローチを適用できるかもしれない。もちろん、このアイデアは万能薬ではない。どんな構想も、実際には多くの障害に直面するものだ。しかし、このアイデアを数カ所で試してみる価値はあった。ヨルダン政府も関心を示した。であれば今こそアイデアから実際的な政策に移行する時だ。

学術的なアイデアと実用的な実施との間の典型的なタイムラグは、数年か永遠かのどちらかだ。しかし2015年の夏に、難民問題は危機的な状況になっていた。近道が欲しい。そこで私たちは、すぐ出版され、広く読まれるような論考を書くことにした。それは8月には『The Spectator』のカバーストーリーとなり、11月には『Foreign Affairs』の最重要論考になった。私たちの考えは世の中に注目され、他に解決策が見当たらない中で、大きく取り上げられたのだ。2016年1月にはダボス会議で世界のビジネスリーダーに提案され、2月にはヨルダン国王、英国のデービッド・キャメロン、世界銀行総裁が共同で招集した会議で正式に採択された。いわゆる「ヨルダン・コンパクト」のもと、経済特区の一部を含めて、シリア難民にヨルダン人と一緒に20万人の雇用を創出するパイロット事業が開始された。この事業が成功するかどうかは、今や政治家次第だ。

私たちはヨルダン以外にも対象を広げたいと思った。ヨルダン関連のブレインストーミングの背景には、破綻しつつある国際難民制度を見直すためのいくつかのアイデアがあった。国によって問題はそれぞれ異なるから、私たちはヨルダンのパイロット事業をそのまま展開すべきだとは考えない。私たちの考えはもっと広く、難民問題は人道的な問題であると同様に開発の問題であること、仕事や教育を通じて難民の自律性を回復することに焦点を当てること、世界の難民の大多数を受け入れている国に持続可能で安全な避難所を作ること、政府や市民社会と並んでビジネスの役割を認識すること、そして、既存の難民制度ができた頃とはまったく異なる今日の世界に合った難民保護制度を考え出すことなどを含んでいる。

我々の最初のヨルダン訪問は、欧州の「難民危機」が始まった時期と重なった。その4月、多くは難民を生み出している国からの700人が地中海を航海中に溺死し、このことでヨーロッパへの空前の難民移動の1年が始まったのだ。2015年に100万人の難民がヨーロッパに到着したことで、今までとは違った創造的な政策対応が必要となった。実際には、時間が経ち、危機が深刻になるにつれ、政策アイデアの不在が明らかになった。

2015年末には、現行の難民保護制度は破綻しており、新たなアプローチが必要であるとの見方が支配的になった。しかし、そのためのビジョンが欠けていた。そんなとき、ペンギン社のローラ・スティックニー氏が、難民危機の起源を説明し実践的な解決策を提案するための本を共同で執筆しないかという提案をしてくれた。2人とも執筆活動で忙しかったが、自分たちの考えを詳しく説明し21世紀の目的に合ったより効果的な難民制度を模索するために貢献する機会だと考え、この提案を受け入れることにしたのである。

私たちの狙いは、「難民危機」の起源を理解し、実行可能な解決策のアイデアを一緒に探したいと考えている知的で関心のある一般的読者を引き込むことにある。私たちは読者の中に政策立案者がいることを望んでいる。本書は難解で理想主義的なものではなく、実用的で現実的であることを目指している。現代社会の制約と機会の下で、難民に自律性と尊厳を与えつつ、受け入れ側のコミュニティの懸念と民主主義の精神を満たすことのできるような制度を構築しようとする試みなのだ。

学術的な共著者というものは皆、異なる出発点を持って共同作業に臨む。移民問題について異なる視点を提供してきた2人の著者が、どのようにしてこの本の中核的な考え方に同意するに至ったのか、という質問を受けたことがある。その答えは「話し合い、熟考し、議論した」ということだ。合意に達するまでには、証拠に基づいて推論を重ねる中で互いに学び、時として考えを変えることもあった。

この本を書くにあたって、私たちは、人々の生活に影響を与える問題について思慮深く正確に書く責任と、速やかに行動する責任のバランスをとろうと努めた。執筆の大半は2016年夏に行われた。私たちの家族、そして何よりも、夏の大部分を執筆のために犠牲にしてくれた——草稿を幾度も読み意見をくれた——エミリーとポーリンに感謝したい。

この本の中のアイデアを直接的または間接的に形づくるオックスフォードの仲間たちをはじめとするいろいろな方にも感謝したい。Elizabeth Collett、Stefan Dercon、Matthew Gibney、James Milner、小俣直彦、Olivier Sterckなどだ。ポールはBlavatnik School of Governmentの同僚に、アレックスはRefugee Studies CentreとDepartment of International Developmentの同僚に感謝する。最後に、私たちのアイデアをすばらしい出版社に託してくれたWiley AgencyのJames Pullen氏、そして、原稿をすばらしいものに編集してくれたペンギン社のローラ・スティックニー氏に感謝の念を表したい。

イントロダクション

我々は混乱した時代に生きている。第二次世界大戦以降で最大の数の人々が避難民となっている。6500万人に上るこれらの人々のほとんどは自国内にとどまっているが、その3分の1、2000万人以上は国境を越える以外に道はなく、外国に逃れて難民になった。

これら避難民は、シリア、アフガニスタン、ソマリアのような慢性的に脆弱な国々での大規模な暴力から逃れている。避難民は他の移民・移住者とは違う。つまり、移民のように利益を求めてではなく、他に選択の余地がないから移動するのだ。彼らは外国に安全を求めているが、大半は故郷に近い国に避難している。難民の約90％は発展途上国に受け入れられており、そのうち10カ国が世界の難民の約60％を受け入れている。イラン、エチオピア、ヨルダンなどの国々は、数十年にわたって難民を繰り返し受け入れてきた。これらの国々が格別に寛大なわけではない。たまたま「紛争国に近い地域」にあっただけだ。

最近まで国際社会は難民の窮状をほとんど無視していた。豊かな国のお決まりの対応は、緊急事態が発生してから国連の人道システムにお金を寄付することであった。このお金は、難民が帰還できるまでの間、難民キャンプを作り、衣食住を提供するために使われた。これらのキャンプはいつも難民は短期的な存在であるかのように設計されていた。難民は働く権利や自由な移動の権利を例外なく奪われていたが、見えないところにいるため、誰も気にとめなかった。難民が短期間で母国に帰還できるならこれは理に適っていたかもしれない。しかし冷戦が終わって以来、難民生活の平均は10年以上になり、キャンプに収容して支援するという対応は行き詰まっている。何百万人もの人々が人生を無駄にするこの方法は、非人道的でかつ費用がかかるという愚かさを持つものだ。

＊＊＊

２０１５年4月に突然、何かが変わった。世界が目を覚ますほどの衝撃的なことが起きたのだ。世界の難民の数が一夜にして増加したわけではない。変わったのは、多数の難民が世界の貧しい地域から、裕福な地域へと初めて自発的に移動したことだった。２０１１年以降のシリアでの大規模な紛争・暴力により、約１０００万人が避難を余儀なくされた。国内での避難が６００万人、近隣諸国への避難が４００万人に及んだ。当初、彼らはヨルダン、レバノン、トルコより遠くに避難することはなかった。しかし、これらの国ではシリア難民の機会は限られていたため、難民をめぐる力学が変わり始めた。

ヨーロッパは、史上初めて国外からの大量の難民の流入を経験した。大半はシリアから来たが、２０１５年には１００万人以上の亡命希望者・難民申請者がヨーロッパにやってきた。当初、ヨーロッパへの主なルートは中央地中海だった。人々はリビアで小型ボートに乗り込み、イタリアのランペドゥーサ島に渡ったのだ。その後、移動ルートは西バルカン半島に移り、トルコからギリシャへエーゲ海を渡り、徒歩でドイツへ向かうシリア人が増えていった。

同年4月、ランペドゥーサ島に船で渡ろうとした700人が溺死した事件をきっかけに、マスコミは「世界難民危機」を報道し始めた。しかし実際にはこれは「欧州の危機」であった。また、「人命の危機」というよりは「政治の危機」だった。欧州諸国の対応は混乱し、一貫性がなかった。政治家たちは問題の解決策を見つけることはおろか、そもそも何が問題なのかを特定することさえできなかった。その結果、悲劇と混沌がヨーロッパ中に広がった。同年は、子どもを含む3000人以上が密航ビジネスを生業とするギャングたちの運航するおんぼろ船に乗ってヨーロッパに向かう途中で溺死したこともあった。

欧州各国政府は、一貫した計画に則って協力するのではなく、それぞれがパニック的な対応に明け暮れた。各国の政策は国際協調的な解決策というよりはその時々の国内政治によって決められた。ギリシャが主要な受入国となり、島々は難民で溢れかえったが、彼らはギリシャにとどまるつもりはなく、北に向かって移動した。ハンガリーは難民が入国しないようにと有刺鉄線の柵を作った。

しかしドイツの反応はまったく異なった。2015年夏、メルケル首相は事実上、国境を開放すると宣言した。驚くべきことではないが、これを受けて多くの人々がシリア以外からもドイツにやってきた。おそらくメルケル首相は他の国もドイツに倣うと思っていたのだろう。もしそうなら、彼女の期待は筋違いだった。ドイツのユニークな歴史を共有しない他の国々は、難民受け入れを拒否した。何十万という人がやって来たため、ドイツ国内の反移民難民感情が高まり、政治情勢は一変した。メルケル首相は、国境開放宣言から数カ月もしないうちに劇的な政策転換を行い、移動中の数千人をトルコに送還してしまった。難民と一般の移動する人々とを区別するための難民認定制度に対する人々の信頼が崩れるにつれ、極右政党の支持が高まり、2016年初頭には欧州諸国は難民に対して事実上門を閉ざしてしまった。

この大惨事が政治やメディアの注目を集めている一方で、世界中の難民の90％近くが途上国で忘れ去られているという悲劇が進行していた。最も脆弱な人々は、ヨーロッパに移動する手段も意欲もないまま、機能不全な難民保護制度の中に取り残されていたのだ。ヨーロッパで難民申請者に1人あたり年間135ドルの公的資金が費やされるのに対して、途上国の難民には1ドルしか使われていない[1]。トルコ、レバノン、ヨルダンに避難しているシリア難民400万人のうち、国連またはその実施パートナーから物質的な支援を受けているのは10人に1人にも満たない。さらに、世界中のほとんどの難民は、自分自身とそのコミュニティを助けるために必要な自律性（autonomy）を持っていない。つまり、彼らは働くことを許されず、彼らを見捨てている難民保護システム（制度）に依存するしかないのだ。

国際機関はどうしたらいいのかわからないときには国際会議を開く。しかし国連による一連のハイレベル会議にもかかわらず、国際的難民保護制度の将来を見据えた明確な戦略はまだ存在しない。21世紀の世界は難民について何をすべきか？　私たちは、この本でその質問に答えるつもりだ。まずは「なぜ国際的難民保護制度が機能していないのか」を診断してみよう。その上で、機能する難民制度を構築するためには何が必要かを提案しよう。

避難の目的

しかしその前に、人々がなぜ避難するのかを考える必要がある。政治的共同体ができて以来いつも難民は存在した。人々が聖域を求めて古代ギリシャやローマの都市国家から逃れる必要があったという記録がある。1648年のウェストファリア条約と国民国家体制の成立以来、宗教的迫害、革命、国家の形成、紛争などにより、生き残りをかけて故郷を離れざるを得ない人々がいた。本来、避難（refuge）

には、人々が国内で深刻な侵害を受けそうになった場合、他国に逃げ、そこで帰国できるまで、または第三国に安住の地を見つけるまで、滞在を許されるという原則が伴う。

現代の難民保護制度は１９４０年代後半に設計された。１９４８年の冷戦の開始とともに東欧社会は「鉄のカーテン」の中に閉じ込められた。米国をはじめとした西側民主主義国の関心は、ソ連によって東欧諸国に押し付けられた共産主義に反対する人々に向けられた。難民制度の目的は東欧共産主義政権に迫害された人々が、共産主義国家の外で暮らし、新しい祖国が見つかるまでの間、支援を受けることができるようにすることであった。現在までに１４５カ国が調印した１９５１年の難民の地位に関する条約と、国連難民高等弁務官事務所（ＵＮＨＣＲ）規程に基づいて、各国政府は迫害から逃れた人々を互いに自国の領土内で庇護することを約束した。その意図を反映した難民の法的な定義は、「人種、宗教、国籍、特定の社会集団の一員であること、または政治的意見を理由に迫害を受けるという根拠のあるおそれ」ゆえに自国外にいる者、である。この定義は紛れもなく冷戦の初期という時代の産物であり、ヨーロッパの人々にのみ一時的に適用されることが意図されていた。

それ以来、時は流れたが、増え続ける難民数が示すように、今日も難民問題は続いている。しかし、避難の原因もそれに対する国際社会の対応も根本的に変わってしまった。難民の中には国家による迫害から逃れている者もまだいる。しかし現在、圧倒的に多いのは、国家の崩壊による無秩序からの逃避者だ。難民の中には、一時的な食料やシェルターが必要な人もいれば、さらに新しい国への移住が必要な者もいる。しかし、ほとんどの難民は、秩序が回復して故郷に帰れるようになるまで、生計を立てることができる安全な避難所を必要としている。

１９４８年以降、世界は大きく変化した。１９４０年代後半に設計された他のグローバルな制度・機関は危機に見舞われるたびに改革された。しかし、難民は目立たず、大きな変化に必要な世界的な注目を浴びることはなかった。難民条約とＵＮＨＣＲは今も存在しているが、現代の難民のニーズには合っていない。抜本的な改革がなされないまま、細切れの調整がされているだけなのだ。

ヨーロッパ中心主義の典型的な例として、戦後ヨーロッパにおける国家による個人への迫害に明確に焦点を当てた難民条約が、１９６７年にそのまま世界中にかつ恒久的に適用された。意外ではないが、難民の主な避難先となっている中東やアジアの国々は、この条約がそれぞれの地域の難民の実態に合わないと考え、同条約には署名していない。その他の国では、この条約の文言は、その後の新たな状況に合わせて無理な解釈をされてきた。条約の解釈に大きなばらつきがあるため、政策の一貫性は失われた。同じ境遇の難民でも、ある国の裁判所では難民として認められるが、別の国の裁判所では認められないこともある。また、同じ国であっても、年によっては認められないこともある。この奇妙さに加えて、多くの人が難民条約の保護から排除されている。究極ともいえる国家崩壊から逃れてきたソマリア人は、「迫害はされていない」という理由で、一部のヨーロッパの国では難民認定を受けていない。迫害に対応するための首尾一貫した共通ルールは、無秩序からの大量逃亡という問題への混乱した、弁解の余地のない対応へと変質してしまったのだ。

一方、ＵＮＨＣＲは想定外の難民状況に直面することになった。迫害された人々の一時的なケアを目的とした支援モデルをもって「暴力からの大量逃亡」という新しい状況に対処したのである。大規模緊急事態に対応するため、ＵＮＨＣＲは手っ取り早い解決策として難民キャンプを考え出した。しかし、一過性のものとして設計されたキャンプ型支援モデルは、他の解決策がない中で永続的なものとなってしまった。

冷戦時代の遺物であるこの難民保護制度が、２０１１年に始まったシリアの難民問題に対処するために唯一利用可能なものだったのだ。その不十分さはその後の４年間で明らかになった。驚くべきことではないが、事態は手に負えないほどの危機にまで発展してしまった。

冷戦時代の産物とはいえ、難民条約には崇高な目的があり、その原則のいくつかは現在でも有効だ。しかし、今日の課題に合わせるべく同条約をどのように再解釈すべきかといった神学的な論争は、本質を見失っている。21世紀の世界は、（21世紀の）難民のニーズに応えていかなければならない。そのために、私たちは過ぎ去った時代の解決に盲目的に従うのではなく、私たちの祖父母が困難な課題に立ち向かったように、現在の試練に立ち向かうことが必要なのだ。この問題の解決を法律家だけに任せておくなら、難民制度の改革に使える限られた世界的なエネルギーは、限られた予算も含めて散逸してしまう。進むべき道は、過去の文言を再解釈することではなく、機能する新しいシステムを構築することにある。そのためには、新たな制度の構築を指導できる国際機関が必要だ。現在のＵＮＨＣＲにはそのような機関としての能力はないが、そうなるべきだ。

この新しい課題には、１９４８年に取り組まれたのと共通する核心がある。簡単にいえば、難民保護とは「救助の義務」を果たすことだ。私たちの共通の人間性から生まれたこの義務は、私たちは同胞の人間に対して共通の義務を負っているという素朴な認識に基づいている。自分のコミュニティにいる見知らぬ人が苦しんでいるのを黙って見ていられないのと同じように、私たちは遠く離れた見知らぬ人に対しても、助けることが可能でありかつ途方もないコストがかからない限りは、助ける義務を負う。その義務とは、緊急事態における基本的なニーズを満たし、事態が落ち着いたときにはできるだけ早く人々の生活を通常の生活に戻すことだ。

しかし、近年の難民問題への対応の中で、私たちはこの根本的な目的を見失ってしまっている。難民問題は、国際的な移住の権利についてのより広範で散漫な議論に巻き込まれてしまった。各国の政策やメディアの焦点は、先進国を目指す10％の難民に当てられ、途上国に残る90％の難民には向けられていない。「難民にはヨーロッパに直接行く権利があるのか」が、公の議論の中心になってしまった。もちろん、難民には安全な場所にたどり着く必要があるという限りにおいて移住の権利はある。しかし、それは無条件に移住する権利ではない。難民のニーズが首尾一貫して満たされるような制度が構築できないからこそ、移住が必要になるのだ。難民には、救助、自律(自立)、そして忘却からの脱出という三つのことを期待する権利があり、また期待すべきだ。しかし現在、難民の大半はそのどれも得られていない。

どうすれば、これらの解決を持続的かつ大規模に提供することができるのだろうか。これが本書が答えようとしている重要な問いである。

壊れてしまったシステム

現在の難民保護制度は、その目的から判断してもほとんど機能していない。UNHCRの設立規約には、難民を保護することと、その窮状の長期的解決策を見出すことという二つの主な役割が記されているが、どちらも達成されていないのだ。

保護とは、難民が亡命先で必要な基本的な権利やニーズに確実にアクセスできるようにすることだ。しかし、世界中の人道支援プログラムはひどい資金不足に陥っており、最も必要な食糧配給さえも年々削減されている。都市部での支援はさらに限られている。一般には知られていないのだが、今日の難民の多くは難民キャンプには住まず、半数以上がナイロビ、ヨハネスブルグ、ベイルートなどの大都市のスラムなどで暮らしている。国際社会は、キャンプ外での難民支援のための適切なモデルを作り上げることに成功してはいない。しゃれた国際機関の建物やメディアの温かい難民報道とは裏腹に、世界の難民のほとんどはどの機関からも実質的な支援を受けていないのが現状だ。

このことは、難民条約に規定された社会経済的権利が守られているのであれば、それほど問題にはならないだろう。しかし、ほとんどの受入国は難民条約に謳われる権利を無視している。難民の働く権利を厳しく制限しているだけでなく、オーストラリア、ケニア、ヨルダン、ハンガリーなどの政府は、難民認定審査をすることすらせずに国境で難民を追い返したり、国外追放したりしているのだ。

難民問題の解決とは、難民を忘却の淵から救い出すことを意味する。いかなる難民も無期限にキャンプに収容されるべきではないことは広く認められている。慣例によれば難民問題には三つの「持続的解決策」がある。紛争が終結したり政治的解決があった場合の自発的な本国帰還、第三国定住、そして受入国が市民権の付与を認める受入国定住（統合）だ。歴史的に見ると、異なる局面で異なる解決策が好まれてきた。冷戦時代には、東欧からの難民は西欧受入国に定住することが想定されていた。冷戦後は、自発的本国帰還のための条件整備に重点が置かれた。しかし、今日、これら耐久的な解決策への道はほとんど閉ざされている。２０１５年には、世界の難民のうち、恒久的な解決策のいずれかにアクセスできたのは2％にも満たない。

このため、国際的難民保護システムは保護解決というより長期的な人道支援になってしまっている。多くの場合、危機に際しての短期的な緊急対応は長期化している。現在、世界の難民の半数以上が「長期化した難民状況」にあり、彼らの平均滞留期間は20年を超えている。人々はキャンプで生まれ、キャンプで育ち、キャンプで大人になっていく。恒久的な解決策がなければ、彼らの生活は希望よりもその時を生き延びることに集中してしまう。

シリア難民のアミラの例を見てみよう。彼女の置かれた状況は典型的なものだ。世界の難民の約４分の１がそうであるように、アミラには子どもがいる。ホムス市にある彼女の家は砲爆撃で破壊され、帰ることはできない。彼女は世界中の難民同様、第三国定住の幸運に浴する可能性は1％にも満たない。するとアミラにはいずれも耐えがたい三つの選択肢しかない。

第一の選択肢は、９％ほどのシリア難民がそうしたように、難民キャンプで暮らすことだ。援助は受けられるかもしれないが、キャンプ生活にはほとんど展望がない。キャンプは乾燥し荒涼とした場所にある。悪名高いザータリ難民キャンプでは、深夜に国境の向こうのシリアから迫撃砲の音が聞こえてくる。キャンプ内の経済活動は制限されている。世界的に見ると、キャンプ住民の80％は5年以上のキャンプ生活を過ごしている。第二の選択肢は、シリア難民の4分の3が現在しているように、トルコなど隣国の都市部に住むことだ。この場合、援助は限られており、正式な労働権は制限され、結局は困窮状態に陥ることが多い。ほとんどの受入国は難民が定住・永住することを認めない。ゆえにアミラにとって最後の選択肢は、かなりのシリア人がしているように、家族にわずかでも希望を与えるために、死の危険覚悟で先進国に向かうことだ。これが我々がヨーロッパで目にしてきたことなのである。

世界のどこであれ、難民にとっての現実的な選択肢は、難民キャンプに閉じ込められて暮らすこと、都市のスラムで困窮生活を送ること、または命がけの先進国への旅という三つしかない。難民にとってはこれらのひどい三つの選択肢こそが難民の国際的保護体制が提供するものなのだ。しかし21世紀の私たちには、これよりももっと良いことができるはずだ。私たちに必要なのは、１９４０年代後半の理想・思考・発想に戻ることではなく、今日のグローバリゼーションの機会を利用して、現在の難民状況のもとでのニーズを満たすことだ。難民受入国の政府は、国際社会の圧力のもとで受け入れを強いられてはならないが、他方で難民を安全保障上の脅威や経済的負担と認識して自ら選択肢を狭めている。とはいえ数十万人の難民を受け入れながら、国際社会からの支援をほとんど受けていない政府を誰が責めることができるだろうか。

新しいアプローチの必要性

今こそ難民問題を根本的に考え直す時だ。歴史を振り返ってみると、国際的な体制を変革することは常に難しかったが、例外もある。それは危機の時だ。１９７１年に国際通貨システムは抜本的に改革されたが、それは各国政府が現状維持のコストがあまりにも大きく、継続が不可能になったと判断したためだ。他にも例がある。冷戦の終結に伴い世界貿易のガバナンス体制は抜本的に改革された。気候変動の発生に伴い新たな制度が迅速に作られた。２００９年の金融危機に直面した世界のリーダーたちは、世界経済の調整役としてＧ８をＧ20に置き換えた。今私たちが見ているのは難民制度にとっての「１９７１年」だ。２０１５年の難民危機をきっかけに、私たちは現状維持が誰のためにもならないこと、新たな制度構築が必要だということを理解したのだ。

（国家による）迫害は依然として少数派にとっての真の脅威であるが、今日の難民の圧倒的多数は、迫害というよりは脆弱な国家における身の危険を逃れて脱出する。この場合の脅威は、国家による特定個人への脅威ではなく、暴力の蔓延する地域における集団への脅威なのだ。

また、今日の政治状況も１９４０年代後半のそれとは異なる。冷戦が終結して30年、当時の過激なイデオロギーに代わって過激な宗教が広がり、人々にまったく異なる恐怖を与えている。ヨーロッパや先進国の多くの地域で、難民に対する国民の支持は低下している。それは先進国に限ったことではなく、世界の多くの受入国でも同じだ。途上国では、大規模な受け入れに対する国内の政治的支持を維持することはごく困難になっている。

変革への機会は１９４０年代後半にしかなかったわけではない。今日の新しい機会は新しい解決法を可能とする。例えば、ほとんどの難民は働きたいと思っており、そのための方法を見つけている。（国際機関でなく）自分の支援ネットワークを使ってキャンプを離れ都市部に移るのだ。グローバル化した経済は、70年前には想像もできなかった可能性をもたらしている。インターネットを使えば、仕事、教育、送金などのサービスが最も遠隔地のコミュニティにも届く。企業、市民社会、移民組織、難民コミュニティ組織などの新しいアクターが難民のニーズに応えている。新しい手法も手に入るようになった。学校選択からフードバンク、臓器提供に至るまで、制度設計のための創造的なモデルが「配分問題(訳注1)」を解決してくれる。

時は流れたが、難民制度は変わらないままだ。難民制度は時間をワープして追いつかなくてはならない。しかし、新たな課題に取り組み、潜在的なチャンスを生かすためには、新しいパラダイムが早急に必要だ。既存の支援モデルは「集合行為問題(訳注2)」に陥っていて新しい考え方を生まない。世界人道サミットから（2016年の）移民難民の大規模移動をめぐる国連ハイレベル会合に至るまで、難民危機に対して「何かをする」ために招集された国際会議は、時代の変化の中で結果を生まない儀式の繰り返しに過ぎない。そこには新しい考え方がないだけでなく、それを生み出すべき機関（UNHCR）自身が現状維持に必死なのだ。

本書の主なテーマの一つは、難民を人道的な問題としてだけでなく、開発の問題としても理解すべきだということだ。つまり、衣食住をいつまでも提供するだけではなく、とりわけ難民の圧倒的多数を受け入れている開発途上国において、仕事や教育を通じて難民の自律性を回復させることが必要なのだ。これがうまくいけば、すべての人が利益を得る。難民は自立でき、社会に貢献できるようになる。

もちろん万能の解決策はなく、国によって効果的なモデルは異なるだろう。ウガンダで有効なモデルがヨルダンでも有効だというわけにはいかない。重要なのは、受入国と難民に同時に利益をもたらし、安全な避難所が政治的にも受け入れられるようなモデルを見つけることだ。本国の隣の国で難民の自立のために投資するだけでは十分ではない。難民が最終的に本国に帰還することが理想的だがそれは当面は期待できない。であれば、再定住など難民が忘却状態から抜け出すためのルートも不可欠だ。

この本のテーマは三つある。第Ⅰ部では、現代のギリシャ悲劇とも見える現在の難民危機を一歩一歩振り返ってみる。そして、１９４０年代から続いてきた政策や制度を念頭に、この悲劇が必然である理由を明らかにする。

第Ⅱ部では、このような状況は避けられない運命ではないことを示す。そのために、我々が考えているアプローチを示す。救助の義務、安全な避難所、難民の自立、紛争後のインキュベーションという四つの大きな新しいアイデアだ。それぞれに道義的な議論から始まる章を置いてある。私たちは聖人君子のように上から目線で道義を説くつもりはない。効果的な難民政策に必要な最低限の道徳的規範を示すに過ぎない。今回の危機の悲惨な結果として、難民問題はグローバリゼーションや移民といった、形のない分断的な論争と絡み合ってしまったが、私たちの狙いの一つは、難民問題を、私たちの能力の範囲内で対応でき、世界の多くの人々が同意できるしっかり定義された課題として考えることだ。

ダグ・ハマーショルドは、国連について「国連は人類を天国に連れて行くためではなく、人類を地獄から救うために作られた」と述べた。私たちの野心も同じように控えめなものだ。聖人君子であれば私たちが提案する以上のことができるだろうし、それを心から応援はするが、私たちの本は、自分の道徳

（訳注１）社会全体で生産された財やサービスをどのように配分するかを決定する経済学上の問題を指す。市場において需要と供給のバランスによって分配するのが一例。

（訳注２）個々の国にとっては合理的な選択が、国際社会全体としては不公平で効率的でない結果をもたらす状況を指す。例えば、難民の多くが少数の途上国に集中して負担となる一方で、他の国が難民の受け入れや支援に消極的な姿勢をとり、難民問題の解決が進まない場合などがある。集合行為問題の解決には国際協力と協調が不可欠となる。

的基準が卓越しているのではなく人並みのものだと思っている人たちのために書かれている。

私たちは、道徳的なスタンドプレーを避けると同時に、世界政府の理想を論じることもしない。現実世界は、さまざまな利益と能力を持った国家が集まってできている。国々は協調行動が苦手だ。私たちは、研究者であって実行者ではないという制約の中で、難民のニーズを満たすことができる世界はどのようなものでありうるかを示したいと思う。そのためには新しい遠大な制度はいらないものの、政治家たちがしばらくの間、真剣に行動する必要はある。第Ⅲ部では、危機を振り返った上で将来を展望し、私たちが提案するアプローチがどのような違いをもたらすであろうかを示す。橋の下を流れ去る水は戻らない。しかし上流にはまだたくさんの水が残っているのだ。

第I部

なぜ危機は起こるのか

第1章　世界的な混沌

２０１７年における世界の難民数は、１９４５年以来最高の２１３０万人に達している。これだけで十分に悪いことだが、さらに悪いことには、普通の人々は、暴力的な無秩序によって人々の生活が破壊されていることを過小評価している。難民に分類されるためには、国境を越える必要があるが、暴力から逃れている多くの人は国境を越えることすらできない。注目すべき根本的な現象は、外国への避難（refuge）ではなく、暴力のために強いられる移動（displacement）なのだ。暴力によって故郷を追われた人の合計は、過去最高の６５３０万人となり、世界人口との割合で見ても、１１３人に１人とこれまでで最も高くなった。(1) 現代の世界には、iPhoneの発明といった技術革新や１８００人以上が10億ドル以上の資産を持つ億万長者となったという事実と共に、大量の強制移動という人類史最悪の悲劇がある。いったいなぜこのような事態になったのか。

過去70年間で、世界は歴史上で稀に見る驚異的な持続的成長を経験した。生活水準は一変し、人々はより高い収入を得ているだけでなく、はるかに健康で、より良い教育とより多くの知識をも得ている。この前例のない繁栄の広がりと同時に、避難民の数が大幅に増えていることは、驚くべきことだ。これはなぜなのか、説明が求められる。

私たちはつい史上最多の避難民の数と史上最多の億万長者の数を関連付けて考えたくなる。しかし、金持ちはより豊かになり貧しい人はより貧しくなるものだといった安易な説明は通用しない。億万長者に限らず、私たちのほとんどは、1945年に生きていた先祖（祖父母）よりもはるかに恵まれている。国家間の格差という点からしても、初期（冷戦期）の頃のほうが、多数の貧しい国々を少数の豊かな国が置き去りにしていたのだ。1980年代まで、豊かな世界と貧しい世界の間には大きな差があり、中間層の国はほとんどなかった。1990年代からほとんどの貧しい国が富裕国に追いつき始め、世界的な不平等は急速に縮小した。最も顕著な例は世界の人口の3分の1を占める中国とインドだ。この傾向は広く見られるもので、かつては紛争で荒廃し貧しかったベトナム、ルワンダ、コロンビアのような国も、今や平和となり、生活水準も急速に向上している。現在、ほとんどの国は裕福な国と貧しい国の中間にいる。つまり、世界経済の発展は、移動を強いられる人々の急増を説明するのには不十分だ。他の理由を考えてみよう。

何が強制移動や外国への避難をもたらすのか

今日の難民は貧困からではなく、危険から逃れて移動する。人々は、国家が彼ら・彼女らに安全を保障できなくなったときに外国に避難する。国家はさまざまな原因で暴力的な無秩序に陥るものだ。1935～1945年、ヨーロッパはそのような状態に陥った。ファシズムの台頭はドイツをユダヤ人にとって危険な場所とし、スペインでの内戦を引き起こした。日本は同じくファシズム的イデオロギーで中国への侵略を進めた。これらの出来事で多くの民間人が移動を強いられた。そして第二次世界大戦が世界中を荒廃させてしまった。ただし、現在の大規模な難民発生を引き起こす危険は、以前とはまったく違う原因から生まれている。

やっかいなことに、集団暴力を引き起こす原因は多様だ。暴力的な社会は、トルストイが『アンナ・カレーニナ』で描写した「不幸な家族」に似ていて、それぞれ独自の形で暴力化する。[2] 暴力的な社会とは、普通の人々が安全だと感じることができない社会だ。

もちろん完全に安全な社会などはない。米国では黒人男性は警察に撃たれるリスクが高く、サウジアラビアでは不倫した女性は石打ちの刑にあう危険にさらされている。ロシアでプーチン大統領を糾弾するのは賢明ではないだろう。これらはすべて非難されるべき問題だ。個人的に狙われて深刻なリスクに直面すれば人々は外国に庇護を求めるかもしれない。しかしほとんどの場合、人々はそのような理由で避難しているわけではない。集団暴力と個人レベルの安全感の欠如を区別することが重要だ。集団暴力は稀にしか起きないが、個人の不安感は皆が抱えている。集団的暴力を的確に捉えられないと、理想化されたスウェーデンや［米国の］モンタナ［州］のような治安の良い社会こそが解決策だと考えてしまう。人々が必死な思いで故郷を捨てて避難している現象はそんな絵空事では対応できない。本書の焦点は、一部の人々に恐ろしいことが起こるような状況ではなく、社会が集団暴力のうちに崩壊していく状況である。

問題をこのように限定したとしても、集団暴力はさまざまな原因によって起こる。

集団的暴力の伝統的な原因は国家間紛争だ。1930年代の中国、40年代のロシア、50年代の韓国では暴力によって市民生活が混乱したが、それは敵対する隣国からの侵略のために起こった。ゆえに、安全保障の条件の一つは、外敵の侵略から自国を守るために十分に強い軍事力を持つことだ。多くの国にはそのような敵はないのだが。

集団暴力が侵略によるものでない場合、国内に原因があるはずだ。そのような事態は稀で、治安維持のための二つの異なる基本的要素がともに消失した場合にのみ発生する。

国内の治安維持に最も必要な要素は正統性である。民主主義国家であろうとなかろうと、ほとんどの国家は国民から見て十分な正統性を持っていて、ルールが自発的に守られる。大多数の市民に正統性が認められている国家では、ルールを遵守させるために必要な力は小さくてすむ。英国は小規模で非武装の警察力で事足りるが、北朝鮮では市民に対して国家の暴力を見せ続けなければならない。

北朝鮮は正統性を欠いているものの、集団暴力状況には陥っていない。なぜなら金正恩は、祖父・金日成や父・金正日と同じように、残忍な抑圧によって秩序を維持しているのだ。国家の暴力的弾圧が市民への脅威となっている。反乱が起きたらおそらく数千人が虐殺される。ただし、この脅威は潜在的なものだ。あまりにも恐ろしくて信憑性が高いため、実際に暴力を使うまでもなく人々は服従するのだ。

国内の安全保障にとって明白に重要なのは、国家の持つ強制力と国家の正統性の関係である。いかに包摂的で柔軟な政府であっても、すべての人に受け入れられることはないから、国家には一定の強制力が必要だ。どんな社会にも、不満があれば暴力に訴えることが許されると考える反抗的で型破りな者がいるものだ。従来の基準で見ると、1980年代のスウェーデンは、それまでのどの国家よりも完璧な状態に近かったが、当時のオロフ・パルメ首相は路上で射殺されてしまった。正統性と強制力はいずれも集団暴力へと陥るリスクを軽減するものだが、この二つはトレードオフの関係にある。正統性が高い国は少しの強制力で、反対に正統性が低い国は強い強制力で国内の安全を維持できるのだ。

安全保障（治安維持）の条件を明らかにすることで、その対極にある「脆弱性」も明らかにできる。脆弱国家とは、国家の能力と正統性がいずれも弱い貧困国のことだ。脆弱性の度合いと強制移動の規模には顕著な相関関係がある。脆弱国家は集団暴力（国内紛争）に対する防御手段を持っていない。そのような国は常に集団暴力に悩まされているというわけではないが、きわめて不安定な状態にある。

国家の脆弱性は、今日世界中で起きている強制移動の唯一かつ最大の原因だ。気候変動や自然災害なども避難を引き起こす要因となりつつあるが、このような要因も脆弱国家に影響した場合のみ大規模な越境移動を引き起こす。大型ハリケーン「カトリーナ」が米ルイジアナ州のニューオーリンズを襲ったとき、人々は米国から逃げ出しはしなかった。一方、ハイチで地震が発生したときには、同国の救済策や解決策が不十分だったため、多くの人々が隣のドミニカ共和国に避難した。

しかしながら、本章の冒頭での質問は、「どの国家が脆弱なのか」ではなく「なぜ集団暴力が増加したのか」であった。つまり、世界的に経済成長が見られるにもかかわらず、なぜ脆弱な国家が増えたのか、という問いだ。

なぜ脆弱性は増加しているのか

国の脆弱性の理由は複雑だ。一つの大きな原因や悪役を取り除きさえすれば脆弱性が解消されるといったものではない。ブッシュ元大統領とブレア元首相でさえ、イラク難民の発生には責任があるものの、脆弱国家の増加にまで責任があるわけでない。オバマ大統領をはじめ事実上すべての指導者が、（大量難民を生んだ）アフガニスタン戦争は「必要な戦争」であったと考えていたし、（同じく大量難民を出した）「アラブの春」のときにはブッシュもブレアもすでに退任していて彼らの責任を問うわけにはいかない。原因を探るにはいたずらに「悪役」を探すのではなく、より深い原因に目を向ける必要がある。国家の脆弱性が広まったのは、以下に述べる五つを含む地球規模の変化が重なったためだと考えられる。それぞれの変化が付随的に国家の脆弱性を引き起こした。一ついえることは、脆弱性問題に簡単な解決策はない、ということだ。一度壊れたものは容易には元に戻らないのだ。

「相互確証破壊」の終わり

逆説的ではあるが、一つの要因はワルシャワ条約機構と北大西洋条約機構（NATO）間の冷戦の終結かもしれない。1991年以降に育った人にとっては理解しがたいことであろうが、冷戦とは核兵器による「相互確証破壊」（MAD）の恐怖を意味していた。米ソそれぞれが同盟国を募って陣営を築いたため、第一次世界大戦勃発時のように、どこで起きた紛争でも超大国を巻き込んでエスカレートする可能性があった。世界の片隅での衝突でさえ潜在的に非常に危険なものとなったから、米ソは軍事力行使をためらうようになった。両大国は、陣営内の同盟国の政権を維持することを認められていた。小規模な代理戦争は起きたものの、アフリカ、ラテンアメリカ、東南アジア各国の政府は、米ソ両国からの資金と武器によって比較的強力な国家能力を維持できた。冷戦の終結とともに米ソともにそのような援助をする理由はなくなり、これまで抑え込まれていた民族対立などが解き放たれた。シエラレオネやソマリア、ボスニアなどでは国家の能力が低下し、集団暴力が発生した[3]。

長い間ロシアの従属国であったシリアでの紛争はその一例だろう。冷戦中、米国とその同盟国は、シリアの政権交代を試みることはロシアの軍事的介入を招くため危険すぎる、と認識していた。しかし2011年（のシリア紛争の始まり）にはそのようなためらいはなくなっていた。「アラブの春」がシリアに広まったとき、米国大使は反政府抗議活動を公然と支持した。ロシアの勢力圏が中東に限られるという考え方も否定した。欧州連合（EU）は、ウクライナがEU加盟に向けて動き出すようそのかした。いずれの場合にも、紛争（集団暴力）は二段階を経て拡大した。第一段階では国内の抵抗運動があった。シリアでは、それに対し政権が武力弾圧を行った。ウクライナでは、西部の反政府派が新政権を立てたことに対抗して東部で武装反乱が起きた。第二段階では外国勢力のロシアが、シリアでは空軍により、ウクライナでは偽装した地上部隊による軍事介入を行った。

民主主義的平和?

二つ目の逆説的な要因は、ソ連崩壊後の民主主義の広がりだといえよう。西側社会では、権力の行使に対する牽制と選挙の2本立てで成り立つ民主主義こそが正統性を持つものとして長く受け入れられてきたが、冷戦で西側が勝利したことでこれが世界的に通用する真実であると喧伝された。国民に対する政府の民主的な説明責任こそが、国民の不満を和らげ、国家に対する暴力的抵抗がなくなるというわけだ。

ソ連崩壊後、民主主義が世界中に急速に広まったように見えたが、実際に広まったのは選挙という形式に過ぎなかった。選挙自体は実質的にどんな状況でも開催できるイベントだ。これに対し、選挙で選ばれた権力間の均衡を保つことは民主主義に不可欠な要素であるが、それはイベントではなくプロセスであり、確立するには時間と継続的な努力がいる。今日の多くの国々の民主主義は歪んでおり、権力に対する監視が弱すぎて多数派による少数派の権利侵害を止められない。他方で、約3分の1の選挙では少数派が多数派の権利を侵害する不正投票行為を防ぐことができない[4]。さらに、一部の国では公益や国益という概念のために必要な「共有されたアイデンティティ」が薄く、「私たち」は、「私たちの国」ではなく「私たちのグループ」となってしまっている。暴力で勝ち取ったにしろ選挙で勝利したにしろ、権力は「他のグループ」から「自分たちのグループ」に資源を再分配するために使われる。いずれの場合も、選挙によって権力が正当化されないため、国民を国家に服従させるためのコストが下がることはない。

歪んだ民主主義の急速な広がりは、政府に正統性を与えなかった一方で、国家の強制力を弱めることになった。何千年もの間、独裁者は最も効果的な強制力の形態を理解してきた。鉄則の一つ目は、先手を打つことだ。相手が行動に出るのを待っていると負けてしまうリスクが高くなる。たとえ無実の者を罰することとなっても疑わしき者はすべからく罰すべきなのだ。第二の鉄則は、暴力を最後の手段としてではなく日常的に使用することだ。そうすることで、政府のいうことを聞かないとどうなるかを知らしめることができる。もちろん民主的手続きを守るならこのような手段はとれないが。

この二つを考えると、1991年以降の民主主義の急速な広がりによって多くの国が集団暴力の影響を受けやすくなったといえるだろう。仮に政府が選挙で勝っても、排除されたと感じた多くの人々は国家権力を不当なものとみなし、政府はそのような人々の暴力化を抑えることはできなくなっていった。

イラクは選挙によって国民から正統とみなされる政府を作り上げるのに失敗した典型例だ。イラクではこれまでに何度も選挙が行われ、2011年にはマリキ首相の下でシーア派の政府が成立した。マリキ首相は少数派スンニ派の排除と抑圧に失敗し、民主的なイラクは極度の脆弱国家になってしまった。しかし、選挙で選ばれた政府が国民に受け入れられなかった劇的な例はリビアだ。残忍で利己的なカダフィ政権から解放されたリビアの人々は、良識ある政府を選出した。しかし、リビアは発展するどころか、派閥間の暴力的対立が渦巻く国に転落した。リビアは破綻国家となり、さまざまな悪影響をもたらしたが、それについては次章で論じる。

私たちにはできる

脆弱性の増加につながる第三の要因は、技術的なものである。長らく国際紛争は技術的変化で説明されてきた。技術は、あるときは城のように防御側に有利に働き、あるときは戦車のように攻撃側に有利に働いた。第一次世界大戦の説明として、当時の技術が攻撃側に有利に働いたために各国は軍拡競争を行い、それが1914年の7月に自己実現的な戦争を引き起こしたというものがある。同じような技術的変化の影響が国家の強制力と不服従の関係にも見られる。催涙ガス弾の使用や電話の盗聴は、長い間、国家の強制力を強めてきたが、2005年頃からは携帯電話やソーシャルメディアが爆発的に世界で普及し、集会から反乱に至るさまざまな社会的抗議活動を可能にした。ソーシャル・ネットワークの政治的な力が最初に見られたのが2008年米国大統領選の民主党予備選挙であり、アウトサイダーであるバラク・オバマは最有力候補だったヒラリー・クリントンに勝利した。オバマの「イエス・ウィー・キャン（私たちにはできる）」に見られるように、ソーシャルメディアが従来型の政治キャンペーンを打ち破ったのだ。しかし、ソーシャルメディアの力が最も重要となったのは、人々が国家の暴力に立ち向かう際であった。

抗議行動の発生は、不満の強さだけによるわけではなく、人々が参加することによって起こり得る結果による。強権的な国家への抗議デモに参加した場合の結果は予測しやすい。参加者の数が少なければ逮捕されて罰せられる可能性は非常に高いが、100万人が参加するとなれば、国家の強制力のほうが圧倒され、罰せられるリスクはごく低くなる。同じように、政権に対する影響は抗議活動の大きさに左右される。抗議の規模が小さければ政権はそれを無視するか断固として抑え込むことができるが、抗議が大規模であれば政権が倒される可能性が高い。抗議行動への参加の見返りは、参加者の数がどのぐらいと見込まれるかに大きく依存するのだ。

都市部の若者がよく使う携帯電話とソーシャルメディアは、抗議活動への見返りを変えてしまった。中東諸国では、一部の人々の利益のみを追求する権威主義体制に対する人々の不満はずっとあった。2011年の政治状況は、2001年や1991年、さらには1981年の状況と似ていた。しかし、以前だったら非現実的であった抗議活動は、2011年には何百万人もの人々が「私たちにもできる！」と信じるようになったことで現実的になった。これはアラブ諸国だけの特有の現象ではなく、3年後にはウクライナでも同じことが起きた。

ソーシャルメディアを通じた抗議行動がまずアラブ諸国の間で広まったのは、異なる国の国内ネットワークがある程度重なりあっていたからだ。いうまでもなく、チュニジア、リビア、エジプト、シリアの都市部の若者は、言語、文化、空間的に近かっただけでなく政治的立場も共有していたのである。

資源ブーム

脆弱な国々が増えた理由として考えられる四つ目の理由は、2013年までの10年間の「スーパーサイクル」と呼ばれる天然資源価格の継続的な上昇にある。資源輸出国ではこの期間に国民所得は増加したが、同時に悪い影響も生じた。

経済学者のニコラス・バーマンらは、最近の画期的な研究で、アフリカで採掘された鉱物資源の地理的な場所と、アフリカで発生した武力紛争の関係を解明した[5]。資源と紛争の関係については多くの学者が10年以上研究してきたが、バーマンらの研究は、資源採取が武力紛争のリスクを高めるということを議論の余地なく立証しただけでなく、その理由をも解明したのだ。この研究はアフリカのみを対象としているが、その結論はアフリカ以外でも通用するだろう。この研究は、スーパーサイクルの間の物価高騰が、組織的な暴力の発生率を高めたことを示している。つまり反政府勢力は鉱山資源を資金源にし、武器を購入できたのだ。この影響が重大だったのがシリアだ。ＩＳＩＳ[訳注]が油田を軍事的に支配し、石油販売からの収益を使って武器を買い、暴力をエスカレートさせた。

資源価格の高騰は政治的影響も及ぼす。資源に依存している国の政府は独裁的になりやすい。資源輸出国が選挙を行う場合でも、天然資源の価格が上昇すると選挙が自由で公正なものでなくなる可能性が高くなる[6]。南スーダンのアフリカ最大の難民問題は石油と密接な関係がある。同国の紛争はつまるところ油田の支配をめぐる争いだが、話は石油にとどまらない。コンゴ民主共和国では、ダイヤモンドやコルタンなどの鉱物採掘をめぐって20年間にも及ぶ紛争が続き、同国は脆弱国家になってしまった。

資源価格の高騰や新資源の発見は人々に心理的影響を与えることがある。人々は、資源を得た政府が提供することのできるもの以上を期待し、不満を抱くようになるのだ。[7]世界の石油価格のピーク前後に「アラブの春」が起こったのは単なる偶然ではないかもしれない。

イスラム過激派

五つ目の理由は、イスラム過激派の台頭だ。長い間、イスラム至上主義イデオロギーはサウジアラビアによって国際的に広められてきた。米国は当初、ソ連によるアフガニスタン占領に対する反乱を掻き立てる手段としてこれを奨励し、そこからタリバンが誕生した。バングラデシュのように、大規模な反乱を抑えるだけの力を持っていた国では、イスラム至上主義はテロの形をとった。しかし、政府の軍事能力がより低い国は集団暴力の脅威にさらされることになった。

サヘル地域は、サハラ砂漠以南にある地球上で最も貧しい地域であり、経済規模が小さく国家を維持することが困難な国々が集まっている。イスラム至上主義イデオロギーがこの地域に根付くにつれて、それらの国々はさらに脆弱になっていった。リビアのカダフィ政権の崩壊が状況悪化に輪をかけた。カダフィは政権末期にサヘル地域からの傭兵を募った。傭兵たちはカダフィの馬鹿げた大義のために危険を冒すことには興味がなかったが、彼が倒れると武器を略奪した。カダフィは石油の富や被害妄想のために、国際的な武器商人にとって騙しやすい相手であり、目を見張るような近代兵器を大量に購入していた。他のサヘル地域の国々のおもちゃのような軍備と比べると、カダフィの兵器はゴリアテ（旧約聖

（訳注）Islamic State of Iraq and Syria の略称、イスラム国家の樹立を掲げてイラクやシリアで活動したスンニ派の武装勢力。

書に登場する巨人兵士）並みだった。傭兵たち自身も自国の政府に対する不満を抱えていた。リビアから帰国した傭兵たちがマリ軍を打ち負かした際、イスラム至上主義者はその機会を利用した。寄せ集めの傭兵部隊の味方を装いながらその力を弱め、最後には権力を奪ったのだ。マリが崩壊する中で何千もの人々が避難民となった。その2年後、中央アフリカ共和国でも同じようなことが起き、より多くの人々が避難民となった。ソマリアのアル・シャバーブやナイジェリアのボコ・ハラムの台頭によっても、同じことが起きた。

イスラム至上主義者による脆弱な状況に便乗した乗っ取りは、イラクで絶頂期を迎えた。歪んだ民主主義によって生まれた無能で腐敗した国家によって抑圧された少数派のスンニ派の多くがＩＳＩＳの格好の餌食となった。ＩＳＩＳは、イラク北部に残忍なミニ国家を建設したのち、シリア侵攻を試みた。

集団暴力の現実化

多くの国家が脆弱だとはいえ、脆弱性リスクが現実化して紛争となり、強制移動が発生するのはその一部だけだ。他の形の組織的暴力と同様に、避難民の数を押し上げるのはテールリスク、つまり異常値だ。趨勢を見つけようとするときには注意したほうがいい。全体の数字は、発生可能性は低いが非常に大きな数値を示す事象に支配される。趨勢によって歴史の必然的な流れを見出したくなるのが人情だが、世界はそのようなものではない[8]。強制移動は、統計学者のいうところの「ファットテール現象」に他ならない。つまり、起きる可能性は非常に低いが、いったん起きると壊滅的な結果を伴う出来事だ[9]。

世界の40～60カ国が脆弱国家だが、そのうち3カ国だけで世界の強制移動の半分を占める。その3カ国のうちでも1カ国が圧倒的だ。シリアの紛争だけで１１００万人以上の避難民が発生している。同国での紛争は必然であったかのように説明する者もいるが、それを予測することは誰にもできなかった。シリアは抑圧的な独裁国で、当初「アラブの春」という予測されていなかった出来事によって不安定化した。その後のＩＳＩＳによる外部からの介入によって強制移動状況は悪化した。ＩＳＩＳの蛮行は国際社会を驚かせたが、さらにロシアによる軍事介入で状況はさらに悪化した。シリア紛争は明らかに「ファットテール」に分類されるものであろう。

世界の避難民の半分を出す３カ国の残りはアフガニスタンとソマリアだ。これらの国が脆弱である理由は、シリアのものとは非常に異なる。アフガニスタン難民の急増は、米国の侵攻とタリバンとの継続的な戦争に起因しているが、米国介入時、アフガニスタンはすでに破綻国家だった。当時、アフガニスタンの大部分を支配していたのは反政府勢力タリバンだったが、これはサウジアラビア、パキスタン、アラブ首長国連邦だけに正統な政府として認められていた。同国の国内紛争はずっと続いていたのである。ソマリアも、一世代の間内戦が続く破綻国家であったものの、国際的介入は近隣のエチオピアとケニアからの限定的で散発的なものにとどまっていた。

世界の難民のうち、これらのテールリスクの出来事によるものが半分を占めているが、40から60もある脆弱国家では、紛争と避難民発生のリスクが常に存在する。世界の避難民の残りの半分は、小規模だが継続的に起こっている集団暴力によるものだ。これらはニュースになるほど劇的ではないが悲劇的であることに変わりはない。最近では、南スーダン、スーダン、イエメン、ブルンジ、ウクライナ、中央アフリカ共和国、ミャンマー、エリトリアなどで紛争と避難民が発生している。これらの国々は、避難民の人口がばらばらであるのと同様に、紛争国であるという共通点を除いてはさまざまだ。トルストイの「不幸な家族」の比喩にあるように、国々の不幸さはそれぞれだが、特徴によってグループに分けることができる。

次の3カ国の不幸は、歪んだ民主主義によって生み出された国内の緊張に起因している。南スーダン政府は、二つの主要な民族、つまりディンカ族とヌエル族の間に共通のアイデンティティを生み出すことができなかった。ある大統領顧問の説明によると、直近の紛争が始まる前にディンカ族の政府が問題視していたのは、正規に選出された政府をヌエル族が政府として認めていないことだった。実際、ヌエル族は実質的な武装集団を作り上げていた。これに対する政府の解決策は新たに武器を購入してヌエル族と戦うことだった。ブルンジでは、大統領は民主的に選出されたが、彼は国家のために働く代わりに、自身の支持母体のための政治を行った。難民危機の直接のきっかけは、大統領が三選を目指して自由でも公正でもない選挙を実施したことだった。それに対する大規模な抗議行動を政府は武力で押さえつけ、これが強制移動（難民発生）につながった。南スーダンとブルンジでは、歪んだ民主主義が正統性をもたらすことができなかったと同時に、その貧しさゆえに政府は反乱を食い止めるための抑圧装置を持つこともできなかった。南スーダンは、石油価格の上昇と下降という景気サイクルでさらに脆弱になった。

ウクライナもまた歪んだ民主主義のため人々の怒りを買っている。近年のいくつかの国と同じく、ウクライナは分裂し、国家の存亡が危うくなっている。選挙の結果、西側寄りの西部とロシアにあこがれる東部の間の分断が明らかになった。ロシア寄りの政権の下で、手続きを踏んで選ばれたものの、大統領は権力の牽制と均衡を無視して世界でも稀に見る略奪者となった。これに対し、大勢の若者が首都で「アラブの春」で見られたように蜂起し、大統領を退陣に追い込んだ。しかし結果は似たように民意を無視する西側寄りの政府ができただけだった。その後、ウクライナ東部で反乱が起き、ロシアがこの反乱を支援したため紛争はエスカレートし、西側寄りの政府は反体制派の民間人を爆撃するに及んだ。

もう一つのグループは、サヘル地域の貧しい小国のような、本質的に弱い国々だ。中央アフリカ共和国は、何十年にもわたる失政により絶えず脆弱であったが、イスラム至上主義と、マリでの暴動などを引き起こしたカダフィ政権崩壊の影響をこうむって、崩壊寸前に追い込まれた。フランスの軍事介入がかろうじて大量虐殺へと向かう可能性を防いだ。

イエメンは2015年の避難民の数が世界最悪であったが、それゆえその理由を理解することは重要だ。同国では全人口の9％にあたる約250万人が避難民となったが、その状況は中央アフリカ共和国や他のサヘル地域諸国に似ている。イエメンは連続して数年以上国家として機能したことがなく、氏族間の争いが絶えなかった。他のサヘル地域諸国と同様、同国はイスラム至上主義の餌食になっている上、石油の景気サイクルによって翻弄されてきた。ついにはサウジアラビアが政府側に立って軍事介入して反体制側の民間人への空爆を行ったが、それはシリアへのロシア介入のように事態を悪化させただけだった。

スーダンは、他のサヘル諸国に比べればずっと大国だが、本質的な特徴は同じだ。つまり、国家の能力が弱すぎて脆弱状態から抜け出せないのだ。ただ、同国では歪んだ民主主義が脆弱性の理由なのではない。スーダン政権には民主主義のかけらもないのだ。正統性の見かけすらない中で、国家はむき出しの強制力・暴力のみに頼っている。国民を国家権力に継続的に服従させ続けるためには、北朝鮮のような暴力装置が必要となるだろう。スーダンでの緊張状態は、イエメンと同じく石油価格の騰落のサイクルの影響を受けている。

ミャンマーは、数十年にわたり過度な抑圧に依存してきた弱小国家であり、政府はしばしば自国民を武力弾圧してきた。しかし、最近の難民の急増は国家による弾圧よりも民族間の争いのためである。ロヒンギャは、仏教徒が多数を占める社会の中での少数派イスラム教徒で、多数派の暴力の犠牲となってきた。しかし、政府はロヒンギャを保護することを望まず、またその能力もなかった。長年公民権運動を展開してきたアウン・サン・スー・チーでさえ、仏教徒多数派の支持で選挙に勝ちたいがゆえに、緊張を和らげる努力をほとんどしなかった。

最後に、エリトリアは独自のカテゴリーに分類される。抑圧国家エリトリアは暴力的支配の能力に長けていて、不満を持つ可能性のある若者を徴兵し、長期間の服役を強いる手法に頼ってきた。隣国の大国エチオピアに対して団結するという言い分はある程度の正統性をもたらし、それは10年間ほど機能した。しかし徐々にこの言説は説得力を失った。エリトリアで、海に面するという有利さにもかかわらず経済は停滞する一方で、内陸国エチオピアでは経済がうまく回っており、人々の生活水準は急速に上昇していた。また、エチオピアには何千人ものエリトリア人が住むようになった。エチオピアからの分離独立を求めて戦った勇敢なエリトリア人たちは、落胆して独立闘争は無意味であったと思うようになった。恒久的に戦争状態にあることの根拠は失われ、若者の見張り役であった庶民はその役割を放棄してしまった。下級士官や国境警備隊は、徴兵を忌避する者から賄賂を受け取って国外に逃がすようになった。国外脱出は最初こそ少数だったが、権力への服従の規範が弱まるにつれ大量流出となった。エリトリアでは武力衝突はない。国外に逃亡しているのは、住む家が安全でなくなった家族ではないし、国内の治安が崩壊しているわけでもない。若者たちは、徴兵制という刑務所のような生活と、国家に従わない場合の実際の刑務所内での服役を比べた上で、知恵を絞って国外逃亡の方法を見つけた。私たちが目の当たりにしているのは、刑務所になってしまった国家からの集団脱走なのだ。

避難するという選択肢

脆弱さが暴力という形をとるようになってしまうと、人々は逃げ出さざるを得ない。国際難民法では、依然として「迫害」という時代遅れの概念に力点が置かれているが、今日の難民発生の根底にあるのは

「脆弱性」なのだ。国際的な救済の義務についての第4章で論じるように、避難の決定的な理由は「暴力からの避難」だ。その暴力の対象は、第二次大戦中のドイツのユダヤ人のように特定の集団であったり、シリア内戦におけるアレッポの爆撃のように特定の場所であったりする。いずれであっても、人々は安全な場所に逃げざるを得ない。

故郷を追われた人々は、国内の他の場所に避難所を探すことができるかもしれないが、国外脱出しか道がないかもしれない。自国内の他の場所に避難している人々を「国内避難民」（IDP）と呼ぶ。避難する人々は、国内避難民としてとどまることもあれば、難民として自国を離れることを選ぶこともある。しかし、時として選択肢が一つしかない場合がある。ドイツのユダヤ人は極端な例だ。彼らはファシスト政府に狙われてドイツ全土で危険にさらされていたため、海外への逃亡が唯一の安全への道だった。これに対して、ナイジェリア北東部で活動するイスラム至上主義の反体制派ボコ・ハラムの脅威にさらされている人々には、国内の他の場所に移動して国内避難民になるという選択肢がある。ボコ・ハラムの活動範囲は比較的人口の少ない地域に限定されているからだ。ただ、そこは国境地帯のため、一部の住民人にとっては国境を越えることが最も安全な道だ。

シリアでは、1100万人の避難民のほとんどが国内にとどまっている。これはおそらく、武力紛争の目的が主として領土の支配にあったためであろう。政府の弾圧は初めは反政府関係者を拘束するためだったが、やがて領土の支配をめぐる従来型の紛争へと急速に変質した。そのため、危険な場所に住んでいた人々は国内のより安全な場所に避難した。親戚に身を寄せることができた者は海外に逃亡する必要はなかっただろう。他の者にとっては、国境がしばしば閉鎖されたため、シリア国内での避難が唯一の選択肢だったのかもしれない。

法的には国境を越えた者だけが「難民」とみなされうる。国際機関や国際メディアは、国境を越えた難民に焦点を当てる傾向がある。しかし、故郷を追われ、自国内で避難している国内避難民も国際的な議題から外されるべきではない。彼らの安全な避難先を求めるニーズはしばしば満たされない。紛争は脆弱国家で発生するため、仮に国内の多くの地域が安全であったとしても、政府が国内避難民のニーズに応える能力を持ち合わせているとは考えにくい。国際社会は、国内避難民に対して各国がどう対応すべきかについてのガイドラインを作成しているが、制度的な対応は不十分で不均一だ。

国境を越えていることが難民として認められる条件であるように、移民も国境を越えているかどうかで分類される。貧しい国では、移民の大半は地方から国内の町や都市へと国内移動をするが、中には国境を越える者もいる。安全を求めて逃げた人が「国内避難民」と「難民」のどちらになるかは国境を越えたか否かで決まるように、国境を越えた移民だけが国際移民となる。しかし、移民と難民は区別しなければならない。物理的に国境を越えるという点で両者は同じだが、両者には大きな違いがある。それは移住を決めるときの心理的衝動だ。移民は希望に惹かれ、難民は恐怖から逃れて移住する。国際移民はより良い生活を目指して、難民は避難所を求めて出国するのだ。

世界の70億人の人口のうち、ハニーポット国（高所得国）[10]に住んでいるのは7人に1人だけだ。残りの60億人の多くはそのような国に移住したいと考えている。他方で、世界の人口の1％未満が強制移動民（避難民）であり、難民はその半分にも満たない。国際社会が危険からの避難を求めることと豊かな国への移住の願望とを区別できないなら、難民にとって必須のニーズは移民を希望する人々のニーズの波に飲み込まれてしまうだろう。

避難所

難民は避難所を探している。彼らはどこでそれを見つけることができるのだろう。

難民受入国とハニーポットの国は同じだと思っている人にとって、これから述べることは驚きかもしれない。まず、移民が住んでみたいと思う高所得国、最も魅力的なハニーポットの国を10カ国リストアップしてみてほしい。この作業は簡単だろう。私たちのほとんどが裕福な国に移住することを夢見ていることを、移民は実際に行動に移しているのだ。次に、難民が避難している上位10カ国をリストアップしてみてほしい。二つのリストはどのぐらい似ているだろうか？

過去40年間で最も多くの難民を受け入れた国はパキスタンだ。あなたは正解できただろうか。パキスタンはあなたがリストアップしたハニーポットの国（高所得国）のトップ10に入っていただろうか？おそらく入っていないだろう。受入国のランキングを見ていくと、2位はイランで、パキスタンと僅差だ。今のイランを魅力的だと感じる人もいるが、欧米諸国の人がイメージする移住先として望ましい国とはとてもいえないだろう。ランキングの次の4カ国は、エチオピア、ケニア、ウガンダ、タンザニアと、すべてアフリカ諸国だ[11]。

これら6カ国は、意外だろうがある共通の特徴を持っている。それは、難民の受け入れ上位国としてランクインしていると同時に、移民送出国であるということだ。これらの国はハニーポットの国とは程遠く、裕福な人々は他の国に移住する傾向がある。もちろん、オバマ大統領の父親もそのうちの1人だ。集計年にもよるが、難民受入国として上位10カ国の残りの順位を争うのは、タイ、トルコ、ヨルダン、レバノン、コンゴ民主共和国、そしてチャドである。

冒頭のポイントに戻ると、南側の難民受入国と北側のハニーポットの国とはまったく異なるのだ。ハニーポットの国々は経済的に裕福という点で似通っているが、受入国に共通していることは何だろうか。政府の人道的政策や人々の寛大さに共通点があるのではないかと思う人は考え直したほうがよい。タイ、ヨルダン、ケニアの政府や国民の間に、他の国々と違った目立つ共通点があるわけではない。これら受入国に共通しているのは、その場所、つまり地理的な位置だ。これら受入国同士は互いに離れているが、いずれも脆弱国家や、脆弱国家が集まっている地域に隣接している点で共通している。難民は、希望に誘われるのではなく恐怖に駆り立てられて、すぐ近くの避難国に逃げるのだ。

パキスタンやコンゴ民主共和国などの国々は、鉄道の駅に「難民さん、ようこそ」の看板を掲げていたから難民受入国になったわけではない。難民がそれらの国に群がったのは、要するに地理的に近かったからだ。これらの国々が難民を受け入れたくないのなら、強大な排除能力を持たなければならないだろう。しかし大半の受入国は、難民の大量流入には対処できない。それが各国の置かれた現実なのだ。受入国の中には世界で最も貧しい国に数えられる国もあり、脆弱国家のリストの上位にある国もある。

この章は、驚くべき事実を述べるところから始まった。前例のない長寿、余暇、繁栄、ネットワークなどの奇跡をもたらした21世紀は、記録的なレベルの強制移動をもたらした。６５００万人もの人々が暴力を恐れて故郷から逃避しているのだ。この状況を改善するために、私たちにできることは何かあるだろうか。

英国のトニー・ブレア元首相は、「犯罪に厳しく、犯罪の原因にも厳しく」という説得力のある言葉で政治的に脚光を浴びるようになった。反応だけでなく予防もするという二つのアプローチは、賢明に思われた。同様に、強制移動に対する最善の政策は、それが起こらないようにすることであるという考え方は魅力的だ。

ここまで、強制移動は脆弱性から生じることを見てきた。では国際支援によって国家の脆弱性を大幅に軽減することはできるだろうか。この問いは多くの国際公共政策における優先的課題となっている。援助機関は脆弱国家に重点的に資源を投入している。例えば、開発機関の中で最も洗練されているといわれる英国の国際開発省は、脆弱国家のための予算の割合を、まず全体の30％に、２０１５年には

50％にまで増やした。治安機関もまた脆弱国家への重点的な支援を強化している。諜報機関は各国政府と協力してイスラム至上主義者に対抗しており、国防省は各国の軍隊を訓練している。しかし、私たちにできることには限界がある。忘れてはいけないのは、難民の大規模な発生は、容易に予測できない「ファットテール」の出来事による、ということである。

国のレジリエンス（回復力や強靭性）を高める支援をするとなるとなおさら容易ではない。国家は、自国民から見た正統性を高め、安全保障（治安）を維持する能力も高める必要がある。国際社会は、これらの努力を援助することはできるかもしれない。しかし、つまるところ能力強化は国内で取り組まれるべきものである。「不幸な家族」がそれぞれ特徴があるように、脆弱国家もそれぞれ事情が異なるため、型にはまった介入は状況によっては危害をもたらす可能性すらある。また、それぞれの状況に応じた国際支援が必要であると認識されたとしても、それだけでは多くの国際機関が独自のアプローチをとることになりかねない。ゆえに国際的なリスクの予防に過度に期待すべきではない。地震発生の原因は集団暴力の原因よりもはるかに単純だが、膨大な研究努力にもかかわらず、地震発生の数時間前でさえも予測することはできない。地震が発生しやすい地域にとっての最善の政策は、レジリエンスを構築することである。

集団暴力のリスクに対する国際社会の主たる対応は、おそらく事後的、反応的なものにならざるを得ない。この章の重要なメッセージは、今後数十年にわたって強制移動と避難に対する効果的な国際的対応が必要とされるということだ。これは今後発生しうる難民数の推測の上に成り立っているわけではない。難民の総数は増えたり減ったりするため、予測不能だ。しかし、難民が発生する根底にあるプロセスは明確だ。つまり、多くの脆弱国家では、確率は低いものの、いったん起きれば市民に対する集団暴力と、それに伴う避難民が発生するという重大なリスクにさらされている。避難民の多くはおそらく自国にとどまるだろうが、一部は国境を越えて難民になるだろう。今後数十年の間、国際社会は国内避難民と難民のニーズに対応しなければならない。今、私たちが取り組むべき課題は、効果的な対応のための能力が国際社会にすでに備わっているのか、それともこれから構築する必要があるのか、ということである。

第2章　難民制度の変遷

70年前、国際社会は史上最大の難民危機に直面した。第二次世界大戦の後、国境線が引き直された結果、何百万もの人々が祖国を追われた。難民と治安の回復を求める政府の双方が早急な問題解決を必要とした。1940年代の終わりに、冷戦を反映する形で、国際連合が難民保護制度を大急ぎで作った。この制度は二つの基本的要素から成り立っている。すなわち、「難民」の定義と彼らの権利を明示した国際条約と、難民の保護と難民問題解決のための国連専門機関ＵＮＨＣＲである。

合意された難民の保護制度は当時の政治状況を反映していた。この制度は、1930年代に起きたホロコーストから逃げてきたユダヤ人たちを国際社会が保護できなかったことへの反省に源を発するが、その骨格は制度ができた当時の初期冷戦の影響を強く受けていた。ホロコーストに対する嫌悪という道義感情と共産主義を封じ込めようとする米国の戦略的利益とが一致したのである。「難民」の定義といった重要な決定に関しても、難民を共産主義諸国に戻さないようにしたいという欧米諸国の願いを反映していた。かくしてでき上がった難民保護制度は、ある歴史の節目での一時的な解決策という妥協の産物であった。

しかしながら、ヨーロッパ中心の政策形成の常だが、ヨーロッパ発の制度は、大幅な修正なしに、数十年の間にアフリカ、中東、中南米も含む世界規模の難民制度へと拡大していった。そこには多少の変化があったが、体系的なものではなく、司法による難民法の再解釈とか、問題が起きるたびに個別の対応をするべく国際機関の役割を調整する類のものであった。すっかり変わってしまった戦後の世界でも存在意義を持つような制度に向けての抜本的な改革はなかった。そこには経路依存性が見られる。すなわち、過去の状況がすでに関連性がなくなっていても、現在なされる決定は過去の決定に縛られたままなのである。

その後の制度変化も緩慢で、いきあたりばったりであった。難民法の変化も、条約の文言の再解釈の積み重ねに過ぎなかった。裁判所は、さまざまな状況を「迫害」という難解な概念に何とか当てはめようとしてきたが、やり方はばらばらで一貫性を欠き、無視された事項もあった。制度的な適応は新たな危機への対応に起因しているが、時にそれは恒久的な政策として硬化してきているのだ。このように少しずつ変化してきたことで、70年の間に制度とニーズのギャップはどんどん大きくなってしまった。

その結果、もはや目的に適さず、現代の課題に適切に取り組むことができない制度ができてしまった。気候変動や国家の脆弱性などの要因がさらなる避難民を生み出すが、今日の制度はそれらに対応できない。ほとんどの難民は、現在、都市部にいるが、既存制度は主に難民キャンプでの支援を前提としている。難民問題は本質的に政治的な問題だが、UNHCRは、事務所規程によって「非政治的」な性格を付与されたままである。冷戦時にUNHCRがどちらにも肩入れしないことを意図した条項は、現在では政治的足かせとなり、UNHCRが積極的に難民保護に関与することを妨げている。さらに、UNHCRは、グローバリゼーション、テクノロジー、ビジネスの役割そして難民自身の能力の活用も含め世界の進歩による新しい機会を活用するのに苦労している。

既存の制度は、人は重大な危害から逃れる権利があり、避難民がやって来る国にはそれらを受け入れる義務がある、という単純だが価値のある思想の上に作られている。しかしこの制度には明らかに機能不全に陥っている部分もある。2015年4月に引き起こされたヨーロッパの移民危機により、冷戦終結以来初めて、難民問題が政治の最優先課題となった。難民制度が世界的に注目され、危機感が広まっている今こそ、変革の機会なのである。そこで本章では、難民制度の制度的変遷を振り返り、どの要素が価値があるゆえに存続しているのか、どの要素が単に惰性や想像力の欠如によって存続しているのかを探ってみることにする。

冷戦時ヨーロッパの難民制度

政治的共同体ができてからずっと、迫害された人々は権利を求めて逃亡を余儀なくされてきた。1648年のウェストファリア条約でヨーロッパに国民国家が成立して以来、どの政府も難民の移動を管理する方法を模索してきた。例えば、1685年にナントの勅令でフランスから追放されたプロテスタントのユグノーは、英国で難民として受け入れられた。18世紀から19世紀にかけての革命期には、ヨーロッパ諸国は、国家の形成と解体による犠牲者たちの安全な通行と人口交換を、新たにできつつある国家の民族的・宗教的基準に合わせた二国間協定によって保障した。

難民に対する人道的責任を相互に分担することを各国が認めたのは20世紀に入ってからのことである。両大戦の間、1921年のオスマン帝国の崩壊に伴い、新しく発足した国際連盟は難民高等弁務官（LNHCR）という役職を設けた。弁務官が率いる機関は小さい組織だったが、効率的であり、ロシア人、ギリシャ人、トルコ人、ブルガリア人、アルメニア人の無国籍者や避難民に「ナンセン・パスポート」として知られる渡航書類を出した。[1]

多国間で大規模な難民管理が行われるようになったのは、第二次世界大戦後、ヨーロッパ各地で数千万人が避難生活を送るようになってからのことだ。このときに、現在もその大部分が残っている現代の難民制度が誕生したのだ。戦後の多国間秩序の構築の多くがそうであったように、この制度も、条約と国際機関という二つの主要な要素から構成されている。

１９５１年難民条約は、難民を定義し、彼らに与えられる権利の概要を示す簡潔な文書だ。難民は、人種、宗教、国籍、もしくは特定の社会的集団の構成員であること、または政治的意見を理由に「迫害を受けるおそれがあるという十分に理由のある恐怖を有する」ために、国籍国の外にいる者であると定義された。その上で、難民条約は難民が国家に対して主張できる一連の権利を定めている。重大な危害が及ぶおそれのある国に強制送還されない権利（ノン・ルフールマン）、および市民的・政治的、さらに経済的・社会的な基本的権利である。

１９５０年12月14日に国連総会で採用された設立規約により、難民に対して「国際的な保護を提供」し、その自発的帰還または新しい国々への同化を助ける政府や民間組織を支援することで、難民の窮状に対して「恒久的な解決策を模索」することを使命とする組織ＵＮＨＣＲが創設された。この中で注目すべき点はＵＮＨＣＲが「非政治的性格」を持つとされていることである。

条約交渉国にはこの難民制度を永続的なものにする意図はなく、ましてや世界中に広める意図もなかった。条約はきわめて特殊な解決策を必要とする特殊な状況に対応したものであった。その点を明らかにするために、各国は一連の制限を課した。ＵＮＨＣＲの活動は時間的に１９５３年末に期限切れとなるように設定されていた。さらに、ＵＮＨＣＲも難民条約も、それまでに起きたことだけ、つまり、１９５１年１月１日前の出来事の結果として難民となった人々のみに適用されるものだった。さらに、１９５１年難民条約には地理的な制限が設けられ、署名国には「ヨーロッパでの出来事による」難民に対象者を限定する選択肢が与えられた。

さらに、公開された交渉記録を見れば、当時考えられた比較的限定された選択肢も、交渉に参加した26カ国の困難な政治的妥協の結果であったことがわかる。米国は難民制度に厳しい制限を課すことに最も熱心であった。エレノア・ルーズベルトと国務省の代表は、この制度は一時的なものであり、1940年代後半から1950年代初頭にインド、韓国とパレスチナで起きつつある難民危機には適用されるべきではないと主張した。加えて、インド、パキスタン、フランスやベルギーなど直接影響を受ける多くの西欧諸国の要請に反して、UNHCRは直接的な物資支援をするのでなく、政府に法的助言や専門知識を提供するだけであるべきだとも主張した[2]。

主要政府の交渉姿勢は国益に基づくものであり、高邁な人道主義の結果ではなかった。米国は主に共産主義を規制し信用を失墜させたいという願望を持っていた。個別の「迫害のおそれ」に基づいた難民の定義の採用は、東欧からの避難民を共産主義国へ送還することに米国が猛反対したからである。これは、1943年から1946年の間に活動していたUNRRA（連合国救済復興機関）に対する反発であった。UNRRAはまさに送還を助ける組織だった。1947年、米国はこの機関を終了させ、代わりに短期間ではあったが、東欧へ送還されるおそれのある人々の再定住を図る独自の国際難民機関（IRO）を設立した。米国は草創期のUNHCRを支援するための条件として、UNHCRも迫害国へ難民を送り返さないことを求めた[3]。

他の政府もそれぞれの国益に基づく異なる目的を持っていたが、それらはほとんど阻止された。米国の立場に反して、西欧の難民受入国はUNHCRが自国の領土内の人々に物的支援を提供することを望んでいた。しかし、1948年の米国主導のマーシャルプランによってすでに巨額の援助を受けていたため、西欧諸国は米国の意向に従わざるを得なかった。西欧諸国の中では、英国だけがUNHCRと条約の世界的な適用を即時に求めたが、その主な理由は、大英帝国を管理すること、植民地時代の後遺症としてインド亜大陸に発生した避難民の問題であった。

しかし、米国の支配にもかかわらず、西欧諸国の政府はこの制度を存続させる方法を考えついた。それはUNHCRである。1951年の難民条約と違い、UNHCRには地理的制限がなく、各国政府は、望めば1951年難民条約を「ヨーロッパやその他の地域での出来事」に適用する裁量が与えられており、UNHCRの任務が更新される可能性もありうると考えられた。起草者たちは、UNHCRが存続し、適応していくことを想定していた。それは、難民条約の定義がすべての状況を網羅しているわけではなく、少なくとも二つのルート、すなわち国内裁判所の解釈と補足的な国際協定を通じてダイナミックに進化していくことを認識していたからである。

その後数十年にわたり、このように急いで取り繕うように作られた難民制度は、日和見的で時には病的なやり方を通して少しずつ順応しながら、ほぼ無傷のままで生き延びてきた[4]。初めは10年も持たせないつもりだったこの制度が、世界的な難民ガバナンスの基礎となったのである。

UNHCRの存続は、冷戦がもたらした機会のおかげだった。当初、米国からは暫定的なものとみなされ、民間財団の助成金に依って機能していたUNHCRは、二つの出来事への上手な対応で、米国にとって戦略的価値があることを示すことができた。第一は、1953年の西ベルリン危機への取り組みだった。東ベルリンでのストライキと西側への大量脱出に直面して、UNHCRはベルリン経由でやってきた避難民流入の緊急事態に対処するために、国際機関やドイツのボランティア組織を支援し、外国への移住、ベルリンでの緊急支援、西ドイツへの同化を支援するために行動企画を立案したのだ。第二の出来事は1956年、ソ連軍によるハンガリー侵攻により、20万人もの難民が隣国のオーストリアとユーゴスラビアに大量に流入したことであった。難民の流入に圧倒されたオーストリアに代わって、U

NHCRは緊急事態への支援を各国政府に要請した。これは共産主義から逃れてきた人々を支援する上で、UNHCRが重要な戦略的役割を果たせることを米国に証明する機会となったのである。

ヨーロッパ中心主義のグローバル化

国際難民制度の大きな転換点は地理的な拡大であった。1967年の「難民の地位に関する議定書」が、もともとヨーロッパ向けに設計された制度の範囲を世界中に拡大したのである。反植民地主義闘争、脱植民地化、冷戦下での代理紛争などを背景に、欧米諸国は第三世界を不安定化させるような難民の流れを管理することに関心を寄せたのだ。UNHCRはすでに香港での中国難民、チュニジアでのアルジェリア難民（1957年）などの危機に個別に対応するよう求められていたが、議定書によって1951年の難民条約の対象が広がり、UNHCR組織規程と同じく全世界をカバーするものになった。

ヨーロッパの難民制度を第三世界にそのまま適用するという現実的だがせっかちな決定は、冷戦の戦略的権益に大きく左右されたものであった。1960年代半ばまでに、ベトナム戦争に見られるように、第三世界は西側を不安定化する要因とみなされるようになっていた。東南アジアから南部／東部アフリカに至るまで、新たに独立した国家はソ連の同盟国になる可能性があり、保護されない難民は国境を越えた反乱勢力になる可能性があると考えられていた。ヨーロッパの難民制度がグローバル化した背景には、弱者を保護するという善意よりも、「難民戦士」の発生への懸念があったのである。

不一致はすぐに明らかになった。ルワンダの1959年の革命、アンゴラの1961年以降の内戦、または1960年代後半のスーダンの暴動勃発など、解放戦争や植民地からの独立後の暴力から逃れる難民は、第二次世界大戦後にヨーロッパ各地に分散した人々とはまったく異なる状況に置かれていたのだ。またグアテマラ、エルサルバドル、ニカラグアなど中南米の代理戦争、軍事クーデター、軍事政権から逃れた人々も同様だった。ヨーロッパの難民制度が考えていた個人ごとの「迫害」は、世界各地の戦争難民の状況には当てはまらなかった。

明らかに適合しないだけでなく、戦後のヨーロッパの枠組みは地域ごとで場当たり的に適応された。１９６９年に、アフリカ諸国はアフリカ統一機構（ＯＡＵ）難民条約に合意し、１９５１年難民条約をアフリカの状況に適用できるよういくつかの重要な変更を入れた。同条約は、難民の定義を「出身国もしくは国籍国の一部もしくは全体における公的秩序を著しく乱す事件から逃れる者」も含むよう拡大した。その後、１９８４年、南米でも米州機構（ＯＡＳ）が「カルタヘナ宣言」に合意し、同地域で難民の定義を「暴力が一般化・常態化した状況、外国からの侵略、内戦、重大な人権侵害や公の秩序を乱すその他の事情」によって脅かされた者も含めるよう拡大した。

細かな修正はあったものの、世界の難民制度の中核となる慣行は戦後のヨーロッパの取り組みから始まったのだ[5]。その後の難民制度内で起きた最大の変化は同時に最も有害なものであった。つまり「ケアとメンテナンス」モデルへの移行である。ＵＮＨＣＲは物質支援の直接提供に関与しないという１９５０年の決定は、１９８０年代になると変わり始めた。そのときまで、ＵＮＨＣＲの主な役割は、保護と解決策についての法的および運用上の指針を各国に提供することだった。実は、１９６０、70年代にかけて、ほとんどの途上国で難民は農村地域に自主的に定住していて、事実上統合されていた。しかし、１９８０年代になってからは難民キャンプが途上国における難民保護の主要な手段になった。多くの場合、遠隔地、乾燥地および危険な国境近くの場所が長期避難民のための永続的な住居として提供された。

非人間的なキャンプ収容が定型的な対応となったのには、いくつかの理由がある。第一に、民主化、債務危機、そして１９８０～90年代にかけての国際通貨基金や世界銀行が途上国に課した経済の自由化と政府支出削減という「構造改革」プログラムのせいで、受入国は難民に貴重な資源を割く余裕を失った。[6] キャンプは、難民を「去る者は日々に疎し」とばかりに人々の目から遠ざけると同時に、その運営費用を国際社会に負担させる道を開いた。第二に、UNHCRは冷戦の終結に際して主要なドナー（支援国）にとって有益な存在である必要があったが、米国の冷戦戦略上の利益に合致させる役割を担うことなしに人道的支援機関として再生することを求めた。これを難民キャンプが可能にしたのだ。そのようにしてUNHCRは大きく成長し、緊急支援と長期的なキャンプ管理のための職員、予算も拡大することができた。UNHCRの職員数は1950年代の500人から2016年には9000人にまで増加した。キャンプは難民だけでなくUNHCRの職員にも仕事を作り出したのだ。

難民制度にはこの数十年間変化がまったくなかったわけではないが、基本的には経路依存的であり、大きく変わった世界の中にあっても、今日の制度は大戦後の欧州という特有の状況のために作られた制度と大差はない。

1951年難民条約の沈黙

1951年の難民条約は、母国で重大な迫害に直面する者は帰国が安全になるまで強制帰還されるべきでないという、道徳的に反論しようのない考えに立って、そのような人々は亡命中に基本的な権利と自由を享受し、最終的に帰国するか自国以外の社会に統合されるかを選択することができるべきだとしている。その中心にある考え方は、母国が最も基本的な権利を保障することができず、あるいはその気がない場合には、難民は安全な避難場所を求めて国境を越えることが許されるべきだということだ。

ただし、その考えの限界は時が経つにつれ明らかになってきた。一般的に、国際法規範の価値は、時間の経験によって国家の適切な行動に関する共通の期待を作り出す能力にある。しかし、1951年の難民条約はこの共有されたコミットメントをもはや生み出さないだけでなく、今日の難民問題について適切な処方箋を書くこともできない。同条約は、真にグローバルでないだけでなく、現在のニーズを満たせなくなっている。

現在、ほとんどの国は1951年難民条約を守っていない。加盟する先進国は、これまで以上に巧妙な方法で、ノン・ルフールマンの原則を無視または回避するために、入国を抑止ないし認めない対策をとることによって自国領土に入ることをより難しく、危険なものにしている。すなわち、不法移民を運ぶ旅行業者への制裁、国境での鉄条網の建設、移動中の臨検などである。受け入れ発展途上国は、条約を守るというよりは、難民発生国に隣接するといった地理的な条件や国際的圧力のために難民を受け入れるが、ほとんどの場合、難民条約上の社会的経済的権利を難民に与えることはない。逆説的だが、世界で最も寛大な受入国の多く、例えばヨルダン、レバノン、タイ、ネパール、トルコなどは難民条約に加入していない。中東やアジア諸国は、難民条約がその地域における難民問題の現実を反映しておらず、むしろ自国の文化的・法的な慣行が難民に避難場所を提供していると主張している。ちなみに、トルコは1951年の難民条約に署名しているが、1967年の議定書には署名していない。それゆえトルコにはヨーロッパ地域外から来る難民を認定する国際法上の義務はないのである。

各国による条約の基本的概念は解釈、起草者が想定したメカニズム、つまり裁判所の判例や補完的な国際協定を通じて、時とともに徐々に変化してきた。例えば、「十分に根拠のある迫害のおそれ」の解釈を拡大して戦争難民、非国家武装勢力の迫害から逃げる人々、あるいは極端な社会的経済的権利の剥奪を含むとする判例もある。さらに、いわゆる「特定の社会集団の構成員」などには、例えば、性的指向に基づく迫害から逃れる人々など新たな集団が含まれると拡大解釈もされた。

しかしながら他方、これらの変更はゆっくりとしていてばらつきがあり、一貫性がなかった。それは特定の地域や国々による1951年の難民条約の根幹部分を拡大解釈するための決定に完全に依存していた。その結果、多くの問題が生まれた。まず、「難民」の定義が国ごとに異なるようになった。さらに本質的には、裁判所を通した適応のペースが遅かったため、1951年の難民条約の支配的な解釈を、今日の世界の難民問題に対応しないものとしてしまった。

だからといって、1951年の難民条約を放棄する必要はない。それはコミットメントとコンプライアンスを促すという限りでは、有用な役割を果たしている。問題は、この条約にあまりに執着することで、限りある政治的資源を無駄にする危険にある。特に、現在の難民制度が提供するものと実際のニーズの間にギャップがある大きな分野が三つあるのである。

誰が難民とみなされるべきか?

1951年難民条約の起草者は、「難民」の定義は時の経過とともに定着していけばよいと考えていたが、「難民」の定義は21世紀の難民の現実とますますかけ離れてしまっている。多くの法制度と同様に、難民法制度は対象とする者（難民）のカテゴリーを定め、彼ら・彼女らが持つことができる権利を指定している。1951年難民条約は、このような人々に特権的な入国管理上の地位を与えるための基準として「迫害」という概念を使っている。難民条約は、難民には「ノン・ルフールマン」の権利だけでなく、亡命中の権利と、必要とあれば市民権取得への権利があることを定めている。しかし、「迫害」は、もはや特権的な入国管理上の地位とそれに付随する権利を与えるための基準とは思えない。

「迫害」を特別に扱うのは歴史的な理由のせいだ。難民条約が起草されたとき、人々を共産主義諸国に送り返さないということが米国の最大の関心事だったのだ。しかし、今日では、きわめて脆弱な立場にある人々が国境を越えて逃げるには、従来の「迫害」では捉えきれない幅広い理由があるのだ。気候変動などによる環境変化、戦争、麻薬ギャング関連を問わぬ暴力の蔓延、食料や水の不安――これらはどれもすべて難民化の「新しい動因」と考えられる。これらによって影響を受ける多くの人々にとっては国内で移動する機会があるかもしれないが、その機会がない人々もいるのである。

これら避難の共通の原因は、脆弱国家の増加である。それについては前章で見た。これらの国々では、人々は慢性的に低い生活水準に耐えている。だからグローバルな移動の機会が増えるにつれ、その多くが移動を始める。脆弱性の増加と移動の増加という二つの傾向が「生存のための移住」[7]――最低限の生活条件と尊厳を確保できないため母国を離れる――ともいうべき新たな現象を生み出した。つまり、出身国で人間としての尊厳を保つための最低限の条件が満たされない人々だ。彼らは、難民とも認められず、かといって自発的な経済移民でもない、どっちつかずの状態に陥っている。

マシュー・プライスのような一部の学者は、庇護が与えられるべきなのは、脆弱国家からの避難民といった広範なカテゴリーの人々ではなく、迫害の被害者だと考える。彼がいうには、専制政府が意図的に人々を迫害しようとすることは、国家と市民の基本的な社会契約の断絶を意味する。この断絶により国家による救済が得られないため、領土的庇護、さらには市民権の付与が必要になる。このような論理で、迫害から逃げる人々が最も庇護に値するという議論になるのだ[8]。しかし、今日ではこの議論はもはや精査に耐えられない。

このような狭い意味での迫害からの逃避民が、他の避難民たちより支援に値するとはいえないだろう。道徳的観点からいえば、なぜ逃げたのかという逃避の原因が一番重要なのではない。むしろ、母国が対処できないため最後の手段として国境を越えて逃避せざるを得なくなるほどの被害の程度が重要なのだ。

変化する世界で誰を難民として認めるべきかを考える方法の一つとしてforce majeure（不可抗力）の概念がある。つまり、逃げる以外に合理的な選択がありうるかを考えることだ。[9] 具体的には、深刻な身体的危害のおそれがあるかないかが難民認定の基準となるだろう。難民性判断の基準は、合理的な人であったら逃げる以外に道はないと考えるか否かである。言い換えれば、あなたが同じ状況にあったら逃げるかとどまるか？ということである。

「深刻な身体的危害のおそれ」を使う価値は、それが普遍的な概念であることである。「迫害」は歴史的および文化的に変わりうる概念であるが、「身体的危害の恐怖」は普遍的で一般的な判断基準である。なぜ人々は、逃げるしか選択肢がないと考えるのだろう？　それは彼らが、あなたがそうであるように、恐れているからなのだ。恐れに国境はない。暮らしの向上を目指す移住と違い、避難（逃避）はあなたや家族に恐ろしいことが起こったときに必要になるのである。例えば、家族が民兵に攻撃されたり、娘が強姦されたり、または村が大洪水で破壊されて他に行くところがなくなったりしたときなどである。

難民とする基準は、過去の難解で地域特有の言語にはめ込むものよりも、誰にでも直感的に理解できるものであるべきである。不可抗力という概念を使うもう一つの利点は、途上国が１９４０年代後半の欧州の難民レジームの規範を自分たちの地域の状況に当てはめてきた方向をそれが反映していることである。アフリカや南米の地域的難民制度は、例えば「一般化・常態化された暴力」や「公の秩序を著しく乱す」などに重点を置いている。もっと普遍的で適用性のある基準があったならば、現在の中東、南アジア、東南アジアなどの難民条約非署名地域も、地域的さらには国際的な難民対策の基準にコミットしていたかもしれない。

ジンバブエを例にとろう。２００３年から２００９年までの間、ロバート・ムガベ政権と超インフレーション、飢饉、干ばつ、国家経済の崩壊などで深刻な社会的経済的権利を失った２００万人近くが隣の南アフリカに逃げた。その多くは、生き延びるために国を離れたという点では難民とほぼ同じ立場にあった。しかし、法的に見れば、彼らのほとんどは政治状況からではなく、政治状況による経済的結果から逃げたのであり、その結果として、南アフリカではほとんどが難民として認められなかった。ジンバブエ危機のピーク時でも、南アフリカは10%も難民認定をせず、年間約30万人のジンバブエ人を強制送還していた。結果は明らかに不当であったが、南アフリカが1951年条約の「迫害」の標準を使ったために、ほとんどのジンバブエ人はその標準に当てはまらなかったということなのだ。[10]

さらに、プライスの議論の前提は、国家が機能して国家と市民の「社会契約」があるにもかかわらずそれに違反して迫害がなされた、ということである。しかし、多くの脆弱社会では、「国家」というものの自体が幻影である。ソマリア難民は国家からの迫害からではなく、国家が存在しない社会の混乱や暴力から逃げているのである。そのような混乱と暴力は不可抗力であり、逃げた人々へのサポートも必要だ。このような状況においては、共産主義迫害国からの再定住という当初の難民条約の狙いはほとんど意味を失った。冷戦期の期待に反して、プライスがいう典型的な独裁主義レジームにおいても今日の多くの脆弱国家においても、政治体制の移行と本国帰還の機会はあるのである。

多くの国際公共政策の想定とは異なるが、永久に見捨てられるべき脆弱国家というものは事実上存在していない。21世紀には、どの社会もある程度の存続は可能である。1980年代にはエチオピアで、90年代にはルワンダで世界的な悲劇が起きたが、両国とも現在は繁栄している。ただ、多くの国（社会）は何年にもわたって脆弱なままでいるから、無政府状態に陥った場合に逃げる人々のために長期的な支援があるべきだ。無政府状態が長く持続するような場合には、他の国への定住同化が一番良い選択肢になることもあるだろう。しかし、第7章で説明するように、国家の機能を回復していくことが難民問題解決の重要戦略なのであって、人々が国家によって迫害されているかどうかは本質的には重要ではない。

「迫害」に焦点を当てることの最後の弱みとしては、もはや「迫害」の実質的意味が、プライスが説明した論理的に最小限の定義を大幅に超えてしまっていることが挙げられる。迫害を限定的に解釈している国もあるが、国家が国民を「追い回している」という元来のアイデアを超えて「重大な危害」の存在として理解している国もある。しかしこの拡大解釈が、しばしば保守的で一貫性に欠ける国内ないし地域の裁判所による司法判断を通じて表れたがため、道徳的には恣意的ともいえるような、大きく異なった解釈をもたらしている。ある国では戦争から逃れる者は難民と認定され、他ではされない。ある国では非国家武装勢力による攻撃からの逃亡者は難民と認められ、他ではされない。徴兵忌避者が難民として認められる国もあればそうでない国もある。共通の庇護制度があると見られているヨーロッパですら、実際には大きなばらつきがある。例えば、２０１４年のイラク人の認定率はギリシャで14％、フランスで94％であり、エリトリア人は、フランスで26％、スウェーデンで１００％の認定率であった。[11]迫害について一貫性のある理解がないとき、それは、誰が権利を求めて国境を越えることができるかを判断するための信頼できる基準となりえない。

国際社会には「難民とは誰なのだ？」という重要な質問への答えがまだ出ていない。避難所を求めて国境を越える何百万人のうち、誰がどのような根拠で優先されるべきか？　安全な避難所にアクセスできる基準は何であるべきなのか？　変化している世界では、「迫害」についての古い答えも、保守的で一貫性のない裁判所が少しずつ行う再解釈も、以上の質問に明確に答えるには不十分だ。

「誰が救われるべきか」についての基準を決めるのは、裁判所というよりも、政策立案者の手に委ねられるべきである。法律家は個人の権利に鑑みて決定を下すが、政策立案者は社会全体への影響を考慮する必要がある。第Ⅱ部に示すように、政策が適切に立案されていなければ、少数者による「権利」の行使が、多数者に悪影響を与えるかもしれない。例えば政策決定者は、基準が設定された後でも、保護の量と質とをどのように調整するかという課題に立ち向かわなくてはいけない。一方で、「生存移民」(訳注)が増えている世界では、保護される者の範囲は拡大される必要がある。各国政府は、新しいタイプの脆弱さから逃げてくる人々を保護する方法を協力して探さなくてはならない。他方で、保護される人々や保護カテゴリーを増やすためには、持続的で大規模な保護を提供する新しい方法も見つけなければならない。

見つからない保護提供者――誰が負担すべきか

となると、誰が避難所を提供すべきなのか？　1951年の難民条約は、難民がどこでどのような援助を供されるべきかについて言及していない。どの国が避難所を提供する主な責任を持つかについて現存の国際的保護制度は明確に答えていない。結果的に、難民について誰がどのような根拠で責任を持つかを第一義的に決めるのは、法や原則論ではなく、政治（より具体的には権力）なのである。

難民制度は原則として難民保護は世界共通の責任だとしている。1951年難民条約の前文は、国際協力が保護、支援および解決の達成のための必要条件であると明確に述べている。その理由は「難民に対する庇護の付与がある特定の国にとって不当に重い負担となる可能性があり」、「それゆえに国際的な広がりと性格を有する問題についての解決は国際協力なしには得ることができない」からだと論じている。しかし実際には負担や責任の分担についての明確な原則や運営メカニズムはない。

一方では、難民制度は「庇護」に関しては、国内への難民受け入れは義務であるとする比較的明確な規範を示している。他方で、最初に他国に到着した難民を支援する義務である「責任分担」については比較的ゆるい規範しか示していない。国際社会は責任分担についての補足的な協定交渉を繰り返してきたが、明確で権威ある原則とメカニズムはいまだ見つかっていない。責任分担についての明確な割り当てメカニズムが存在しない中で、実際には「近接性」が難民引き受けの基準となってきた。これまで見てきたように、紛争や危機にある国の隣国が大多数の難民を引き受け、地理的に遠い国が責任を回避してきたのである。

近接諸国は難民を受け入れる法的義務を負わされる反面、遠くの国々は、再定住させるか資金的支援にするか、貢献するとすればその度合いをどのくらいにするかに関してほぼ完全に裁量権を持っている。そのため、最も貧しい少数の国々が最も大きな責任を負うという不公平な結果をもたらしているのである。

これらの地理的ダイナミズムは、既存の制度的構造に強化されて、歪んだインセンティブを生む。南の受入国は、法的義務と国際的な大きな圧力のもとで国境を開いて難民に領土へのアクセスを提供することを求められるが、国内的には保護や支援は最低限にする強い動機がある。北のドナー国には責任を回避し近接国の貢献にタダ乗りする強力な理由がある。

その結果、集団行動の失敗で長年特徴づけられる制度ができてしまった。難民保護は国際公共財であり、すべての国は、貢献するかどうかに関係なく、難民保護がもたらす人権と安全保障の成果からある程度の利益を得る。難民保護という国際公共財は、例えば国内の街灯のような公共財と同じく、中央集権組織が規則や効果的な協力の制度を作り上げない限り、タダ乗りや不十分な提供を避けられない。しかし、既存の難民制度は適切で包括的な保護を保障するために十分なメカニズムを提供できないでいる。

(訳注) 気候変動、食料不足、治安の全面的崩壊などによって国内での生存を脅かされたため外国に避難する人々を指す。著者のベッツが*Survival Migration*, Cornel University Press 2013で提唱した概念。

難民制度における協力の問題は、ゲーム理論家が呼ぶところの「説得ゲーム」である。つまり、弱いプレーヤーは協力する選択肢しかなく、強いプレーヤーはあまり協力するインセンティブがないのである[12]。このことで、なぜ世界の難民人口のうち1％以下しか第三国に再定住できないかをある程度説明することができる。世界中のUNHCRの支援プログラムが慢性的な資金不足であることも説明できる。さらに、世界の難民をわずかしか受け入れない北側の先進国が、難民が他の国を選ぶように庇護基準を争って下げ「底辺への競争」をしていることも説明できるのである。

明確なルールがないため、UNHCRがこの集団行動の失敗を克服しようとする試みは、その場しのぎで一時的なものにならざるを得ない。UNHCRはそのほとんどの予算を、数年間にわたる分担金ではなく、毎年の自発的拠出金に依存している。このため、ドナー政府は優先順位を簡単に変えることができるが、UNHCRは計画を立てることが困難となる。そこで長期にわたる大規模な難民危機に対拠するために、UNHCRは国連事務総長による国際会議の開催に頼ってきた。例えば、1981年と1984年のアフリカの難民支援に関する国際会議（ICARA IおよびII）、1979年と1989年のインドシナ難民に関する国際会議、1989年の中央アメリカ難民の国際会議（CIREFCA）を通じて、特定の危機に対し、政府間のコミットメントを生み出そうとしたのである[13]。

一例を挙げると、1975年にベトナム戦争が終結した後、数十万ものインドシナの「ボートピープル」がベトナム、ラオス、カンボジアから海を越えて、マレーシア、シンガポール、タイ、フィリピン、香港などの東南アジアの国へ救いを求めて渡った。1970年代から1980年代を通して、難民の大量流入に直面した国は多くの船を押し戻し、多くの人々が溺死した。今日と同じく、テレビや新聞で報道される溺れている人々の画像は大きな反響を呼んだが、問題解決には政治的リーダーシップと大規模な国際協力が必要であった。1989年、UNHCRのリーダーシップのもとに、包括的行動計画

（CPA）がインドシナ難民のために合意された。これは国際的責任分担という国際合意に基づいていた。これらの東南アジアの国は国境を開放し、捜索救助を行い、ボートピープルを受け入れることに合意した。

しかしながらこれは、他地域で合意された二つの国際的コミットメントに基づいている。第一のコミットメントは、米国、カナダ、オーストラリア、ニュージーランドとヨーロッパ諸国が難民と認定した者すべてを再定住させるとしたもの。第二は、難民不認定とされたが国際保護が必要とされる者のために、合法的な移民チャンネルを含む、人道的な解決法を見つけたものである。この計画により、200万人以上が第三国に定住することができ、最も緊急な人道的課題が解決された。それは、冷戦の終わりに生み出された政治的意志と、UNHCRの並外れたリーダーシップによるものであった[14]。

インドシナの例が明らかにしたように、断固たるリーダーシップと集団的な行為のための明確な枠組み、さらにそれが国益に合致した場合、暫定的なイニシアチブでも時には成功することがある。しかし、このようなイニシアチブは稀であり、そうすること自体がまさに難民レジームに内在する責任分担のための規範の欠如というより大きな構造的弱点を示唆している。

＊＊＊

21世紀における移動、移民の機会の増加は、「どこで保護するか？」という問題をさらに複雑なものにした。政府の決定を受動的に待つのではなく、より多くの難民がこの決断を自分でするようになってきている。密入国斡旋業者を通して遠方の先進国へ直接移動するなどの「自発的庇護希望者」は、難民が「出身地域」を超えて世界各地に散っていく主要な形態となった。

これに対して、先進国の受入国は難民がどこで保護を受けるべきかについてさまざまな新しい手段を考えついた。これらの多くは共通の認識を持っていた。つまり、難民は勝手に移動をしようとするのでなく、規制や強制によって母国に近い国で保護を受けるべきだという主張である。その一つの例は「安全な第三国」という考え方である。難民は最初に到達した安全な地で亡命を求めるべきで、そこを通過する者は庇護の対象にしないというアイデアである。別の例は「アウトソーシング」だ。自発的にやってくる庇護希望者を、お金を払って他の国に受け入れてもらう協定を二国間で結ぶというものだ。その最も悪名高い例は、オーストラリアとナウルの二国間協定だろう。これらのテクニックは難民の増加を封じ込めるには便利な手段かもしれないが、難民の保護を支援するものではなく、持続可能なものでもない。

庇護を国外で処理しようとしたオーストラリアのアプローチは、政府が庇護の政治地理学を一方的に再構成しようとした最悪のケースである。2001年から2007年に行われたパシフィック・ソリューションと呼ばれる政策は、ボートでやってきた庇護希望者を全員太平洋諸島（主にナウルとパプアニューギニア）の収容センターに送ったのである。長期にわたる子どもたちの収容や高い自殺率など悲惨な人権侵害により、この計画は放棄された（もっとも、2012年になって再導入されている）。オーストラリアは同国を目指してくる庇護希望者をマレーシアやカンボジアなどに受け入れてもらう二国間協定を試したりもした。重要なことだが、1951年の難民条約は難民と庇護責任の移転を禁じてはいない。だが、移転させられた者にあらゆる権利を保障するのは通過する国の絶対的な責任だということは、難民法だけでなく国際人権法の下でも、広く受け入れられている。

このような新しい傾向は、1951年の難民条約が「誰が負担すべきか？」という重要な点に沈黙しているために、国家の勝手な解釈を助長している。難民保護を持続可能なものとしたいなら、難民への保護が質・量ともに強化されるよう、単独行動でなく集団的行動に根ざした良い答えを見つけるべきなのだ。明確な責任負担の原則とメカニズムが歴史的に欠けているために、ほとんどすべての国が、保護の基準の面で「底辺への競争」に次第に陥ってしまった。

見つからないモデル――なぜ難民キャンプは不十分なのか

難民に保護を提供する難民制度の主要な方法は、役に立たず時代遅れとなっている。1980年代以降、難民キャンプや閉鎖的な定住地で長期的な支援をするのが主流となった。人道危機の際に食糧、衣類、および避難所への緊急アクセスを提供するように設計されたモデルが、国際社会が難民に長期的な支援を提供する方法となってきたのだ。どの国でも遠く離れた不安定な国境地域にある「キャンプ」が、難民保護の主要な手段とされている。

1980年代まで、人々を保護する主な方法は、難民の自立を支援するという1951年の難民条約の願いを反映していた。先進国では、第三国定住が難民問題の主要で永続性のある解決策として受け入れられていた。ほとんどの難民は共産主義から逃げて東欧諸国から西欧諸国に移動する人々であり、南側諸国からの人々ではなかった。共産主義諸国への本国送還はありえず、西側諸国での即時の、中長期的な社会統合が政治的に望ましい選択肢だと考えられた。他方、途上国では、難民は農村地域に自発的に定住することが許されていた。タンザニアのジュリアス・ニエレレやザンビアのケネス・カウンダなど、アフリカの慈悲深い権威支配者たちは、難民を国内に広く受け入れることはアフリカ人の義務だと考えていた。これは、イランのアフガン人、メキシコのガテマラ人のように、世界の他の地でも行われていたことであった。

しかし１９８０年代以降、食糧、テント、毛布などを支給する人道ビジネスが世界に広がったことで、まったく異なるモデルが登場することになった。冷戦の終わりに、これといった目的も資金もない状況に陥ったＵＮＨＣＲは、各国政府から組織的な支援を求められる中で、喜んでそれに飛びついたのだ。受け入れ側の途上国は、民主化と構造改革を迫られる中、国内の僻地で国際機関が管理する保護地に責任を転嫁することで、資源枯渇を恐れる民衆の懸念を回避することを思いついたのである。さらに、「ジェット時代の庇護希望者」たちが途上国から先進国へ移動できる新たな機会が訪れるにつれ、先進ドナー国は、難民キャンプを自国に押し寄せるかもしれない難民たちを封じ込める手段とみなすようになった。

例を挙げると、１９６１年に英国の統治から独立したタンザニアは、ニエレレの一党独裁下（１９６２～１９８５年）で国境を開放し、大陸全体からの難民（特にブルンジ人、ルワンダ人そして南部アフリカの解放戦争から逃れてきた人々）に農村地域に定住することを許した。社会主義のウジャマー・モデルにより、難民にも国民と同様の農業、教育、健康の機会へのアクセスを提供することにしたのだ。国際的開発機関（人道機関ではなく）が、市民と難民の双方に利益をもたらす統合的な開発支援を行った。この時代はアフリカの難民政策における「黄金時代」の例として広く引用されている。しかしその後、選挙制度が導入され、公共サービスの民営化と縮小が進められる中で、タンザニア政府はキャンプ収容政策を採用し、国際社会が「ケアとメンテナンス」の役割を引き受ける難民キャンプが出現し始めたのである[15]。

ケニアでは、例えば１９９１年の内戦勃発後に到着したソマリア難民の大量流入を受け入れるため、１９９３年にダダーブ難民キャンプが設立された。三つのキャンプは最大12万人を収容できるよう設計されていたが、２０１１年には合わせて50万人を超えるソマリア難民を受容するまでに膨れ上がり、一部が帰国や移動した現在でも、悲惨な状態の中で30万人以上が収容されている。キャンプは北東部州の辺境に位置し、国境付近でソマリアの武装集団やテロリスト集団による襲撃の対象となっている。政府は治安と資源の争奪戦の懸念から、キャンプ収容政策を強化し、難民にはキャンプにとどまることを命じ、正規の経済活動へのアクセスを認めていない。国際社会は、永続的な人道支援を提供しているが、いうまでもなく不十分なものだ。短期的な緊急支援のための資金が恒久的なニーズを満たすために使われている。

ダダーブキャンプは、いわゆる「長期化した難民状況」の典型だ。そこでは、難民は少なくとも5年以上避難生活をするものの働く権利や移動の自由は認められていない。現在、世界の2310万人の難民のうち54%がこのような状況にある。UNHCRは世界の32カ国で長期難民を支援しているが、彼らの平均的な避難生活は26年である。本来、難民には、国家への恒久的な再統合への道筋である「恒久的解決」へのタイムリーなアクセスがあるべきである。しかし実際には、最も基本的な自立性と機会すらないまま、難民は無期限に宙ぶらりんの状態に陥っている。例えば2015年には、世界の難民のうち、再定住、本国送還、統合のいずれかにアクセスできた者は30万人に満たなかった。残りの難民は、働く権利すらないまま、さらに何年もの間、宙ぶらりんのままでいることを余儀なくされている。彼らは永久に難民のままでいるリスクを負っている。

難民の視点からは、長期にわたるキャンプ生活は「権利の否定と人間性の浪費」である。例えば、ソマリランドからの難民であるウーリ。彼は1988年に18歳で母国を脱出してジブチのアリ・アッデ難民キャンプに来た。それから約30年近く経った今も彼は、気温が40度を超える乾燥した人里離れた非人道的なキャンプで暮らしている。約1万2000人の難民が暮らすアリ・アッデには近くに市場がなく、難民は働くことが認められない。義務教育以降の教育の機会は限られているため、ウーリは自分のテントでキャンプで生まれた多くの若い難民を非公式に教育している。彼はこういう。「人は食料と水だけで生きているのではなく、希望によっても生きているのです。僕の希望は消えてしまったが、僕はそれを次の世代に伝えていきたい」。彼の状況は、世界中の難民キャンプに住む多くの才能が浪費された典型的な例である。

このような長引く難民状況は、難民だけでなく、受入国と世界の国々にとっても好ましくない。これは人権問題だけでなく、安全保障上の課題でもある。彼らがキャンプの中で生まれ育って大人になるときに、何の機会もなければ彼らは「失われた世代」になるリスクがある。キャンプは、反政府勢力、民兵、テロリスト組織が、疎外され、失業し、退屈している若者を勧誘して過激化させるには理想的な場所となるのである。さまざまな研究が、国境周辺の長期的な難民キャンプが紛争や暴力の温床となっていることを示している。

私たちがザータリ難民キャンプで聞いた親の話では、成長した子どもたちがキャンプでじっと機会を待つよりも、シリアで戦うために帰国していくことを選んだとのことだった。

現在主流になっているキャンプでの「ケアとメンテナンス」モデルに代わる実行可能な方法はほとんどない。しかし、このモデルはあまりにも不十分であるため、難民たちは自力で道を開いている。シリア難民を例にとると、将来に限られた見通ししかないキャンプで暮らしているのはわずか9％である。現在、世界中のキャンプで暮らす難民は１０００万人ほどに過ぎない。

ベイルートやアンマンのような都市がキャンプに代わる場所になっている。一般的な都市化現象を反映して、都市で暮らすことが難民の生活の主流となっている。多くの難民がナイロビ、ヨハネスブルグ、バンコク、サンパウロ、イスタンブールやカイロなどの大都市に住んでいるのだ。シリア難民の75％を含む世界の難民の半数以上が隣国の都市部で暮らしている。だが、都市部では支援は限られており、正式な就労権は制限されている。ＵＮＨＣＲは都市難民政策を掲げているが、実際の支援は限られており、大半の都市難民は具体的な支援は受けていない。キャンプから都市に移動することで、ほとんどの難民は正式な支援を失うだけでなく、合法的経済活動からも締め出されてしまう。国際社会はグローバル化した都市生活に合った難民支援モデルを作り上げていない。都市生活に重要な役割を果たすアクターである自治体、雇用主、難民主導のコミュニティ組織はしばしばこのようなモデルに組み込まれていない。その結果、都市に住む多くの難民が援助を受けられずに生活困窮に直面しているのだ。

シリア人や他の難民が選ぶようになってきている第三の選択肢がある。それは死のリスクを冒して他国へと旅立つことだ。それが今我々がヨーロッパで目にしていること、グローバルな保護システムの不備を背景にした（途上国からの）二次的な移動の増加なのである。世界中で、難民は事実上、三つの悲惨な選択肢からの選択を迫られている。キャンプ生活、都市部での困窮した生活、危険な旅だ。キャンプ生活、都市での困窮、命がけのボートでの移動が、難民にとっての現代の国際的難民制度なのである。

UNHCRと21世紀

国際的な制度は単なる規範だけでなく組織も含む。UNHCRは1950年の創設以来、ずっと同じだったわけではない。その歴史は適応と変化の繰り返しだった。例えば、創設時には資金もなくスタッフも数百人しかいない臨時的な組織だった。それが65年を経た今では、はほぼすべての国に事務所を構え、年間予算は50億ドルを超えている。UNHCRは、難民の法的保護のみに焦点を当てていた組織から、難民、無国籍者、国内避難民、自然災害の犠牲者の保護を目的とする現場型の組織へ飛躍的に拡大してきた。

この組織の歴史の第一人者であるギル・ローシャーは、歴代の高等弁務官がどのようにして共通の課題に直面してきたのかを示している。その課題とは、活動を維持するためにドナー国から資金を受ける依存性と、時には自国の利益に反しても難民の保護と解決に貢献するように各国を説得する自律性の双方を保つという「危険な道」をどのように歩むかということである。ドナー国、受入国、難民に対する義務が相互に衝突し、また組織の存続も保障しなければならない中で、最も成功を収めた高等弁務官は、その時々の政治的状況を難民に対するコミットメントに変換する戦略的な意識を持っていた[16]。

だが、国際機関が評価されるべき指標は、与えられた政策分野での国家の集団的な行動を促進する能力である。ＵＮＨＣＲの場合には、難民が保護と解決へのアクセスを確保するための集団行動を促進する能力のことである。これは難民制度の中心的規範、すなわちノン・ルフールマンと難民の権利へのアクセスに対する政府のコミットメントとコンプライアンスを確保することを含んでいる。また、難民に必要な生活物資を供給するための資金を確保し、再定住、受入国での社会統合、本国送還などの恒久的解決をタイムリーに提供できるように国際協力を推進することも含まれる。

もちろん、これらの成果をＵＮＨＣＲが単独で達成することはできず、そのパフォーマンスを判断する際にはこの限界を斟酌しなければならない。とはいえ、ＵＮＨＣＲは国家の行動に影響を与え、成果を引き出すための自由に使えるさまざまな手段を有している。１９５１年条約の監督責任を負うことによる道徳的な権威、この分野で60年以上活動してきたエキスパートとしての権威、国連システムの中で唯一難民問題を独占的に担当してきたという事実、招集力と特別なイニシアチブを発揮する能力、直接に資金を調達する権限、そしてほぼすべての国に事務所を持つことなどである。

ＵＮＨＣＲが集団的行動を促進する能力は、国際的な秩序と国際システムにおける権力の分配などのより広範な状況に依存する面がある。冷戦時代、ＵＮＨＣＲは明確に「非政治的」な活動をすることのほうがはるかに有効であった。ＵＮＨＣＲは米国や西側諸国に支持され、大体においてそれらの国のために活動した。東側から西側への再定住を助け、各地の独裁的な衛星国が難民をしっかりと受け入れる条件を整えることは、ＵＮＨＣＲにとって比較的簡単な政治的課題だった。

冷戦直後の時代、世界は大きく変化したが、ＵＮＨＣＲは、主な支援者である米国が圧倒的な大国であり、多国間主義への意欲が広まる文脈において、自らの立ち位置を再構築することができた。各国政府から、冷戦期に代理戦争の被害を受けていた東南アジア、中央アメリカ、アフリカ南部などの地域で避難した人々のために持続的な解決策を調整することをＵＮＨＣＲに求める声が大きく上がっていた。ＵＮＨＣＲは、カンボジアからモザンビークまで、人々の本国帰還を支援し、その資金をドナーに負担してもらうのにまったく苦労しなかった。一方、バルカン半島からサハラ以南アフリカのいわゆる「新たな戦争」の出現の中で直接的な軍事介入をする気がないドナー国はそれを隠すため人道主義を外交政策の新しい道具とみなした。

ＵＮＨＣＲが集団的行動の効果的な調整役となる上で世界秩序が望ましくないものに代わっていったのは21世紀である。２００1年9月11日のテロ攻撃に続くアフガニスタンとイラクへの軍事介入と国家建設の失敗を受けて、ＵＮＨＣＲの人道的活動への需要が高まった一方、先進諸国ではイスラム教に対する恐怖心の高まりが見られた。１９９０年代のヨーロッパは、ボスニアやコソボから逃げてきたイスラム教徒の入国に寛容であったが、９・11以降はイスラム教難民の入国をめぐる政治的な毒気が吹き荒れることになった。

北半球では、ＵＮＨＣＲは難民制度の根幹的な信条に対する根本的かつ重大な挑戦を受けている。移民に対する恐怖、製造業における雇用の構造的崩壊、そして２００８年以後の緊縮財政策は、自由民主主義の世界で民衆的ナショナリズムの復活をもたらし、それは難民受け入れに大きな影響を与えている。ケニアからタイまでの途上国においても、ＵＮＨＣＲは、国境を閉鎖したり難民を追放したりと難民法への挑戦を試みる国々に対処しなければならなくなってきた。

ポピュリズムが蔓延する多極世界において、ＵＮＨＣＲはその再生に苦労している。２０１５年以降の欧州難民危機を通じて、ＵＮＨＣＲは政治レベルで目に見える影響力を欠いており、欧州やその他の地域で積極的にアジェンダを推し進めるというより、受け身に終始した。ＵＮＨＣＲの多くのスタッフが日々、人命を救うという並外れた仕事をしていることに疑いの余地はない。しかし、変化し続ける世界で意味のある存在であるためには、ＵＮＨＣＲはそのビジネスモデルを根本的に更新する必要があるだろう。ＵＮＨＣＲは、キャンプでの人道的支援や政府への法的助言など専門的な分野ではとても優れているが、これらはすでに21世紀において難民保護を確実に行うために主要なスキルではなくなっているのだ。

問題はある意味、ＵＮＨＣＲが組織的な改革の機会を得られてこなかったことにある。歴史的にＵＮＨＣＲの基本的適応メカニズムはパニック対応の積み重ねとも呼べるものであった。特定の危機に対してその都度、緊急対応を行ってきたものが、やがて恒常的な対応となってしまった。このような対応の積み重ねが、時間の経過とともに海岸段丘のように固まっていったのである。このような変質にもかかわらず、ＵＮＨＣＲの役割と権限が加盟国によって真剣に検討されることはなかった。これらの積み重ねの例は、上述した三つの大きなギャップに対するＵＮＨＣＲの対処の仕方に見出すことができる。

モデルという観点からは、場当たり的対応が定番となった最もわかりやすい例が、難民キャンプである。これまで説明したように、ＵＮＨＣＲが設立されてからの最初の30年間には、難民キャンプはＵＮＨＣＲの重要な業務ではなかった。ＵＮＨＣＲは１９８０年代初頭になって、東南アジアで徐々にキャンプを利用するようになったのだが、それはベトナムやカンボジアを出国した難民を１９５１年条約に加盟してない国々で一時的に収容する必要があり、また難民の欧米への速やかな再定住が期待されていたからであった。1980年代後半にUNHCRが資金難に陥り役割の意義を問われるようになると、当初は例外的とされたキャンプ収容アプローチが見直され、UNHCRはキャンプでの「ケアとメンテナンス」の役割を拡大していった。1991年のトルコへのイラク人の移動から、1991年以降のケニアへのソマリア人の流入、1994年のタンザニアへのルワンダ人の流入などに見られるように、1990年代初頭までには、難民キャンプが難民の大量流入へのUNHCRの主たる政策的対応策となった。

支援対象者という観点からは、UNHCRの「関心の対象となる人々」がどのように変わってきたかについても同じようなことがいえる。自然災害の犠牲者を例に挙げてみよう。2004年のアジア津波の後、国連事務総長はUNHCRにスリランカとインドネシアでの支援を要請した。UNHCRは、これは「前例のない」特例的な行動であり、権限の範囲外であると明言した。しかし、例外がすぐに正規なものになってしまった。それからの6年間、UNHCRはパキスタン、ミャンマー、フィリピン、再びパキスタン、スリランカ、ハイチで同様な役割を6回担った[17]。2010年には当時の高等弁務官はこの例外活動を主要政策とみなし、UNHCRは事実上、自然災害から避難した人々を保護するための主導機関となっていた。しかしこれにより、UNHCRは裏付け資金のないまま、新たな責任を負うことになってしまった。ドナー国や職員は後になって、これが本来の難民保護すら満足に十分にできないUNHCRにとって合理的な動きであったか疑問視したのだった。

資金供給の観点からは、UNHCRの現在の資金調達モデルもまた、今日では機能不全に陥ったパニック反応の遺産である。政府拠出に頼る単年資金調達モデルは、歴史的な偶発性の産物である。予測可能な複数年分の資金が求められている世界であるのに、難民支援の主要な資金源は今でも「年ごとの自発的拠出金」である。UNHCRは毎年、予算の概要を説明する要請書を作る。国ごとの議論を重ねた後、各国政府は予算の一部（通常は1年分だけ）の拠出を約束する。毎年このサイクルが繰り返される。このアプローチは大きな予測不可能性をもたらし、資源の浪費をもたらす。当然のことながら、これもまた、過去の時代錯誤的な遺物であり、1950年代のＵＮＨＣＲが一時的な権限しかなくきわめて限られた政府の支援のもとに設立されたために始まったものだ。現在、他の分野ではより予測可能な資金調達モデルが広く利用されているというとき、これは悲劇である。新しい資金メカニズムには、政府支援の大災害債券による大災害リスクへの資金調達、利用者負担モデルや年間保証付き補助金に基づく官民パートナーシップ、政治リスク保険などがあり、これらはすべて、不確実性の高い状況下でのビジネス投資を促進するために他の分野で利用されている。(18)

危機と改革への機会

このように、難民制度は歴史的に適応してきたが、それは経路依存的で、緩慢で保守的な歩みであった。第二次世界大戦後に構想された中核的な要素である1951年条約とＵＮＨＣＲは、その創設以来、ほとんど変更されていない。これまでに難民条約やＵＮＨＣＲには改革の必要があるのか、あるとすればどの程度であるべきかについて、体系的かつ根本的に検討されたことはなかった。

私たちは、1951年条約やＵＮＨＣＲを廃止すべきだと提案しているのではない。しかし、1951年条約は、「誰を保護するか」「どのように保護するか」「どこで保護するか」という現代の最も基本的な問題に十分に答えておらず、21世紀の主要な難民政策の課題に対する指針を欠いている。一方で、ＵＮＨＣＲは難民の保護と解決策に関する集団行動を助けるという根本的な目的を果たすことにますます苦労している。

グローバリゼーション、都市化、気候変動、国家の脆弱性、移動の機会の増大、中国の台頭、紛争の質的変化、インターネットとソーシャルメディアの役割、新しい技術、地域主義の拡大、冷戦期の二極化から一極化、さらに多極化への移行など、要因はきりがないが、これらはすべて強制移動問題の性質を根本的に変えてしまった。さらに国家が協力して保護と解決策を提供する機会も大きく変化した。しかしこれまで、このように激しく変化した世界において、難民制度の再設計をどのようにすべきかについて、深く徹底した考察はされなかったのである。

この惰性は経験によって部分的に正当化されるかもしれない。国連における長年の問題は「何も本当に変えることはできない」という思い込みである。たしかに物事はすぐには変わらない。国連専門機関が消滅したことは一度もない。２０００年代初頭の国連改革は期待はずれに遅いわずかな変化をもたらしただけだった。さらに、国連加盟国の数が非常に多いことや、国連の歴史のほとんど（少なくとも冷戦時代から21世紀にかけて）において、安全保障理事会が閉塞して硬直的であったという現実が、国連改革を限定的にしている。しかし、このことが難民制度の変革を妨げるものであってはならない。

継承されてきた制度の重大な不備がますます明らかになってきた。他の国際政策分野においては、危機は根本的な組織改革をもたらした。例えば、１９７１年の通貨危機は、固定相場制の終焉につながった。戦後の他の国際的な機構より数十年長く硬直化してきた難民制度も、ついに圧力にさらされている。デンマークの法学者トーマス・ガンメルトフト＝ハンセン教授は、欧州の政府は難民問題に関わる「パラダイムの危機」を経験しており、今初めて難民制度が修復不可能なほど壊れてしまっていることに気がついたと指摘している[19]。

制度を改革しようとする政治意志がようやく築かれつつあるのかもしれない。欧州の首脳は、欧州共通庇護制度の内政および外交の両面の再構築のために、サミットレベルの会合を繰り返してきた。国連総会は2016年9月19日に難民に関するこれまでで最も注目度の高い首脳級の会合を招集し、その翌日には米国主導で難民に関する首脳級サミットが開催された。政治的な願望と改革の必要性がこれほどまでに高まったことはなかったが、どの会議においても、その重要性に匹敵する政策ビジョンは欠けたままであった。

これまでのところ、シリア難民危機に対する政治的な反応はどれも政策の再考ではなく、パニック反応だった。頭のないニワトリがバタバタと飛び回るようなものだ。

第3章 大混乱

ヨーロッパの政治家たちは避難民の世界的な急増に直面していた。ただ、最も重要な課題は明らかに、シリアの難民をめぐる状況が同国内での継続的な暴力により悪化していることだった。従来のグローバルな難民保護レジームは適切に対応できなくなっており、必要なのは迅速で決定力のある新たなアプローチであった。それにもかかわらず、欧州政治による数々の対応はあまりにも的外れで、結果として、危機の高まりは決定的なものになってしまった。ヨーロッパの対応は「頭のない心」と、「心のない頭」の間を行ったり来たりしてきた。本章では、この過程をいくつかの段階に分けて詳述する。

本書の中心的な議論の一つは、一連の出来事が、一見必然的なように見えるものの、実際のところはこれほど悲惨な結果に至る必要はなかった、ということである。このことを明らかにするため、我々のストーリーは、難民危機の最初の到来よりも前の時期、すなわち、ヨーロッパ諸国がシェンゲン協定を採用することで脆弱性を作り上げた時期から始まる。回避できたはずの文字どおり「ギリシャの悲劇」へとつながる事態は、「ブリュッセルの茶番劇」として始まった。

危機の火種――シェンゲン体制

難民は国境を越えた避難によって定義される。ゆえに、国境を定義するルールは難民政策にとって重要である。だが、国境を定義するルールそのものにとっては、難民政策は重要ではない。1999年、欧州連合（EU）は国境に関する規制をその法的枠組みに組み入れたが、このとき、難民の流入の持つ実際の意味についてはほとんど検討されていなかった。

シェンゲン圏の創出により、ヨーロッパという広大な地域内のあらゆる国境管理が廃止された。シェンゲン圏はEU圏と完全に一致していたわけではない。EUに未加盟のノルウェーは参加し、EU加盟国であった英国、そしてEU加盟国であるアイルランドは不参加であった。それでも、人々はシェンゲン圏を、欧州統一の旗印となる政治的な象徴として、すなわち「より緊密な統合」の体現とみなしていた。しかし、国境管理は単なる象徴にとどまらない、現実的な政策措置である。これを廃止したことには実質的な二つの効果があったことが、後に明らかになった。一つは、域内の市民であろうとなかろうと、誰でも無審査で加盟国間を移動できるようになったことであり、もう一つは、シェンゲン圏への入域が、域外と国境を接する加盟国それぞれの政策と執行能力に決定づけられてしまうということだった。現に、イタリアは後に「シェンゲン体制の急所」、つまり、シェンゲン圏に入域しやすい玄関口として認識されるようになった。

政治的エリートたちのヨーロッパ統一を目指す崇高な理念によってシェンゲン体制創設プロジェクトは進んだが、シェンゲン体制を実現することと、それを機能させることの間には深い溝があった。広大なシェンゲン圏は、共通の域外国境管理政策に関する合意も、共通の域外国境警備隊の創設も伴わずに誕生してしまった。感性優先の政治のビジョンが、こうした本来明らかに必要な要件に優先したため、地域全体を潜在的な危険にさらすことになった。こうしてヨーロッパは危機の火種を作ってしまったのである。

シェンゲン体制を裏付けるため、EUは統一的な難民・移民政策に近いものを作ろうとした。頭では、出入国管理基準とその執行が域内で統一されて初めて、域内での自由移動が持続可能なものになるということがわかっていた。したがって、欧州委員会（European Commission）は段階的に欧州共通庇護制度（CEAS）を作り上げ、そこで、難民の資格（誰が難民か）・認定（難民性をいかに決定するか）・受け入れ（難民申請者と難民がどのような権利を与えられるか）について、基準を定めていった。これは、基準の設定にあたり「底辺への競争」を避け、難民申請者による「庇護漁り」(訳注1)の可能性を低減し、寛容な受け入れ策をとる国に負担が集中しないようにすることが狙いだった。

だが、これらは机上の空論に過ぎなかった。実際には、この制度は最初から機能不全に陥っていた。各国は異なる受け入れ基準を採用した。例えば、難民申請者の国籍による難民認定率、難民申請者の労働が許可されるまでに必要な滞在期間、社会保障の受給資格など、すべてがヨーロッパ全体で大きく異なっていた。各国政府はそうやって、望まない難民希望者を迂回させ、自国への入国を抑止するために互いに競いあい続けた。何よりも深刻だったのは、域内での国境管理が撤廃されたことで、古典的な「ウィークリンク」(訳注2)問題が生じたことだった。5億人に近い人口を抱えるシェンゲン圏全体の入国管理

(訳注1) ある国で庇護申請が認められなかった場合に他の国で申請を試みること。

(訳注2) “The chain is only as strong as its weakest link” ということわざに由来する。たとえ頑丈な鎖でも、一つでも脆い輪が混じっていれば全体として弱いものになってしまうことから、制度や組織全体の堅牢性が最も脆弱な1カ所に依存して決まり、そこが弱点になってしまうことを意味する。

体制が、域外と接する最も入国しやすい国に依存してしまったのである。こういう場合、（シェンゲンの）境界は、ある国の出入国管理が他国よりも寛容であるからか、あるいは、実際の管理がしっかりなされていないからという理由で、著しく無防備になる可能性を持つ。

各国政府は、政策調整という言葉を口にしながらも、それが実際にはうまくいかないことを予期していた。大国はウィークリンク問題により潜在的に自国の国境管理が緩められることに気づき、防衛的な行動に出た。新しいルールが１９９０年に合意され、１９９７年に発効。その後２００３年と２０１３年の大きな変更を経て徐々に適用されてきた。現在の「ダブリン規則」である。ダブリン規則においては、難民申請者が最初に到着したヨーロッパの国が、申請を受理し審査する――つまり、申請者が欧州共通の基準を満たすかどうかを検討し、永住権を与えるか、または送還すべきかを判断する責任を持つと規定される。こうしてウィークリンク問題は、「難民希望者の入国を許した国が彼らを領域内にとどめ置くこと」というルールで解決された。当時、イタリアやギリシャのような域外と隣接する国々は、申請者数が比較的少なかったため、また、ＥＵ加盟国間交渉において他の争点領域で得るものが多いと考えていたため、この規則を受け入れた。デンマークやオランダのように、特に手厚い福祉制度を持つ国は、受け入れ負担の分担に関し何らのルールもない場合、すべての入域者が自国の福祉制度に引き寄せられるのではないかと懸念していた。新しいルールは公平なものとは程遠いものであった。ヨーロッパの地図を見れば一目瞭然だが、ＥＵ加盟国の国境は難民希望者の到着にさらされる状況が異なっていた。南ヨーロッパの国々は地中海を挟んで脆弱な国家と接する長い国境を有し、また東ヨーロッパの国々は旧ソ連から独立した新興国家群と国境を接している。ところが、ドイツには、域外国との国境がまったく存在しない。ウィークリンク問題に対処するため、ダブリン規則はすべての負担を最前線の国々に押し付ける形となった。当然のことながら、押し付けられる側は不満を表明した。彼らの不満を補償するため、欧州委員会は新たに欧州難民基金（European Refugee Fund）を設立した。最前線の国々にとっては残念なことに、この基金はほんのわずかな予算しか持たなかった。議論の余地もなく、大国に有利なルールが採用されていた。

域内国境の解体により、ダブリン規則の執行にも問題が生じたことは明らかだった。入国者の登録システムが導入され、欧州規模の新しいデータベースに編入された。この結果、難民申請者がどの国に到着したかがわかるようになった。しかし、共通庇護制度そのものと同様に、ダブリン規則は各国がルールを遵守することを前提としていた。最前線の国々はこの欧州共通のデータベースに上陸の詳細を記録せず、「難民をただ通過させる」ことでごまかそうとした。ダブリン規則の執行を目的としたこの登録制度は、それ自体が共通の難民政策を遵守しない国があるだろうという推定に対する対応策であったが、まさにその執行を促すシステムを欠いていた。入国を登録せず難民を素通りさせる慣行は、ダブリン・システムのアキレス腱となった。

シェンゲン協定によって促された日和見主義的な振る舞いは入国者を素通りさせることだけではなかった。共通する、人の越境移動管理政策がないことで、各国政府がシェンゲン圏への入国権を売ろうとする見苦しいインセンティブが生まれたのである。各国はこの機会に飛びついた。例えばポルトガルは、自国の不動産に50万ユーロの投資をすれば、誰でもその子どもを含めシェンゲン圏内に住む権利を得ることができるという制度を導入した。中国の富裕層は、どうやら自分たちの子息がパリなどの一等地で勉強できるようこの権利を購入したようだ。マルタ政府は、域内に定住する権利をこれよりも少し高い価格（65万ユーロ）で販売した。最近は、ハンガリーが域内の永住権を36万ユーロで提供している。こうした日和見主義的な振る舞いは、シェンゲン体制の原動力となった高貴なビジョンとはまったく対照的なものであった。しかし、これらはより大きな問題の小さな症候に過ぎなかった。本当の問題は現実に取り組む代わりに立派なレトリックが使われたことだった。

金目当てのもくろみとは別に、寛大な入国ルールを持つ国もあった。例えば、スペインは自国の領土に到着した者——特にアフリカから船でカナリア諸島に到着した人々——には、追放されない限り、到着の40日後に永住権が与えられるという法令を採用していた。このような短期間で対象者を送還する実務能力はスペインにはなく、カナリア諸島にボートで密航できた者には誰にでも、事実上シェンゲン圏へのアクセスが開かれた。一方、アイルランドはかつて、約4000万人にも及ぶ非アイルランド人にパスポート取得を許可した。当然の帰結として、彼らはシェンゲン圏内のどこにでも居住する権利を得た。

明らかに、域内に国境のない地域には、域外との国境を警備するための共通の警察組織が必要である。米国のような本物の連邦国家はこれを有するが、EUは必要な警備組織抜きに域内の国境廃止を採用した。欧州委員会は各国の軍隊をあてにした半ばボランティア・ベースの国境警備隊「欧州国境沿岸警備機関（フロンテクス）」を組織した。しかし、これはカナダや米国の組織と同様になるのには何年もかかるプロトタイプ組織に過ぎない。今のところこの組織はまだ小さく、スタッフが真剣に働いているとは言いがたい。EUの事務方が筆者に説明したところによれば、ギリシャの国境に大人数の難民・移民が押し寄せていた2015年のクリスマスに、フロンテクスのスタッフは全員が1週間の休暇に入り、帰省したという。その結果、この間の国境での取り締まりや出入国関連の手続きは、ギリシャなど域外国境を有する当事国がそれぞれに担当せざるを得なくなった。

フロンテクスが米国や英国の国境警備隊には遠く及ばない組織である一方で、その任務は桁違いに厳しいものであった。ヨーロッパは世界で最も紛争の多い二地域、中東ならびに北アフリカと境界を接している。さらに、この困難を抱えた二つの地域は別の不安定な地域、すなわち、中央アジア、サヘル地域、アフリカの角地域と隣接している。これらの地域に暮らす膨大な数の人々が欧州を目指す場合、トルコ、モロッコ、アルジェリア、チュニジア、リビア、エジプト、シリアといった国々を通過する。そして、これらすべての国々が継続的に協力し、効果的に活動する可能性はほとんどない。ＥＵは、難民・移民政策に「対外的な側面」[訳注]を持たせようと、二国間パートナーシップの構築や「近隣政策」の展開を何度も試みてきた。しかし、これらの政策はしばしば失敗に終わり、出入国管理のコントロールも、難民の適切な保護も実現できなかった。

ヨーロッパには失敗しつつある国民国家、すなわちギリシャが存在していたため、このことがウィークリンク問題をより深刻なものにした。ギリシャはトルコと隣接するが、クレタ島を経由して北アフリカからも容易に到達できる。２０１１年にギリシャの当時の総理大臣、ゲオルギオス・パパンドレウは、同国の公共部門が中心まで腐敗していたことを告発して、ヨーロッパの政府首脳たちを驚愕させた。２０１５年までに、ギリシャ経済は25％という壊滅的な比率で縮小した。政権が交代し、初めて政権を担う「急進左派連合（シリザ）」が、問題ずくめの公共部門改革をはじめこの悪夢的な状況に対応することになった。火種はいよいよ整い、後は火花を散らすだけとなった。

火　花

その火花は「アラブの春」にさかのぼる。[1] 市場に露店を出していたあるチュニジア人の若者が不満を

（訳注）ＥＵ域外の第三国との協力が密入国防止や送還などＥＵ域内政策の効果に影響を与えるためＥＵ域内・域外の政策を調整すること。

募らせ、自らに火を放って焼身自殺したのである。2010年12月17日にこの青年ムハンマド・ブーアズィーズィーが放ったマッチの火は、かつて暗殺者ガヴリロ・プリンツィプが放ち、フランツ・フェルディナンド大公を暗殺して第一次世界大戦の引き金となった銃弾に匹敵する意味を持つものとなった。

地中海の南岸は長い間、モロッコの君主制と、チュニジア、エジプト、リビアの独裁政権下にあった。統治者たちは強力な軍事力を有していたため、国境の効果的な管理を維持していた。モロッコ、チュニジア、エジプトは親西欧政権で、組織的な密航の防止に協力的だった。リビアは、風変わりなカダフィ大佐の政権の下で、表向きは西欧に反発していた。しかし、さまざまな形でのヨーロッパの援助を必要としており、その見返りとして、効果的に密航業者を抑制していた。

ブーアズィーズィーの焼身自殺は、まずチュニジアで、そして他の二つの独裁国家で、大規模な抗議行動を引き起こした。三つの国の政権はいずれも民主化運動によって即座に崩壊した。しかし、民主化の呼びかけから始まった変動は、暴力的な宗教的・民族的派閥抗争へと急速に変化していった。チュニジアとエジプトの選挙では、民主主義を権力への足がかりとしながらも、権力の抑制と均衡のとれた近代的な民主主義国家の構築にほとんど関心を示さないイスラーム政党が勝利した。エジプトでは、軍部が反発して軍事クーデターを起こし、抑圧的な独裁政治体制に戻ってしまった。同じ運命をたどることを恐れたチュニジア政府は、イスラーム国家としての姿勢を徐々に軟化させ、他の派閥と権力を共有するようになった。エジプト同様に激しいテロリズムに直面したが、政府は実質的な統制を維持した。

一方、リビアでは、穏健な政府を選んだにもかかわらず、民族間の内紛が勃発した。領土の一部を軍閥が掌握したことで、リビア国家は崩壊し、政権は首都を含む国土の大部分を失った。混沌とした状況の副次効果として、海岸線を統治する政治権力がなくなり、地中海南岸では密航業者が跋扈するようになった。シェンゲン圏の域外国境とよく似た形で、地中海の南海岸の制御はウィークリンク問題を引き起こした。密航業者はビジネスに参入するための抜け穴を必要としていた。リビアにたどり着けお金を持っていれば誰でもヨーロッパ行きの船に乗れるようになった。

しかしながら、不法にヨーロッパに到達するための障壁は依然として高かった。密入国者にとってヨーロッパで最も近い場所は、イタリア領土の小さな島、ランペドゥーザ島(訳注)であった。この島でさえ、たどり着くには長距離の航海が必要で、そのため旅は危険で値が張るものだった。その上、リビアは人口が少なく石油資源が豊富なため、人々は貧困に陥ってはいなかった。このため、ヨーロッパに向かうリビア人たちの密航への需要は控えめなものになるはずだった。それにもかかわらず、密航業者たちは儲かるビジネスができることを知っていた。彼らの潜在的な市場はリビアの南、貧困の海が広がっているサヘル地域と膨大な人口を抱える西部および中央アフリカにあった。とはいえ、これら地域の巨大な人口という潜在的な市場にも制約があった。リビアの海岸まで到達するには、サヘル地域の「砂漠地帯という」物理的な障壁と、広大な無法地帯を横断することに伴う危険とを乗り越えなければならない。海上移動もサヘル地域の横断も、危険で高価なものである。リビアの南の国々は貧しかったため、この高いコストが制約となっていた。実際に、密輸業者を利用することを選択した人々は、不釣り合いなリスクを背負うことができる若い男性であり、かつ現地の水準からすれば裕福な人々であった。

密航業者の活動が拡大するにつれ、イタリア当局は困難に直面するようになった。2011年8月までに、チュニジアやリビアから、主にアフリカ大陸からの若い男性移民5万人近くがランペドゥーザ島に到着した。この時点のイタリアの状況は、ギリシャでその直後に起こることの前触れだった。

(訳注) イタリアの最南端の領土で、マルタとチュニジアの間に位置する。距離的にはイタリア本土よりもリビアの方が近い。

ローマでの幕開け

地中海は小舟で渡るには危険である。それゆえ、この脱出の初期の結果は悲惨なもので、何千人もの人々が溺死した。イタリア政府はこの事態に応じ、救助作戦「我らが海（*Mare Nostrum*）」を展開した。いったん沖合で移民たちを救助すれば、イタリア海軍は彼らをイタリア領土内に上陸させるより仕方がなかった。ただ、これは密航業者に無償のサービスを提供したのと同然だった。彼らは移民で満員のゴムボートを曳航して海原に放置するだけで、イタリアの沿岸で訴追されるリスクを冒すことなく、より低コストで人々をヨーロッパに送ることができた。

２０１４年には、密航業者と「我らが海」作戦双方の規模が拡大し、10万人がボートから救出され、イタリア海軍によって岸に運ばれた。「我らが海」作戦の不条理さを解消するためにはイタリア海軍がリビア沿岸からイタリアへの無料運航サービスを行うくらいしかなかったであったろう。２０１４年の11月に、イタリア政府はこの救助活動を中断した。「心なき頭」が「頭なき心」に取って代わったのだ。その後、この救助活動は内在する矛盾のために、一般の関心に応じてその時々に規模を拡大したり縮小したりした。２０１５年４月、起こるべくして起こった大惨事がメディアのスクープとなった。たったの２日間で７００人以上もの人々が溺死したのだ。これまでで最も劇的に、心なき頭の無慈悲さを見せつける出来事だった。これを受けて、欧州は大混乱に陥った。

ところで、密航業者の船に乗ってきたにせよ、イタリア海軍の厚意によるものにせよ、ランペドゥーザ島に到着した人々にはどんなことが待ち受けていただろうか。彼らの出身国はエリトリア、ガンビア、セネガル、ソマリア、マリ、ナイジェリアなど多岐にわたり、明らかに難民を発生させている国も、そうでもない国も混在していた。シリア人の数も増えていた。彼らがいったんイタリアの領土に入れば、ダブリン規則に基づき、イタリア政府は全員を難民申請者として登録し、その後イタリアにとどまる権利を与えるか、出身国に送還する義務を負っていた。いずれにせよ、これらの新規入国者には他のシェンゲン加盟国に移動する権利はなかった。イタリアの経済規模は大きかったが、このような規模の労働力の流入を吸収できる状態にはなかった。2007年から2015年の間に、イタリアの1人あたりの所得は11％も減少していたのだ。イタリア人の若者は職を求めて「北」のヨーロッパへの移住に駆り立てられており、そして、イタリアに到着した若い移民や難民も、しばしば同じ願望を抱いていた。

もっとも、イタリア人の若者がEU内のどこででも自由に働くことができるのに対し、ダブリン規則によれば、北アフリカから自発的にやってきた人々は、イタリア以外の国に自由に移動することができないこととなっていた。したがってイタリアがEUのルールに従うと、結果的に同地から若いイタリア人は徐々に失われ、その代わりに若いアフリカ人が増えていくことになるから、このようなルールはイタリア政府にとって魅力的ではなかった。だが、二つの抜け穴があった。

一つ目の致命的な抜け穴は、イタリアと、同国に隣接するシェンゲン協定国のフランスおよびオーストリアとの間に警備された国境がないことだった。リビアからの移民はイタリアにとどめるべき、というルールを現場で実行する方法がないのだ。実際には、移民たちはシェンゲン圏内のどこへでも移動することができた。ただ、移民たちがいったんフランス、ドイツ、または他のシェンゲン諸国に移住した場合、彼らのその後の見通しはイタリア人よりも制限されたものになった。彼らは、当局に認知されることを避けなければならない。ひとたび当局に関知されてしまえば、彼らの登録状況が追跡され、イタリアに連れ戻されてしまう。したがって、彼らは合法的に働くことができない。生き延びるため、彼らは非正規の自営業、最低賃金以下のサービス業や農業に就くか犯罪に手を染める他はなかった。

これらの移民たちは非正規の（規制されていない）仕事を見つける必要があった。そして、ヨーロッパで最も規制がゆるいのは英国の労働市場だった。他のヨーロッパの国々とは異なり、英国は規制がゆるいだけではなく、国民に交付されるＩＤカードがない上、居住地を登録する必要もなかった。ただ、英国はシェンゲン圏には加入していないため入国は自由でない上、シェンゲン圏との境界には英仏海峡がある。このため、何千もの若い移民たちが英国行きのトラックで密入国しようとして、フランスのカレー近郊にある英仏海峡トンネルの入り口そばに難民キャンプができてしまった。当局の監視が強化されるにつれ、密航出発点はフランスの海岸沿いに広がっていった。

一つ目の抜け穴は入国者一人一人がいかに知恵を絞るか、という話だったが、二つ目の抜け穴は政府関係者たちの行動に依存するものだった。明らかにダブリン規則は、イタリア政府に移民を登録するインセンティブをほとんど与えていなかった。登録されなかった場合、入国者たちは自分たちにとってより有益な経済圏を求めてイタリアを離れてしまえば、連れ戻されることはない。ダブリン規則の正式な手続きでは、すべての移民が上陸時に指紋を採取されることになっていた。移民はランペドゥーザ島に集中したからこれは実行可能だったが、実際にはイタリア当局はこの規則の遵守を怠っていた。規則遵守がイタリア政府にとって優先順位の高いものであったかは疑わしい。入国者たちの行動も、役人の怠慢に力を貸した。彼らの多くは書類を破棄したり、出身地を明らかにすることを拒否したりすることで、彼らを出身国に送り返すためのあらゆる手続きを妨害できることを学んでいた。事実上、こうした入国者たちは、当局に発見されたときにはすでに送還される可能性はなかった。

リビアからイタリアへの移民の問題は次第に深刻に受け止められるようになったが、それにしても長い時間がかかった。２０１４年11月に「我らが海」作戦が停止され、それに伴って溺死者数が増加して初めて、現前の危機と認識されるようになった。流入の規模は、自然の障壁がもたらす困難によって制約されていたし、主な受け入れ先はイタリアであったものの、移民は広大なシェンゲン圏の国々に拡散しており、受入国の人口と比べれば、移民の数は大海の一滴に過ぎなかったからだ。イタリア政府はその不釣り合いな負担に不満を抱いていたが、他国の政府はダブリン規則を重要な防衛策とみなしていた。もしダブリン規則がなければ、南欧諸国には国境を管理するインセンティブがほとんどないからだ。そのような大海の一滴の影響でさえも、移民たちの仕事がほとんど不法就労に限定されていたため、影響はさらに和らげられた。彼らは信号機の前に立って車の窓を洗ったり、地下鉄で大道芸をしたり、路上で花を売ったりしていて、ヨーロッパの手厚い社会サービスをすぐに利用することもできなかった。こうした状況は、一般的なヨーロッパの市民にとって差し迫った脅威ではなかった。

地中海を越えイタリアへ向かう脱出者たちの第一波は、ブーアズィーズィーの焼身自殺による影響の初期のものに過ぎなかった。プリンツィプの銃弾の例えに戻ろう。２００３年（ダブリン規則の改定が発効したとき）から２０１４年（ダブリン規則の矛盾が手に負えなくなったとき）までの期間は、１９１４年6月28日にプリンツィプが発砲してから7月末（の開戦）までの間の悲惨な期間に相当する。いずれも大混乱が待ち受けていた。８月はすぐにやってきた。

シリアへの飛び火

アラブの春の民衆デモは中東全体を巻き込んだわけではない。モロッコの政情不安が国家存続を脅かす段階にまで発展しなかったように、この地域の他のすべての君主国、ヨルダン、サウジアラビア、ドバイ、アラブ首長国連邦、カタール、クウェート、バーレーンは依然として健在だった。これらのうち、深刻な騒乱に発展したのはバーレーンだけであった。中東の君主制国家は独裁的ではあったが、それぞれの国内においては、明らかに正統性を保持していた。ただし、独裁国家は別だった。もしもサダム・

フセインがまだイラクを統治していたら、おそらく大規模な内乱が起こっていたであろう。だが、周知のとおりイラクはすでに混迷を極めた状態にあり、アラブの春によるさらなる混乱が生まれる余地はなかった。残るアラブの独裁国家がシリアだった。アサド家は息子に権限を継承し、シリアを事実上の君主制国家に変えようとした。しかし、君主制と独裁制とはまったく異なる信念体系の上に成り立っている。このためにアサド二世は、自身が属する少数派であるアラウィー派以外の民衆から正統性を獲得することに苦労した。

チュニジアのベン・アリ、エジプトのムバラク、リビアのカダフィが倒れたのだから、アサドだって倒れない理由はないはずだ。人々はどんどん街頭に繰り出した。チュニジアとエジプトでは、抗議に参加する人々の数の重みだけで政権が崩れた。シリアでは、リビア同様に政権側が強硬な対処をしたため、このようなことは起こらなかった。激怒した民衆の手にかかったカダフィの運命を考えれば、これは明らかに危険な戦略であった。もしこの時点でアサド一族が自分たちの今後を正確に評価していたら、彼らは政治亡命して、海外に蓄えた資産で豪勢なライフスタイルを維持していただろう。カダフィの徹底抗戦戦略は、フランスと英国が消極的なオバマ大統領を説得して反政府勢力に空からの援護を提供させ、カダフィ政権の銀行口座を凍結させたために失敗した。だが、シリアはイラクに似ていすぎたのかもしれない。２０１１年の時点ですでに米国は、イラク介入は悲惨なもので、二度と繰り返すべきでない教訓と認識していた。オバマ大統領は「後方支援」と「アジア旋回」という戦略に傾倒しており、シリアへの介入に消極的だった。チュニジア、エジプト、リビアでアラブの春が崩壊し始めると、西側諸国はシリアを見放すことにした。

西側諸国の軍事介入がなくともアサド政権は徐々に領土の支配権を失っていった。しかし、他のアラブの春の革命と同様に、紛争は高度に分断された宗派や民族間の対立へと発展した。スンニ派はアラウィー派からの解放を望み、イスラーム主義者は世俗的なバアス党政権の転覆を望み、クルド人はアラブ人からの独立を望み、イラクの急進的なイスラーム主義集団であるＩＳＩＳは国境をまたぐカリフ制政権の創設を望んだ。これに対して、アラウィー派は敗北により民族浄化の犠牲になることを恐れ、キリスト教徒はイスラム国家に迫害されることを恐れ、政権が支援する武装勢力でかつてイスラエルをレバノンから追放することに成功したヒズボラにとっては、体制維持こそが死活的な利益であった。この他、イラン、サウジアラビア、トルコという地域の三大国がそれぞれ関与していった。こうして、民主化を求める抗議行動は国際化した紛争へとエスカレートした。

アサド政権の軍事的立場が悪化するにつれ、民間人に対する残虐行為が増えていった。オバマ大統領は化学兵器の使用を越えてはならない一線とした。アサド軍はあまりにも必死だったため、これを踏み越えた。しかし、国際社会はいかなる関与にも及び腰で、「赤」を「黄色」だと読み替え、何の反応もせずに見過ごしてしまった。それにもかかわらず、異なる主張を掲げる複数の反政府武装勢力に取り囲まれ、アサド政権は２０１５年の夏までに軍事的に崩壊しつつあった。もしこの状況があと数週間続いていたら、シリア軍はアサドをクーデターで追放し、より穏健な反体制派と米国との取引を成立させて、事態のさらなる悪化を防ごうとしただろう。しかし、現実には、ロシアが強大な軍事力で介入し政権側を助けたことで、パワーバランスが決定的に変わってしまった。

反政府武装勢力は、その本質において、国際的な戦争法の制約の外で活動している。アサド政権もその特質と絶望的な状況のために、同様に戦争法を無視していた。その結果、政権も武装勢力も、他の武装勢力だけでなく民間人に対しても残忍な行動をとるようになる。包囲と兵糧攻めが標準的な戦術となった。２０１１年の紛争開始から２０１５年までの間に、シリアの全人口の半分にあたる約１０００万人の人々が、暴力から逃れるために家を飛び出た。このような大規模な避難は、きわめて例外的なものであった。例えば、同時期に発生した世界的な緊急事態である南スーダンの内戦では、人口の約4分の1が避難民だった。避難民の割合が3番目に高いソマリアでは4分の1をわずかに下回った。避難民の中には、シリア国外に安全な場所を求める者もいたが、それはやむを得ない、また適切な選択だった。避難民累積して避難民の半数近くがそうした。2014年には、400万人の人々がシリアを離れ、法的にいえばその過程で国内避難民から難民へと変わった。

シリア難民危機の第一段階（2011年~2014年）——心なき頭

この400万人はどこに向かったのだろうか。シリアには海岸線の国境および、5カ国と接する陸地の国境がある。沿岸部はアラウィー派の支配地域で政権の支配下にあるため、難民の移動ルートにはなっていない。陸地はトルコ、イラク、ヨルダン、イスラエル、レバノンとの国境である。このうち、イスラエル国境はイスラエル軍によって厳重に要塞化されており、難民の通行は事実上不可能である。イスラエルはシリア難民の入国を禁止する厳格な政策をとっているが、国境では目立たないように医療支援を行っており、軍はシリア側の負傷者を選別して、国境の町の病院で治療を行っている。2011年の時点では、イラクは暴力による無秩序の状態にあり、クルド系シリア人のためのキャンプはあったものの、難民が信頼できる安全な避難先ではなかった。また、イラクと国境を接するシリア東部はほとんど人が住んでいない地域であり、そのことも影響して、イラクは難民の主要な避難先ではなかった。こうして、トルコ、ヨルダン、レバノンが現実的な目的国となった。

難民にとってみれば、それぞれに利点と欠点があった。シリア同様、ヨルダンとレバノンにはアラブ人が暮らしており、アラビア語が話されている。宗教的には、ヨルダンとトルコが最適で、どちらもスンニ派が多いのに対し、レバノンはシーア派、スンニ派、キリスト教徒が微妙な割合で混在している。社会経済的な受け入れ余力という点では、トルコが圧倒的に人口が多く、経済成長の規模も速度も最大であったため、別格であった。政府の統治能力という点では、ヨルダンとトルコに軍配が上がる形であった。両国とも領土を確実に統治する有能で統一された政府を有していた。対照的に、レバノン政府は長い内戦の結果、権力が非常に不安定な形で宗派間に分有されていた。その結果、難民流入という新たな課題への首尾一貫した対応能力はほとんどなかった。

そうとはいえ、難民の避難は通常の移住と同じではない。集団的暴力から逃れるときは個人ではなく、家族単位で逃げる。持てるだけの荷物を持ち、大勢が一度に移動するために、おそらく非公式の移動手段に頼らざるを得なくなる。このため、物理的な近さが最も重要となる。シリアのうち人口が多く、かつ紛争の影響を受けている地域に最も近い国はトルコであった。その結果、400万人を超える難民のうち、約半数がトルコに行き、約100万人がヨルダンに、約100万人がレバノンに向かった。これらの数値は概算だが、その理由は状況が変化し続けているためであり、また大半の数値の真偽が疑われているためでもある。難民の移動はその性質上、散発的にしか記録されない非公式なプロセスなのである。

難民は国際的な存在であり、したがって国際的な責任が生じる。この責任は、難民が最初に到着した国と、それ以外のすべての国とで共有される。前者が避難所を提供する直接的な義務を負い、後者は共同で前者を支援する義務を負うのである。

上述のように、避難先3カ国の受け入れ能力にはかなりの差があった。総計するとトルコは難民の大半を受け入れたことになるが、その負担を引き受けるには、トルコはほとんどの点で最適だった。トルコには相応の統治能力を持つ政府があり、大規模で好景気な経済があり、難民たちと同じ宗教が主流であり、オスマン帝国時代から多民族社会であるという伝統があった。他方で、ヨルダンへの流入者は絶対数こそトルコよりも少なかったが、元来650万人ほどの国民数であることを照らし合わせると、人口比ではトルコよりもはるかに大きな負担であった。また、ヨルダンの経済は規模もはるかに小さく、そして、より脆弱だった。トルコがEUとの貿易協定を中心に世界経済により深く組み込まれていたのに対し、ヨルダンの経済はアラブ産油国からの援助と補助金によって賄われた公共部門が中心だった。さらに、ヨルダンにはそれなりに安定した政府があったが、それは主要な氏族との婚姻関係に支えられた君主制に依存していた。これまで述べてきたように、君主制は中東では唯一、実質的な正統性を持つとみなされる。シリア難民は社会／政治システムが大きく異なる国からやってきたためこのようなヨルダン社会に簡単に溶け込むことができなかった。レバノンは他の2カ国に比べて、難民流入により桁違いの負担を負っていた。レバノン政府は破壊寸前であり、難民のニーズに対応する能力は非常に限られていた。同国は分断された社会で平和をやっと維持できるかどうかの状態にあり、主要な三つの宗派間の人口バランスが崩れれば、国家が破綻する可能性があった。

こうした難民の流入状況と各国の受け入れ能力の差異は、UNHCRが調整する国際的な対応にも、それに応じた差別化が必要であろうことを示唆している。レバノンはたった400万人余りの総人口ながら100万人以上の難民を受け入れていることを考えると、UNHCRの対応を最も緊急に必要とする国だろう。しかし、レバノンの統治機構は脆弱で、その上、1948年以降パレスチナ人難民を受け入れてきた過去の経験と、シリアとの複雑な二国間関係を背景に、難民キャンプの開設には消極的だった。このため、実態として、圧倒的多数のシリア人は、もっぱらインフォーマル経済が支配的な、また、貧困化が深刻な都市部での生活を黙認されていたのである。このように、レバノンは、キャンプで人道支援を行うというUNHCRの標準的な危機対応型のアプローチには適していなかった。あらゆる意味で、市民社会が難民対応の大部分を担っていた。
トルコでもＵＮＨＣＲの役割は限定的であった。トルコに滞在するシリア難民のうち、政府が運営するいくつかのキャンプに滞在していたのは10％未満である。ＵＮＨＣＲの役割は冬季に必要な救援物資の提供に限定されていた。都市部に住むシリア人の圧倒的多数は、ＵＮＨＣＲとの接点がない。ＵＮＨＣＲの役割は最も弱い立場にある５％の人々に的を絞った、現金支給や、カウンセリングや通訳といった基本的なサービスに限られている。[2]
結局、ＵＮＨＣＲはその主たる活動拠点をヨルダンに置いた。ＵＮＨＣＲはヨルダン全土でのキャンプの設置に直接関与したが、このうち最大のキャンプであるザータリはシリア国境に近い場所にあった。ＵＮＨＣＲは国際社会に緊急の活動資金支援を呼びかけた。２０１１年から２０１５年にかけて難民の数が増えるにつれ、資金調達の必要性は明らかに高まった。しかし、ＵＮＨＣＲによる緊急支援型の資金調達モデルは、増大し長期化する需要に対応するものではなかった。一般に、ドナーは、目新しい、つまりニュース性のある状況での寄付を好む。したがって、ドナーたちの関心が薄れるにつれ、寄付は減少し始めた。例えば、２０１４年にはドイツ政府は拠出額を半減させた。２０１５年春までには、シリア難民問題へのＵＮＨＣＲの対応は資金的危機に直面しており、キャンプにいる難民へのわずかな現金支給でさえ削減しなければならなかった。この時点で、国連が打ち出した13億ドル相当規模のシリア難民への地域対応計画のうち、わずか35％が確保されていたに過ぎなかった。[3]
このようにして、財政負担は難民受入国の政府にますます重くのしかかってきた。この３カ国は「中所得国」とカテゴライズされており、伝統的な開発援助の機会から締め出されていた。ヨルダン政府は緊急借り入れによってこれをしのいだが、その結果、公的債務はＧＤＰ比で２０１１年の70％から２０１５年には約90％にまで増加した。ヨルダンに財政的余裕はまったくなかった。そして、まさに「わらをも摑む」思いで、ヨルダン王室のシンクタンクは私たち2人を招待したのだ。

後から振り返ってみると、衆目が一致するのは、難民受入国に対して、国際社会が適切な規模でタイムリー支援を行わないことは、道徳的に恥ずべきことであると同時に、問題解決上の大失敗でもあったということだ。倫理的な観点からは、私たちはこれを「心なき頭」の例と考えている。また費用と便益という従来の公共政策の指標に基づいて評価するなら、これは「心も頭もない」対策であった。なぜなら、この失態に起因するコストはその後計り知れないほど爆発的に増大したからだ。

明らかに、ＵＮＨＣＲの資金調達モデルは、シリアで展開されたような長期化・悪化する難民状況への対応としては不適切であった。そして、さらに深刻な問題だったのは、難民キャンプで施された人道的対応のマニュアルもまた、まったく不十分であったということである。ＵＮＨＣＲがキャンプに最も梃子入れしていたヨルダンでさえ、難民の大多数はキャンプでの支援をあてにしていなかったのだ。

ＵＮＨＣＲのアプローチの根本的な弱点は、組織が設立される直前の例外的な難民状況に適応するように最適化されていたことであった。だが、ＵＮＨＣＲは旧套を墨守し、時代が変わっても同じアプローチを採用し続けた。１９４０年代後半のヨーロッパでは、第二次世界大戦後、多くの飢えた人々が故郷に帰ろうとしたり、新しい土地にたどり着こうとしたりしていた。キャンプが必要とされたのは、彼らに食事を与え、また、親族を探したり、交通手段を手配したりする間、シェルターを提供するためであった。言い換えれば、この時期の難民は一時的な難民であった。対照的に、シリア難民は紛争後の引揚者ではなく、母国に平和が戻るのを待つ人々であった。この点で、彼らは今日の世界の典型的な難民である。というのも今日の難民は20年間もの間避難生活を送っているからだ。これは暴力的紛争そのものの性質が変化したことを反映している。ＵＮＨＣＲが設立された当時、難民の発生は国家間の戦争に起因するものであった。これに対し、近年の難民たちは、ほとんどすべてが内戦に起因するものである。歴史的に見ても、国際的な戦争の期間は平均してわずか6カ月であるのに、内戦の期間はずっと長く、平均で7年から15年と推定されている。

もし家族全員が10年以上もの期間難民にならざるを得ないのであれば、彼らにとっての優先事項は緊急の食料や避難所ではない。誰であれ稼ぎ頭が生計を立てることで支えられるような、通常の家族生活を再確立することである。ＵＮＨＣＲが運営するキャンプは、難民が生きるのに必要な最低限の需要を満たすことはできたが、難民が生計を立てる機会はほとんど提供できなかった。その結果、難民の家族は自律性を奪われたままであった。

ＵＮＨＣＲの標準的なアプローチでは難民は生計を立てることができないことは、難民を精神的に疲弊させるだけでなく、ＵＮＨＣＲの資金調達モデルに持続可能性がないことを明らかにもした。４００万人もの難民が10年間働かずに生活するための資金を賄うのはいうまでもなく持続不可能である。難民1人あたり年間１０００ドルという、難民になる前に彼らがシリアで暮らしていたときの水準を大幅に下回る金額であっても、総額では４００億ドルに達する。シリア以外にも支援を必要とするたくさんの難民状況があるわけだから、このアプローチはまったくもって現実的ではない。それでも初期の段階で財政が崩壊しなかった唯一の理由は、ただ単にほとんどの難民がキャンプに頼らなかったというだけだ。この理由そのものが既存のＵＮＨＣＲアプローチへの厳しい批判となっているのである。

ヨルダンでは難民の約85％が都市部に住むことを選んだ。都市部においても、シリア難民は公式には就労が認められていなかった。しかし、他の多くの発展途上国と同様に、ヨルダンにも大規模な非公式経済が存在していた。実際には、必死で生活の糧を探せば、公の最低賃金を下回る賃金で従業員として働くか、非公式の自営業で生計を立てるかのいずれかの形で、不法に働くことができた。トルコでも同じパターンが出現した。難民の中にはキャンプに住んだ者もいたが、大部分は、豊富な機会がある非公式な都市経済を選んだのだ。レバノンでは、このパターンはさらに劇的であった。キャンプは設立されず、すべての難民は非公式に社会に入り込んだ。多くの難民世帯は、逃亡の結果、収入が大幅に減少したに違いない。一時的には資産を切り崩すことで生活水準の低下は免れただろう。しかし、紛争が長期化するにつれて徐々に維持できなくなり、多くの難民は、大方の予想どおり不安に直面した。

事実上、この段階では、シリアからの避難民のニーズを満たすためのメカニズムとして、圧倒的に有効であったのは、近隣諸国の非公式の経済だった。それは、難民が収入を得るために難民自らの意思で摑める機会を提供する、いわば救命ボートであった。対照的に、政府による政策は制約だらけだった。受入国の政府は、ほんの一握りの難民を除いて合法的に働くことを禁止しており、ＵＮＨＣＲのキャンプは難民が職を得るにはあまりにも遠く離れた場所に位置していた。

まさに、「必要は発明の母」とばかりに難民たちが知恵を絞ったことで、状況は次の段階に進んだ。

シリア難民危機の第二段階（２０１４年11月〜２０１５年８月）――新たなランペドゥーザ

２０１４年までに受入国に逃れてきた４００万人の難民は、安全な状況にはあったが貧しかった。インフォーマル経済の中にいるままでは、彼らの見通しは明るくはなかった。しかも故郷での紛争が悪化するにつれて、早期帰還は不可能であることが明らかになってきた。難民の中でもより身軽で、行動力と進取の気性に富んだ者たちが、自身の将来性を向上させる方法を考えるようになっても不思議はない。そして、そのような未来の可能性は１０００マイル彼方の地中海沿岸のリビア沖で密航業界が稼働するビジネスによってすでに提供されていた。この旅は、サハラ砂漠を縦断するのと同じくらい危険で高価なものだったが、若いシリア人の中にはこれを決行する者も出始めた。

しかし、海岸沿いに1000マイルを旅し、ランペドゥーザ島までの長くて高額な船旅を経て、やっと北欧での経済的なチャンスに到達するというのは非常に効率が悪かった。2014年11月に「我らが海」作戦が中断された後は、危険度はさらに増した。2015年4月に大量の溺死者が出た事件の後には、密航業者たちでさえも、そのビジネスモデルが成り立たなくなってきていることを懸念し始めたに違いない。

それでも、似たようなヨーロッパの島が、200万人の難民がすでに住んでいた場所からわずか数マイルのところにあった。トルコの沖合にあるギリシャの小さな島、レスボス島は、密航業者が新たな市場機会と目をつけ拠点を移したことで、新たな「ランペドゥーザ」となった。

ダブリン規則のルール上、ランペドゥーザ島は法的にはイタリア行きに限定された門であった。前述のようにイタリア経済は大規模ではあったが急速に縮小していたため、難民たちが生活の糧を得る見込みは小さかった。しかし、この点ではランペドゥーザ島よりもレスボス島のほうがはるかに状況は芳しくなかった。ダブリン規則に従うならば、レスボス島はギリシャのみに対する玄関口だった。

イタリアの経済が収縮していた間、ギリシャの経済ははるかに急速に下落していた。イタリアの経済が2007年から2015年の間に11パーセント落ち込んだのに対し、ギリシャは25パーセントも下落した。公的には、ギリシャはEUの正規メンバーである。その地位と付随する権威を得ることに夢中で、ギリシャは共通通貨ユーロを採用し、シェンゲン協定に加わり、ダブリン規則に署名した。しかし実際には、ギリシャは政治的に腐敗し、破綻し、貧しく、失敗しつつある国家であった。加えて、政権は極左の新政党が担っていた。国民経済が崩壊すると同時に、庇護制度も同じ道をたどった。2011年には、アフガニスタン出身の難民申請者がギリシャへのダブリン規則の適用について訴えた、あまり注目されない裁判例がある。彼はギリシャで最初に登録され、後にベルギーに到達した。ダブリン規則に従い、ベルギー・ギリシャの両当局は、ギリシャへの送還を正式に手配した。しかし彼はギリシャで貧困と住む場所がない状況に直面することになり、[4] ギリシャ政府はダブリン規則に定められた義務を遂行できないとして欧州人権裁判所に提訴した。ギリシャ政府は、実行できない契約に署名してしまったのだ。

この時期、ギリシャ情勢の現実と向き合う必要に迫られた欧州の裁判事例はこれにとどまらなかった。ドイツ憲法裁判所も欧州司法裁判所も同じ根源的な問題をめぐって苦悩していたが、それはギリシャ政府の債務返済についての度重なる約束が信頼できるものか否かということだった。欧州人権裁判所の難民をめぐる判断は、ギリシャ政府は署名をしてももはやその義務を履行できない立場にあり、したがってベルギーは当該難民をギリシャに帰国させることができないというものだった。ただし、これはあくまで人権裁判所の決定であって、欧州諸国の政策ではない。したがって、もしも状況が変われば、各国政府はダブリン規則の施行に立ち戻ることができるわけである。

しかし、レスボス島に到達した庇護申請者にとって、ギリシャだけが合法的な行き先となるのか、それともシェンゲン圏全体への道が開かれるのかは、絶対的に重要な問題であった。進取の気性のある難民が直面する選択が、トルコの非公式経済で働くか、ギリシャで非公式に働くかということだとしたら、それは迷うまでもないことだった。トルコ経済はギリシャ経済よりもはるかに大きいだけでなく、世界で最も急速に成長している経済圏の一つなのだから。

しかし、シェンゲン圏には実質上内部国境がないためにイタリアに渡った人々がダブリン規則を免れることは比較的容易だったのだから、ギリシャに到達した人々にとってもそうなのではないか？　イタリア同様、ギリシャはシェンゲン圏内にある。おそらく、ギリシャ当局はイタリア当局の振る舞いを見習って、ボートで到着した人の指紋採取をきちんと行うことはないだろう。ギリシャの公共部門が機能不全状態であることを考えると、おそらくレスボス島のような島々には、効率的な指紋採取機など設置されておらず、たどり着いた者は、そのような機械に出合う前に、マケドニアとの国境に素早く移動できるだろう。欧州人権裁判所の判決を受けて、おそらく北欧諸国は到着した人々をギリシャに送り返そうとはしないだろう。レスボス島への船出に乗り出した最初の難民たちがこのように考えたとしても不思議はなかった。

密航業界は、レスボス島へのルートの開拓とともに急速に成長した。前述のとおりリビア経由の長いルートに比べ、このルートは危険と費用の双方の側面での懸念が大幅に解消できたことが一つの理由だろう。だが、本質的な理由は、シリアの状況がひどく悪化していたことだった。ＩＳＩＳがイラクから侵攻してきており、民間人に対して並外れた残虐な行為をするほどの勢力となっていた。反政府勢力が桁違いに凶暴化しただけでなく、２０１３年８月にはアサド政権は化学兵器に手を出した。これは、反政府勢力が支配する地域における民間人を保護するためにオバマ大統領が発した警告（「red line」）の一線を越えるものだった。しかし、軍事介入には西側社会全体で反対意見が広がっており、この警告には実際の効果がないことは明白だった。実際、アサド政権は敵とみなした民間人を威嚇するためにあらゆる手段を使い、大量の樽爆弾を投下するまでした。多くの難民は資産が枯渇し、シリアでの平和の見通しが遠のいたために、計画を変更しなければならなくなったのだ。ある報告によれば、レスボス島に到着した難民は、「シリアはもう終わりだ」と述べたという。

しかし、レスボス島への難民の流れがこれほどまでに顕著に増加した大きな原因は、登録をめぐる力学があからさまに不安定なためだろう。トルコの代わりに近場のギリシャの島々に渡ることを選ぶ人が増えるに従い、ギリシャの国境部隊は対応にてんてこ舞いするようになる。国境部隊の対応がお粗末になればなるほど、難民は、豊かな北欧の経済圏に障害なくたどり着ける可能性が高くなる。こうしてより良いチャンスが生じ、航海するインセンティブも増大する。インセンティブが大きくなればなるほど、より多くの難民がやって来て、（ギリシャの）国境部隊はますます対応に追われることになる。

ただし、障害が一つあった。イタリアが他のシェンゲン諸国と陸続きの国境を有しているのに対し、ギリシャにはそれがなかった。イタリアの場合、移民たちは警備された対外国境を経ずに、事実上シェンゲン圏全体に到達することができた。ギリシャの場合、移民たちがシェンゲン圏の他の国に到達するためには、マケドニアやセルビア、つまり、EUに加盟していない南東ヨーロッパの小さな国々を通過する必要があった。多くの人がレスボス島から北欧に向けて出立し、これらの国々を通り過ぎた。ギリシャと同様、これらの国々でも難民にとって魅力的なビジネスチャンスはなかったからだ。これらの国々の政府は、北の国境が開いたままである限り、移民たちが自国の領土を通過することを許可しても、失うものはほとんどなかった。しかし必然的に、これらEU非加盟の諸国に隣接するシェンゲン圏構成国であるハンガリーとオーストリア国境警備隊は、入国者たちの書類をチェックする必要があった。

ハンガリーは最も都合の良いルートであり、それゆえに難民の多くが最初に選んだ国だが、ヨーロッパの基準では貧しい小国である。正式な難民申請者であろうが、単に非正規の仕事を探している移民であろうが、流入を受け入れる能力は限られている。さらに、進取の気性に富んだシリア人たちはハンガリーに到着するまでに、すでにレスボス島から1000マイルも移動していたことになる。あとわずか150マイル進めば、ヨーロッパで最大の経済を抱え、かつ最高速度で成長を遂げている大国ドイツにたどり着くことができる。チャンスは目の前にあり、彼らは我先にと急いだ。このように、ハンガリーへの流入は通過の問題に過ぎず恒久的な定住の問題ではなかった。

しかし、ハンガリーとオーストリアは、ヨーロッパにおいて独特の歴史的役割を果たしてきた。何世紀にもわたり、両国は時には個別に、また、時には連携して、イスラームの征服に対するヨーロッパの防波堤を自認してきた。ウィーンがオスマン帝国に包囲されながらも最後まで持ちこたえたのは有名であり、ハンガリーはオスマン帝国の大勢力に抵抗する小国として、その英雄的な役割を自賛していた。このような歴史認識は、ナショナル・アイデンティティにとって重要である。フランス人が「自由、平等、友愛（liberté, égalité, fraternité）」の精神を貫く上でフランス革命の遺産が根底にあるように、また国家社会主義の記憶がドイツ人を悩ませているように、ハンガリー人とオーストリア人のアイデンティティは、イスラーム勢力に対する過去の対応から影響を受けている。急激に、そして無秩序に増え続ける難民の流入に直面し、多くのハンガリー人は自国の歴史上の役割を思い出していた。

中道右派政党を率いるオルバーン大統領は、こうした認識を大義名分とする右派政党からの圧力に直面した。政治学者セルジ・パルドス＝プラドの最近の分析によると、ヨーロッパ全体で、中道右派の政党が移民に関しリベラルな政策を採用すると多くの支持者を極右政党に奪われるという結果が出ている。(5) 政権を失うことを恐れたのか、それとも自己の純粋な信念のためか、２０１５年６月、オルバーン大統領はハンガリーの領土を介したＥＵへの不法入国を防ぐためにフェンスを建設すると発表した。ハンガリー当局が鉄条網を設置すると、難民たちはまずクロアチアに行き先を変えることで対応した。するとクロアチア当局はすぐに難民たちをハンガリーとの国境に誘導した。これを受けて、ハンガリーは国境のフェンスをクロアチアとの国境に拡張し始めた。怒りと不満を抱いた難民たちが無理やりフェンスを突破しようとしたり、近くの建設現場からコンクリートのブロックを持ち出してハンガリー国境軍の隊員に襲いかかったり、隊員から催涙ガスを浴び警棒で叩かれたりする醜い光景も見られた。これを受けて、難民の流れは潜在的なルートであるオーストリアへと移り始めた。オーストリアは当初、ほぼすべての人がすぐにドイツに向かうことを知っていたため、これらの新しい到着者を歓迎した。

２０１５年８月までの時点で、何千人もの人々がドイツの国境に到着し、そしてハンガリー当局は心なきレトリックを繰り返していた。では、ドイツはどうすべきなのか。この問題は必然的にメルケル首相の執務室に届くこととなった。

シリア難民危機の第三段階（2015年9月〜2015年12月）——頭なき心

ドイツ当局が到着したシリア人をどうすべきかについて、EUのルールは明確であった。ドイツにはEUの対外国境がないので、ドイツに到着した人は、すでに他の加盟国で登録されているはずだった。ダブリン規則に基づけば、彼らは登録先国に戻されるべきである。仮にギリシャが登録を怠るか、あるいはギリシャが送り返し先として不適格だったとしても、ドイツへの到達にはシェンゲン圏のハンガリーまたはオーストリアを経由するので、いずれかの国では登録されているはずである。どちらの国も庇護を提供する能力がないとはいえず、ギリシャとは異なる。オーストリアはこの段階では庇護を求める難民を温かく迎え入れており、ハンガリー当局もドイツへの通過こそ拒否していたが、難民申請者にはハンガリー国内で庇護していた。ドイツが規則に従って難民たちをオーストリアとハンガリーに送り戻していれば、流入は収まっていたかもしれない。しかし難民にとって両国ともドイツほどには魅力的ではない国だった。

ハンガリーにはイスラーム勢力に対抗する砦という国民的な物語があるが、これに対して、ナチス以後のドイツの国民的物語は、過去を清算することだった。ドイツの政策は繰り返しこれを反映している。例えば、2011年、カダフィ大佐が反乱軍を追い詰めると威嚇した際、国連安全保障理事会はリビア市民を守るために国際社会による軍事介入を発動した。このときドイツは採決を棄権することで反対の姿勢を示した[6]。これは予測能力が特別に優れていたためではなく、ドイツ人が軍事行動を嫌悪していたためだ。ドイツ人にとって爆撃が特別な意味を持っていたとすれば、難民はそれ以上に彼らの感情に訴えかける存在であった。ドイツはかつて難民の流出を引き起こしたし、戦後には多数のドイツ人たち自身が難民となった。過去を清算するにあたり、玄関口に押し寄せてくる難民たちを迎え入れる態度は、民族的な物語に合致していた。

メルケル首相は当初、難民たちに対して厳しい態度をとっていた。あるテレビ番組で、幼いパレスチナ難民にドイツにとどまることは認められないと伝えたところ、その子はすぐに泣き出してしまった。これは視聴者からは不評を買った。メルケル首相が厳しい姿勢を示したのはこのときだけではない。近年のギリシャ債務危機の際、ギリシャのメディアは同国政府との交渉にあたる彼女を現代のヒトラーとして描いた。この債務危機はまた、メルケル首相がヨーロッパで最も強力な政治家であることを証明していた。表向きには欧州委員会、欧州理事会、欧州中央銀行が債務交渉の責任を負うことになっているが、ギリシャ新政権の首脳はブリュッセルにではなくベルリンに飛び、メルケル首相と直接交渉した。

過去を清算するというドイツの民族的な記憶と、首相の政治的権威についての個人的な自覚は結びつき、センセーショナルな決定につながった。２０１５年８月下旬、メルケル首相は、ドイツがもはやダブリン規則のルールを遵守しないと決定した。ドイツに到着した難民たちはハンガリーへ送還される代わりに在留を許可されることになった。この決定は公開されるべきものではなく、国境管理当局の運用ルールとして決められていたことが後に明らかになったが、そのために、メルケル首相は政府閣僚にも、欧州委員会や他の欧州の指導者たちにもこのことを前もって相談しなかった。この決定は当然のことながら、国際的な大騒ぎを巻き起こした。演説で、メルケルは、ドイツは強い国であり、「我々は（受け入れをうまく）やってのける（Wir schaffen das）」と宣言した。[7] この演説はたしかに高邁なものだったが、すぐに意図せぬ結果を招くこととなった。

難民がハンガリーでなくオーストリアを通過するようになったため、メルケル首相とオーストリアの首相は9月4日に共同声明を出し、これにより、オーストリアがドイツ国境への難民の通過を公式に認めることとなった。そして、難民たちはドイツでの庇護申請が歓迎されることとなった。その後の難民の移動パターンは、この共同声明が三つの異なるグループの経路選択に完全に影響したことを示唆していた。

第一に、すでに近隣の庇護国で難民となっていたシリア人にとって、この発表は、今後の移住をより魅力的なものにした。ヨルダン、レバノン、トルコはいずれも2014年10月からシリア人に対する制限を強化していた。近隣諸国にいた多くのシリア人は、就労機会や最低限の生活保障サービスへなかなかアクセスできず、貯蓄や資本が底をついていた。家族の一員をヨーロッパに送ることは、彼らにとっては命綱を得られるも同然だった。2015年7月末までに、すでに37万5000人近くのシリア人がヨーロッパに難民申請をしていた。この動きはすでに顕在化していたが、ドイツの政策変更はこの傾向を加速させた。年末までには申請者数は3倍近くにまで増え、皆ドイツを最終目的地としていた。しかしながら、リスクとコスト面での障害はまだ残っていた。ここで提供された庇護は、オーストリアからドイツまでのバスでの移動のみであった[8]。要するに、「あなた方が自力で来られるなら、『我々はやってのける』」ということだった。もしもドイツ政府の目的が安全な移動ルートの提供だったのなら、ボドルムからフランクフルトまで直接飛行機での移動が可能な人道ビザを発給したに違いない。

第二に、何らかの理由でシリア国内にとどまっていたシリア人にとって、国外脱出はそれほど悲惨なことではないように見え始めた。いくつかの障壁を乗り越えさえすれば、シリアを離れた人々は、隣国の非公式な経済の中で傷つきながら生きるのではなく、ドイツでの新たな生活を期待できるようになったのだ。2015年8月、アサド政権はISISにパルミラを奪われ、戦況はさらに悪化した。このためアサド支持のアラウィー派の人々は、敗北し、そして大量虐殺の憂き目にあうのではとパニックに陥り、一部の人々は脱出を決心した。政府と反政府派の紛争当事者の両サイドから、ドイツに向かう難民が出てきた。

9月になって突然、プーチン大統領がアサド政権を支援するために軍事介入に踏み切り、反政府勢力が支配する主要な地域に大規模な爆撃を行った。これにより一夜で軍事力のバランスが一変し、アサド政権は反政府勢力の支配地域を奪還し始めた。民間人で構成される反政府勢力は、軍事攻撃から逃れるためにドイツでの新生活という提案をより真剣に検討するようになった。これは意図せずアサド政権による暴力を増長したかもしれない。ハーバード大学の研究者ケリー・グリーンヒル(訳注)が、独裁者が強制的な国外退去を戦略的手段として頻繁に行っていることを明らかにしている。アサド政権が行ってきたことの結果ではあったものの自分に執拗に反発するスンニ派の人々を前にして、アサドは、新たに生じた軍事力を用いてスンニ派を追い出すことにしたのかもしれない。いわば、民族浄化が実現可能になったわけである。他方で、プーチン大統領には、こうしたシリア難民のドイツへの脱出を促す理由があった。メルケル首相はウクライナ東部へのロシアの軍事介入に対するペナルティーとして、欧州の対ロシア経済制裁を主導していた。ドイツへと殺到するシリア難民がメルケル首相の政治的立場を急速に弱めてしまうことをプーチン大統領は知っていた。

トルコにいたシリア難民や、それまでは故郷にとどまると決めていたシリア人がギリシャに渡る機会を得たことで、ギリシャ当局は圧倒されてしまった。8月から11月にかけて約50万人のシリア人がレスボス島に渡った。能力不足のためか、あるいは怠慢のためかはわからないが、ギリシャ当局によって指紋を採取されたのは到着者の4分の1に過ぎなかった。

(訳注) 2023年現在タフツ大学准教授。

第三に、これにより、世界中の難民や移民に機会が開かれてしまった。国境警備隊が不法入国者を登録して審査することができないか、あるいはする意思がない場合、また庇護を受ける資格のない者を国外に送還する実効的な能力がない場合には、難民は到着の時点で他の移民と区別されないことになる。シェンゲン圏は、世界中の貧しい国から移住しようとする、膨大な数の人々で溢れかえるようになった。国境管理の崩壊は、庇護を受ける資格が認定されない移民を送還するための能力に過度な負荷をかけた。実際のところ、国外送還は実務的にも法的にも課題があった。移住を試みる者が身分証明書を破棄したならば国籍が確定できない。また、(彼らの出身国である)多くの国は送還先として要求されるガバナンスの基準を満たしていないと判断されていた。

トルコはイランと国境を接しており、イランはアフガニスタンやパキスタンと国境を接している。2015年後半には、約20万人のアフガニスタン人がイラン、トルコ、バルカン半島を通過して北欧へ向かった。世界中から希望に満ちた移住希望者がトルコに飛び、レスボス島行きの密航船のチケットを買った。ドイツ当局も到着者の数を管理することはできなかった。誰もが登録せずとも入国を許可され、当局の目を逃れ姿をくらまそうとしたものは、そうすることができた。彼らが紛争の傷跡が残る南東ヨーロッパの国々を移動している間、現地の人々の当初の関心事は彼らが早くこの場を去ってほしい、ということだけだった。道なりに沿う矢印の標識がよく見かけられたが、そこにはただ英語で「Germany」とだけ書かれていた。しかし、現地の人々はすぐに、もしいろいろな国からやって来る人々がドイツに入国できるのなら、自分たちにもそれができることに気がついた。12月の時点において、こうした人々を含む約30万人の未登録の移民がドイツに住んでいると推定された。

メルケル首相は、流入の急増に直面して、ドイツに到着した人々の一部を引き受けるよう他のヨーロッパ諸国を促した。彼女のシリア難民受け入れの決定は一方的だったため、今回の要請は倫理的な説得以上の意味はなかった。それにもかかわらず、メルケル首相は欧州委員会に対し、EU全域で難民を再割り当て（リロケーション）するための方法を確立するよう求めた。欧州委員会にとっては、この明らかな協調行動の必要性は、この組織の権限拡大という自然な欲求とうまく合致するものであったため、欧州委員会はメルケルの要請に応えた。9月、ジャン＝クロード・ユンケル欧州委員長は、ギリシャとイタリアから16万人の難民を直接、EU加盟国間全体で公平に再割り当てするという計画の概要を示した。こうして加盟国の国民からは国籍の重みを奪う一方で、国民ではないシリア難民には擬似的な国籍を与えるというシェンゲン法体系が誕生した。国民から国籍の意味を奪い、国民でないものには国籍を与えるというパラドックスに到達した時点で、欧州委員会は一線を踏み越えた。それは、現実と超現実の境目であった。

一部の国が難色を示す中、メルケル首相はまず、反抗する国に対してはEU構造基金の予算支出を削減すると脅した。EUのルールに反するためこれは実行されなかったが、このような脅迫がなされたことはメルケル首相が必死になっていることの表れだった。代わりに閣僚理事会は手続きの歴史的な変更に踏み切った。それまでは理事会で論争となりそうな案件の意思決定は全会一致が必須であったが、難民を他の加盟国に割り当てるルールを採択する際には、五つもの政府の反対が押し切られたのである。(訳注) メルケル首相の力は頂点に達していた。

しかしシェンゲン圏は事実上、外部国境もなくなった。トルコにたどり着くことができた者は、ドイツにたどり着き、ドイツにとどまることができる可能性が高くなったのである。ある者は公式に許可されることで、ある者は送還が実施されないがために、そしてある者は地下に潜って当局が捕捉していな

(訳注) 全会一致よりも可決が得られやすい、特定多数決という票決方法が用いられた。

いがために。2015年末までに100万人以上の人々がヨーロッパに到着したが、シリア人はそのうちの約半数しかいなかった。この増加規模は当局を驚かせたが、明らかに予期することができたはずだった。中東の若者たちはソーシャルメディアでつながり、互いを模倣して行動を起こした。それは以前は「アラブの春」を煽り、今度は若者の脱出を煽った。

しかし、それ以上に強力な要因が働いていた。流入者数が増え国境が混沌とするにつれ、この状況が続かないことは、自分に都合の良い理屈にとらわれていない者以外、誰の目にも明らかであった。ミュンヘン駅でドイツの若者たちが「歓迎」と書いた気前の良い看板を掲げていても、メルケル首相が「We can do this!」というオバマ式のメッセージを掲げていても、国境管理の再導入は不可避だった。世界中の移民希望者たちは、チャンスが今しかないと察知していた。この点で、この人々の欧州大量流入は資本逃避の際に起こることに類似していた。ひとたび始まってしまうと、各人にとって最良の選択肢は、できるだけ早く移動することなのである。

シリア難民危機の第四段階（2016年1月～）——心なき頭の復活

ドイツ国内においては、メルケル首相の国境開放の決定は、過去を清算するという国民の物語と合致していた。また、ドイツ経済は活況を呈しており、労働者が不足していたために、人々の流入は雇用への脅威にもならなかった。また、ドイツ国民は、欧州の他の国に比べても卓越したメルケル首相の手腕をあえて疑うこともなかった。しかし、ドイツの国外においては、それは別問題であった。

少しだけ似たような国民的物語が存在していたのはスウェーデンだけだった。二度の世界大戦で中立を貫いた同国は、戦後は難民への寛容な庇護国としての国際的な地位を苦心して築き上げた。ドイツのように、同国は国境を開放した。しかし、スウェーデンにおいてさえも、国民からの大きな拒否反応が起こった。右派の新党が国内最大の政党となり、（これに対抗するために）それ以外の諸政党を集めた連立政権は、速やかに政策を転換したのだ。政府は、国内へ移入する人々に対応するため、対外援助予算を半減した。実際のところ、援助を受けるはずだった世界中の非常に貧しい数百万人の人々が、スウェーデンにたどり着いた数千人の幸運な人々にスカンジナビア諸国水準の給付金を支払う形になった。しかし、２０１５年の末に至り、スウェーデンは突然国境を閉ざした(9)。

これはすぐに連鎖反応をもたらした。スウェーデンへ渡るルートはデンマークを経由していたが、この国の物語は根本的に異なっていた。デンマークでは、地方紙に掲載された漫画に反応して、イスラーム教徒による暴力が前代未聞の勢いで急増していた。世俗的なデンマーク人と敬虔なムスリムは互いを理解できず、イスラーム世界からのさらなる移民に対する広範な警戒感はぬぐえなかった。デンマークは速やかに国境を閉鎖し、難民の所有する１０００ユーロ以上の資産はすべて没収するというルールを導入した。国際的な報道の多くはこれを批判したが、スイスも同様の政策を速やかに採用した。

東欧ではキリスト教の文化が根強く、イスラーム教を警戒する人もいたが、これは民族の記憶によって強化された偏見だった。ポーランド人の「二度とあってはならない」という感情は、難民を歓迎することに対してではなく、ドイツの覇権という恐怖に対して向けられた。メルケル首相が一方的にドイツに招き入れたシリア難民をポーランドに受け入れるよう命じたことが、この恐怖に拍車をかけた。

これは、ポーランドだけの問題ではなかった。欧州の多くの国は、いまだ不況下にあり、イスラーム教に対する警戒感が一般に広がっていたため、ドイツ以外のすべてのＥＵ加盟国は、ドイツが抱える難民の受け入れ負担を再割り当てするための欧州委員会のルールに無言で反発した。ユンケル欧州委員長が発出したリロケーション・プランは、１年経った後でも、提案されていた割当量の１％未満しか実現していなかった。欧州委員会はその権限を拡大するどころか、正当性を失った。

また、人々の難民に対する態度についても悲しい転換点が生じた。ケルンの新年を祝うイベントで、ムスリムの若者の集団が、同伴者のいない若い女性たちに対し、きわめて女性差別的な振る舞いをした。地元当局はこの若者の悪行を止めさせるのでなくむしろ、メディアで報道させまいとし、国民の不安をさらに悪化させた。スウェーデンでも似たような事件が起き、いずれも新たな議論のきっかけとなった。こんなにも大量の難民を、ドイツやスウェーデンの社会に統合できるのだろうか。「我々にはできる！」という言葉は、「どうやって？」という疑問を生じさせ始めていた。

当然のことながら、ドイツ政府でさえも、首相の断固たる反対にもかかわらず、入国者数を制限する議論を始めた。首相と同じくドイツ福音主義教会の牧師の子である大統領も首相に反論し、人数制限は必要であり、道徳的にも正当なものであると主張した。

ドイツの国境閉鎖の見通しが近づくにつれ、デンマークがスウェーデンの政策変更に反応したように、難民が経由する経由国の政策は変化していった。いずれの国も難民を自国内にとどめておきたくはなかった。オーストリアでは、政策は完全に逆転し、首相は辞任した。その夏には、大統領選挙により、国がはっきりと、かつ壊滅的に二極化していることが明らかになった。最終投票では、左右の主流政党が落選し、極左の緑の党と極右のネオナチをルーツとする政党の候補者に選択肢が絞られた。投票数はほぼ半々に割れ、不正のために再実施された第二回投票では、僅差で緑の党が勝利した。その背後で、シェンゲン諸国間の国境の多くで管理が再導入され、事実上シェンゲン体制はばらばらに崩壊した。

高まる国民の不安に直面し、メルケル首相は政策変更の必要性を認識していた。しかし、国境管理の再導入には応じず、EUに代替案を求めた。しかしEUの主要な機関は次々に機能不全に陥っていった。欧州議会は当初からあてにされていなかった。理屈の上では、司法内務案件については欧州議会が権限を（閣僚理事会と）共有している。しかし実際には、閣僚理事会は危機対処を「緊急措置」として行うことで、日常的に欧州議会を迂回してきた。欧州委員会は何かをしなければならないというプレッシャーの下で、2015年9月に決まった実行不可能なリロケーション合意を完遂させることに政治的資本の多くを費やしていた。だが、その後はこの問題について主導的立場を追われることとなった。もはやそれは実質的には政府間の駆け引きとなり、閣僚理事会が唯一の重要なEU機関となっていた。

しかし、加盟国間では、機能不全に陥ったダブリン規則に代わる「（EU）内部での」解決策について合意することができなかった。そこで、EU加盟国以外の政府に国境管理を「外部委託」するという解決策が選択された。当初の狙いは、マケドニア政府を説得してギリシャからの難民の移動を遮断し、西バルカンルートを閉鎖することだった。だがその後すぐに、トルコ政府を説得し、トルコの港からレスボス島への航路を遮断することこそが解決策だと考えられるようになった。

1月の時点では、トルコの首相は、実際には舵取りが難しい条件をのむように、甘い言葉で騙されかかっていた。しかし、エルドアン大統領は、自国が強い立場にありながらあまりにも首相の対応が甘いと察知して首相を解任し、トルコの要求レベルを引き上げた。3月、欧州委員会はエルドアン大統領との直接交渉の末期にあったが、別の取引が発表され衝撃を受けた。エルドアンとメルケルは秘密裏に並行交渉を進めていたのだ。当惑を隠すため、欧州委員会は合意に正式に調印した。

裏の合意の内容は、トルコが出国規制を強化し、密航業者を取り締まるというものであった。ただ、トルコの重要なコミットメントはそれよりもはるかにドラマティックであった。今後トルコからギリシャへ渡る者はすべてトルコに戻され、トルコが受け入れるというのだ。こうなると、密航する意味は明らかに失われることになる。その結果、エーゲ海経由の難民の脱出は速やかに停止した。メルケルの視点からは、この解決策はドイツの政策変更を必要としないという付加的な利点があった。以前の政策が間違っていたことを認める必要がないのである。ドイツの国境にたどり着いた人はこれまでどおり歓迎される。実際、ドイツは、ギリシャからトルコに戻された難民1人につき、トルコにいる難民1人をヨーロッパに再定住させると申し出た。

この頃までには、ドイツの国内世論は流入者数に上限を設ける方向へと大きく傾斜していた。メルケル首相は国の政策として上限を課すことができなかったために、EUとトルコ間の交渉の中で上限を設定した。トルコからEUに再定住するシリア人の数を7万2000人に制限することにしたのだ。制限を設けても、ドイツの政策は難民に対して寛容であるかのように見せることはできた。ただし、すでに人々がトルコからドイツまでたどり着けない以上、扉がいくら開いていても無意味だった。首相はまさに重要な扉を閉めてしまったのだ。ドイツ国民は安堵しメルケルのこの策略を許した。これで、過去を忘れず難民を歓迎するというドイツ国民の物語が疑われることはない。

移民や難民をトルコに戻す政策は、その時点でギリシャにいる人たちにも適用される。将来生じうる人の流入を送り返すといった実体のない政策とは違い、この現状は実務上の難題を突きつけた。現在ギリシャを通過しようとしている何千人もの人々を送り返すのにヨーロッパ（EU）の煩雑な法的手続きは果たして機能するだろうか。ましてやギリシャの官僚機構はあてにならないのだ。（EU－トルコ間）交渉に関与していなかったギリシャのアレクシス・ツィプラス首相は、その交渉がギリシャにどのような結果をもたらすかを察知していた。そして、ギリシャは「人の魂の倉庫」になる準備などできていないと宣言した。「倉庫」という発言の裏には、ギリシャが国内に安息の地を提供する状態から程遠いことが見て取れる。「魂」という宗教的な語彙は、欧州市民の良心に訴えかけるものではあったが、ツィプラスのマルクス主義イデオロギーとは相容れなかった。ただ、そもそもその良心に期待するには手遅れだった。ギリシャに滞在中の人々は、安全な目的国であると一転して評価されたトルコに送り戻せるものとみなされた。エルドアン大統領は自身の権力を強調するため、ＥＵとの合意の日に、トルコでは「民主主義」や「人権」という言葉は無意味であると述べた。普通、外交上はお互いに決まりが悪くなることを避けるために人は曖昧さに頼るものだが、彼はそんなものに頼る必要はなかった。

必要なものを手に入れるため、メルケル首相は高い代償を払わなければならなかった。エルドアン大統領は、メルケルの政治生命がかかっていることを認識しており、自分の優位性を冷酷に利用した。エルドアン大統領が欲しがったものの一部は、カネだった。メルケルは、エルドアンからの協力を取り付けるためにすでに30億ユーロの提供を約束していたが、今回はさらに60億ユーロを約束させられた。しかし、資金面の問題は小さな取引に過ぎなかった。取引の核心は政治的なものだった。

ほぼ1世紀にわたり、トルコの政策は、中東の覇者であったオスマン帝国の過去から距離を置くことを目的としていた。アタテュルクは世俗的でヨーロッパ的な未来像を描いていた。その最終段階としてＥＵへの加盟があることは明らかだが、それは、欧州諸国にとっては受け入れがたいものだった。エルドアン大統領はこの長年の脱イスラム化政策には距離を置いていた。彼はトルコを、問題だらけの中東をうまく統治するイスラーム世界の旗手とみなしていた。だが、エルドアンには高いプライドもあった。トルコがヨーロッパの一部になることなど望まないものの、ヨーロッパから拒絶されることでその道が断たれることなど、まったく望んでいなかった。そこでエルドアン大統領は、停滞していた加盟交渉の再開を主張した。メルケル首相は同意したものの、加盟交渉には時間がかかることをエルドアン大統領は知っていた。また、これだけのことをしても、国民は加盟が実現するとは信じてくれないだろうこともわかっていた。彼には、一般のトルコ人が彼の外交的勝利だと理解できるような、即時の政策変更が必要だった。このため、エルドアンは、すべてのトルコ国民がシェンゲン圏にビザなしで渡航できるように要求した。ＥＵ加盟各国政府はこの措置に難色を示したものの、欧州委員会はこれに同意した。本

書執筆時点では、まだ正式には批准手続きの段階にある。(訳注)

現在までの整理

シリア難民問題の惨状を形づくってきた欧州の政策は、「頭なき心」と「心なき頭」の間を揺れ動いてきた。そこで起きたことはパニックだった、といっても過言ではない。予想外の事態に一つ一つ対応した結果、大失敗となってしまった。残されたのは不幸の連鎖であった。

難民問題は欧州の議題のトップに躍り出たが、その内容は難民のことというよりも欧州のことばかりであった。どの国がどれだけの難民を受け入れるべきか、どの国が国境を閉鎖しているのか、欧州の難民に何を期待すべきか、欧州のどの政治家がどのような決定を下すべきか。シリア難民たちは、無情な対応により、支援の蚊帳の外に置かれていた。少数がドイツにたどり着いたものの、大多数は近隣諸国への避難にとどまり、国際的な支援はほとんど受けていない。さらに、流入に伴う文化的な衝突と政治的な二極化は、多くのヨーロッパ人が難民の窮状への同情を減少させるという悲しい結果をもたらした。このような同情は、難民が頼りにできる重要な資源である。それがなくなったということで、難民のニーズに適切に対応するシステムの構築はより困難になるだろう。

EUは恒久的かつ根本的に弱体化している。そのメカニズムやルールは、強大な力を持つ加盟国によって再三無視された。欧州委員会の権威は、およそ正統的ではないとみなされるような指令を各国政府に押し付けようとしたことで損なわれた。シェンゲン圏は事実上解体された。ヨーロッパの国境管理は、屈辱的な条件で、権威主義的な指導者を擁する非ヨーロッパ諸国に委託された。しかし、最も劇的な出来事は、この難民危機の物語がブレグジット（Brexit）、つまりEUの主要加盟国の恒久的なEU離脱に直接つながったことである。この帰結の証拠は明白である。離脱キャンペーンを展開する人々は、二つの強烈なメッセージを発した。一つは、南東ヨーロッパを横断する移民を描いたポスターで、「もう限界だ（Breaking Point）」と書かれていた。もう一つは、「主権を取り戻せ（Take Back Control）」というスローガンだった。ＥＵの当局が国境をコントロールできなくなっているというメッセージであり、反論の余地はない。このメッセージは目に見えて世論調査の数字を動かした。離脱派の有権者にとって、移民と主権は最も重要な問題であった。

難民危機に関する欧州の決定が最終的に何をもたらしたかを語るのはいまだ時期尚早かもしれない。（執筆時点の）ここ数カ月でテロが急増している。テロ攻撃はフランスとベルギーに集中しているが、ドイツも標的にされている。よく狙われるのは、ポップスのコンサートや子ども向けの遊び場などの、楽しんでいる若者たちのようだ。テロ攻撃は実に野蛮である。実は、現在私は（フランスの）ブルターニュ地方で執筆しているのだが、まさにこのほんの少し前に隣のノルマンディー地方で86歳の神父が信徒の前で喉を切られる事件が起きた。人々は恐怖と怒りに駆られている。難民がこの事件を起こしたわけではない。しかし、これほどテロリズムが興隆するようになったのは、移民問題をめぐるヨーロッパの混乱（カオス）と関係しているのではないかという認識が、人々の間に広まっている。

この状況に直面して、メルケル首相は「ドイツは難民を受け入れ続ける」と毅然とかつ勇敢に宣言している。もっとも、今となってはそれは仮説めいたものとなってしまったが。メルケル首相はテレビ番組の中で、「これは正しいことなのだ」と繰り返し主張した[10]。これを単に、自分の過ちを認めたがらない、政治家によくある反応だと解釈する人もいるかもしれない。だがより好意的には、これは牧師の娘

（訳注）２０２３年４月現在においても、トルコ国民のシェンゲン圏へのビザなし渡航は実現していない。

であるメルケル氏の本心、つまり、かつてない規模のシステム上の失敗に直面したとき、これに道義的な力で対抗しようとする意思であると捉えることもできるだろう。

メルケル首相は正しいことをしたのだろうか。次章ではこの倫理的な疑問について探求する。

第Ⅱ部

再考

暴力から逃れてくるシリア人の状況を踏まえると、私たちは寛大な精神を持つ必要があるといえる。私たち自身が同じ境遇にあることを想像するのはそれほど難しいことではない。実際、70年前、何百万人ものドイツ人が戦争によって難民となっていた。第二次世界大戦は、ポーランドがドイツに占領されて始まったが、最後にはロシアに占領された。英国は何千人ものポーランド人に避難所を提供していた。その10年ほど前には、ドイツのユダヤ人が安全な場所を必死に探し、多くの人は英国や米国に行った。そして、その10～20年前には、アルメニア人がトルコによるポグロムから避難している。さらにその10年前、ロシアに住んでいたユダヤ人はロシアのポグロムから避難している。また、3世紀ほど前までさかのぼればユグノーはフランスのポグロムから避難している。

以上の事例からも明らかであろう。避難する人を寛大に受け入れる精神は、人類にとっての新たな要求でもなければ、近代においてゼロから発明しなければならないといった信じがたい感情でもない。それは私たちすべての人間が持つ感情であり、幾度となく現れる残虐な状況に対して人類が抱いてきた感情である。本能的にそういった寛容な精神がなければ、何百万人もの先祖たちの人生は、今よりもひどく、粗野で、短命になっていただろう。その結果として私たちが誕生することもなかったかもしれない。

私たちと先祖の間にある重要な違いは、新たに過大な負荷を私たちが背負っているわけではなく、私たちは先祖の時代よりもはるかに適応する能力を持っているということだ。私たちの両親や祖父母は、かなり貧しい社会で育ったため、教育を受けることができず、子どもたち全員に十分な食事を与えることさえできなかった。しかし、それにもかかわらず、彼らはロシア、ポーランド、ドイツからの多くの難民を受け入れることができた。難民に対する寛大な心は新しいものではない。今日では、年中無休のメディア、インターネット、およびTV報道のおかげで、前世代の人たちよりも、私たちは他国での人々の苦しみについて知ることができる。しかしながら、私たちはそれに背を向けている。

そうはいっても、寛大な心だけでは十分ではない。私たちの対応は賢明であるべきだ。頭なき心は、心なき頭よりも少しは良い結果をもたらすかもしれないが、私たちは、精神の寛大さが何を意味するのかについて、もう少し具体的に考える必要がある。シリアの文脈の中でそれは何を意味すべきなのか、ひいては難民の世界的な文脈の中で何を意味すべきなのか。

科学は実験を通して進歩するものだ。自然科学は実験室での実験にもっぱら依存している。医学や経済学は無作為比較試験や自然実験によって進歩している。これらのアプローチはいずれも現在の難民をめぐる問題にはあまり役に立たない。しかし道徳哲学は独自の実験の形態、すなわち「思考実験」を行うことができる。私たちは、寛容の精神とは何を意味するのかを解明するために、思考実験を利用することができる。

この章では、一連の倫理的な問いに焦点を当てていく。それらの中で最初に検討すべきことは、暴力から逃れてきた人々の切実な問題に対応することである。難民に対する私たちの道徳的義務は何か？次の倫理的な問いは、小舟で命を危険にさらすことを厭わず、ヨーロッパへ移住することを望む多くの貧しい人々の強い思いと関係している。移民は、たとえ難民ではないとしても、自分の選んだ国に移住するという地球規模の道徳的権利を持っているのか？　最後の倫理的な問いは、約100万人の難民がドイツに到来したことと関わりがある。ドイツ、そして難民はどのような道徳的義務があるのか。

著名な『社会はなぜ左と右にわかれるのか――対立を超えるための道徳心理学』の中で、ジョナサン・ハイトは、人々が自分の道徳的判断にしがみつく傾向があることを示している。ある正当化が間違っているとわかると他の正当化を持ち出すのだ。(1) 言い換えれば、人は道徳的に怠け者であるということだ。残念ながら、知恵が時には必要になる。

難民を救済する義務

ある有名な道徳的思考実験では、学生たちは、子どもが事故で池に落ちて助けを求めて泣いている池のそばに一人でいあわせたことを想定するよう求められる。傍観者であるあなたは、その事故に対して責任を負っていない。あなたは上手に泳げるが服を濡らしたくないということで、その子の差し迫った叫びを無視することは正当化できるだろうか？　寛大な精神があれば、まったく迷うことなくあなたが飛び込むということになる。あなたの新しい服にとっては不運だが。

暴力によって故郷から逃げることを余儀なくされたシリア人は、倫理的には溺れている子どもと同じ状況に置かれているといえる。(2) 溺れかけている子どものそばに通りかかった者と同様に、明らかに私たちはシリア人を救済するという義務があるといえるだろう。これは法的な権利から来ているわけではない。溺れている子どもと同様に、シリアから逃げてきた人たちは、自分たちの権利を要求したり、あなたを訴えると脅すことはない。また溺れている子どもと同様に、問題を引き起こしたとあなたを責めることもない。植民地時代の遺産として、欧米の評論家たちは、どこで何が起きても、欧米の行動が原因であると説明したがるが、シリアは長く続いた独裁国家である。シリアは「アラブの春」の波及によって不安定化したが、「アラブの春」自体がチュニジアから始まった民主化を求める社会運動がソーシャルメディアを通じてアラブ世界へ拡散したものだ。シリアでの抗議行動が宗派間の対立に発展し、地域大国を巻き込んだ本格的な内戦へと発展していく中で、西洋諸国は介入しないことを選択した。シリア政府が化学兵器を使用したときでさえ、西洋諸国は介入しなかった。例えばベトナム、コソボ、イラクなどの難民の移動は、西洋の直接的な関与によって発生したが、シリアの場合はそうではない。

難民を救済する倫理的根拠は、広く受け入れられている道徳的規範である救済の義務にある。救済の義務が広く受け入れられることは、グローバルな取り組みを実施していくために重要なことだ。西洋がエリートの道徳的価値観をすべての人に押し付けることができた時代は過去のものとなった。私たちの見解では、これは祝福すべきことだ。西側の一部論者は難民支援の倫理的根拠をポスト・クリスチャン倫理のある側面に求めようとしている。つまり私たちがより道徳的になり、聖人になることを求めている。私たちはそのような主張には懐疑的であるが、議論を完全なものにするためひとまずそれを認めよう。その主張の根底にあるのは、グローバル化した世界においてはすべての不正義は構造的に相互に連結しているということである[3]。これが難民支援のための道徳的根拠となるかどうかは別として、事実としては間違っている。オックスフォード大学のマシュー・ギブニー教授が「グローバル化された世界でさえ、一部の不正義はローカルな問題である」と主張しているが[4]、これはかなりの部分シリア難民の問題にも当てはまり、この主張がシリア難民を支援する義務としての確固たる根拠となるとは思えない。では、なぜ道徳的に彼らを助ける義務があるのだろうか。

心の第一原則――思いやり

溺れる子どものように、逃亡するシリア人は私たちが共有する人間性に訴えかけている。彼らが自然に呼び起こす、私たちの中にある本能は、法を守る必要性でも、シリア政府に空爆しなかったことに対する罪悪感でもない。それは、人間関係の根底にある原初的な思いやりだ。私たちは、これを心の第一原則と考えるかもしれない。このような思いやりの感覚があるのは、聖人だからではない。それを経験しないのは社会病質者（ソシオパス）だけだ。

難民を救済する義務は、一連のステップをとって考察するならば道徳的に正当化するのはきわめて簡単だ。私たちは皆、政治共同体の一員だ。政治共同体は、私たちの集団的な生活を可能にし、権利と義務を付与するので、重要である。しかし、政治共同体が機能するためには、一般的には成員か否かの境界が必要である。このことは、クラブや近所付き合い、家族と少し似ている。[5] 私たちは、自分たちの政治共同体内のメンバー、家族、友人、同胞の市民に対して「特別な義務」を負っており、それ以外の人々に対しては（特別な義務と比べると負担が少ない）「一般的な義務」を負っている。[6]

それにもかかわらず、私たちの道徳的共同体の境界は、難民に対するものも含めて、私たちの政治共同体の境界を超えている。それは、私たちが共通の人間性を共有しているからだ。私たちは皆人間であり、それゆえに、同胞である人間としてお互いが共有する最低限の義務を持っている。ここでも、一部の西洋の政治理論家たちは、心理学に頼ることに不満を持っており、近代論の批判から義務を引き出そうとしている。私たちは、相互に結びつき、相互に依存した世界に生きており、その中で私たちの行動は遠く離れた場所へも影響を与えると彼らは主張する。[7] 私たちは国家という共通のシステムの中で生活しているため、そのシステムの一部が失敗したとき、私たちは何らかの共有された義務を負うことになる。[8] この論理によると、すべてのものが他のすべてに依存しており、すなわちすべての人がすべてのことに責任を負っているということになる。この原則は尊大なものではあるが、実際に適用すると、逆に貧相な結果を招きかねない。義務を負う主体が特定されず、誰も何に対しても責任を負わないという可能性があるからだ。

何人かの著名な政治理論家がこうした弱点を認識し、義務に制限を設けることを提案している。これらの義務は、私たちが家族や密接な関係がある政治共同体のメンバーに対して持っている特別な義務ほど大きくなく、上限がある。[9] マシュー・ギブニーは、支援するコストがさほどかからない場合、国家は難民を支援する義務があると述べている。[10] プリンストン大学のマイケル・ウォルツァーは、（支援の）上限は、受入国の文化を保全できる限りにおいてまでとみなしている。[11] イェール大学のセイラ・ベンハビブによれば、上限は包摂を受け入れる民主的プロセスの能力である。[12] しかし、支援する限界線に関してすら政治理論家たちが合意することができないという事実は、それがより広い道徳的なコンセンサスの基準とならないこと、そして実効的なグローバルなアクションのための賢明な基準とならないことを示している。幸いなことに、私たちはこれらの限界線を必要としていない。救済の義務は、特に問題なく機能するだろう。

英国で子どもが公園の池に落ちた有名な事件がある。この事件では、必死になった母親が2人の公園の管理人のところに駆け寄り、子どもを助けてくれと懇願した。しかし、管理人たちはそのような緊急事態のための訓練を受けていないと説明し、子どもの救助を拒否した結果、子どもは溺死した。国民は、管理人が説明した理由は彼らの行為を正当化することはできないと考えた。彼らは法的には無実であるが、道徳的には有罪であるとみなされたのである。

では、救済の義務とは我々に何を求めているのだろうか？　最低限の義務は、子どもを池から救い出すこと、つまり、恐怖から解放された安全な環境を回復させることである。しかし、池の中にいる間に、その子が両親からもらったお金、家を離れている間に食べるものなどすべてを失ってしまったと仮定しよう。私たちの義務の程度は、私たちが現実的に何をすることができるかにかかっている。もし私たちも無一文であるならば、子どもを救った後で、池のほとりで震えながら一緒に立っていることしかできないだろう。しかし、もし、可能な手段がすでにあるならば、通常の思いやりとしては、子どもが池に落ちる前に近い状態にできる限り回復させることだと思うだろう。子どもを自宅へ帰す準備をしながら、タオル、お金、食べ物、一晩の避難所などを提供すべきだ。

難民の支援に置き換えるならば、私たちの義務は、私たちが実際に可能な限りにおいて正常に近い状態に戻すことだ。ほとんどの場合、難民となった人は、以前は家と生計手段があり、コミュニティの一員であった。もしそれが私たちに可能であれば、通常の日常生活を回復することを目指すべきである。

頭の原則——比較優位と負担分担

義務を負っているということは、私たちが賢い方法でそのような責任を果たす方法が見つからないということを意味しない。難民に対する義務を果たすにはより良い方法とより悪い方法が存在する。難民に関する既存の倫理的研究に関する文献は、国境にたどり着いた難民に庇護を与える個々の国家の義務のみに注目する傾向がある。これまでの議論は、思慮深く国家間で協力することで、より持続的に、低コストで私たちの義務を果たす方法があることを見逃している。

マシュー・ギブニーは、このことを認識している数少ない政治理論家の一人である。難民に対する義務における「より低いコスト」という条件に対して、彼は、国家にはこの義務を最も効率的に果たすにはどうすればよいかを検討する追加的な責任があることを主張している。政府が自らの政策を精査し、現在直面している政治環境に応じて、より多くの保護をより低コストで難民に提供できる方法を模索することを求めているのだ[13]。

彼は、現状において、国家が国境からはるか離れたところにいる難民よりも、自国の領土にたどり着いた難民に対してより多くの義務を果たしていること、これが少なくとも以下の三つの倫理的に問題のある結果を引き起こしていることに懸念を表明している。国家間の不公正な責任の分担、貧しい国で保護される難民よりも豊かな国における官僚的な庇護システムを支えるために乏しい資源がより多く分配されていること、豊かな国に向かって危険な旅に出るだけの手段を持つ難民が優遇されること、である[14]。

私たちも同じ意見だ。しかしながら、多くの政治理論家が我々が難民に対して道徳的義務を持っているか否かを議論している一方で、難民の保護をどうしたら最も効果的に実現できるかを考察している人はほとんどいない。どのようにしたら私たちは、心の原則と頭の原則のバランスをとり、知的で持続可能な方法で難民に対する義務を果たすことができるだろうか?

思考実験を続けよう。あなたはまだ池のそばにいるが、今回はあなただけがそこにいるわけではない。ここには、子どもの救出の可能性を高める可能性と、低くする可能性の両方がある。最悪なのはそれぞれが誰か他の人が飛び込んで助けに行くのを待つことだ。子どもは溺れてしまう。または全員が一斉に飛び込み、その結果生じた混乱で、誰も子どもを見つけられないかもしれない。

私たちには、対応を調整する何らかの方法が必要である。もし私たちが対応を調整することができれば、一人の傍観者に頼るよりもはるかに良い結果が得られるかもしれない。負担が私たちの間で共有され、我々が異なる能力を持っていたならば、それぞれの能力を生かすことができるのだ。これが頭の原則である。パートナーシップによって、公平に負担分担し[15]、異なる能力のそれぞれの良さを引き出し、比較優位から得られる利益を利用することができる[16]。例えば、以下のように想像してみてほしい。あなたはスポーツウェアを着て、ジョギングをしており、体の調子も良い状態である。そして、別の人は、高齢でたまたまタオルを持っていたとする。心だけでなく、頭も使うことによって、救済の義務の一端として、2人は一緒に行動することになる。この場合、それは難しいことではない。あなたはタオルを準備しておくよう老人に求めて飛び込む。あなたは子どもを土手まで運び、老人は引きあげて子どもをタオルで乾かせばよい。

シリアの難民危機に置き換えてみると、私たちは、根本的な道徳的な失敗に陥ってしまっている。難民となったシリア人が国境を越えて逃げている間、池の周りには多くの傍観者がいた。潜在的には、さまざまな義務を果たすことは容易だったはずだ。負担を広く分担するだけでなく、多様な能力を持つ傍観者たちは救済するために泳ぐ人とタオルを持っている人というように役割を分担し、お互いに補完しあうことができたはずだ。しかし、実際に起こったのは、一つ目に挙げた悪夢のようなシナリオであった。みんなが誰かが動き出すのを待って行動に出なかったのだ。彼らは一時的なだけでなく、何年もの間、ただ傍観していた。

これは心と頭両方の失敗であった。負担分担を受け入れるのではなくフリーライディング（タダ乗り）を選んだ者は心の面で失敗し、比較優位の視点を無視した者は頭の弱さで失敗した。この問題には国際的な調整が必要であり、よって失敗の主な責任は調整を行うべきであった国際機関にある。このことは第2章に話を戻させる。いくつもある国際機関は、「人道」「紛争後」「経済開発」というサイロの中に絶望的に閉じこもっていた。シリアからの避難民はシリアの国境を越えてトルコ、ヨルダン、レバノンへ移動した。UNHCRの対応は避難民をキャンプに居住させることであった。これは1940年代後半に行われた食料と避難所を提供するというニーズに基づき、実施されていたことである。ヨルダンでは難民の約85%、トルコでは90%の難民がキャンプに住むことを拒否した。難民が求めていたのは、生計手段獲得による自立だった。経済開発に関与する世界最大の国際援助機関である世界銀行は、三つの避難国を「上位中所得国」と単純に分類した。そのため、これらの国々には世界銀行の関与を必要とする特別なニーズはないと判断され、世界銀行にはそこに逃れてきた難民を支援するための重要なプログラムや手段がなかったのである。同様に、紛争後の復興支援のために調達されていた国際資金は、シリア紛争が終わるまで使うことができなかった。

一方で、難民の流入による受け入れに伴う負担は、近隣5カ国のうち3カ国に偏っていた。シリア難民の受け入れ数が4番目に多い隣国であるイラクは、２０１６年までにクルド人が住む北部地域で約20万人のシリア人を受け入れていたが、同国自体が不安定になってきたため、難民の受入国から送り出し国となった。5番目の隣国であるイスラエルは、実際にシリアの領土のゴラン高原を占領していた。イスラエルはこの占領地を難民の安全な避難所として利用して、アラブ諸国に対して高い倫理観を示す機会とすることができた。しかし、さまざまな理由で、イスラエル政府はこの機会を利用しなかった。

シリア難民の主要な避難所となった三つの隣国は、地理的にも文化的にも難民の受け入れに適した場所にあった。地理的には隣接しており、往来がしやすく、文化的にも共通性があり、同じ宗教を信仰しており、２カ国は同じ言語を使っていた。しかし、中所得国であるそれらの国は、難民の受け入れに伴う費用を負担できる立場ではなかった。その状況を傍観していた先進国は対照的な特徴を持っていた。ＯＥＣＤ加盟国である高所得国は、地理的にも文化的にも受け入れに適しているとはいえないが、財政支援を行うにははるかに適した立場にいた。はるかに裕福なだけではなくそういった国の数でもずっと多かったのである。ＯＥＣＤ諸国のＧＤＰの総計は、シリア近隣諸国の総ＧＤＰを完全に凌駕している。ヨルダンにとってすぐに持続不可能なものとなった負担は、米国とヨーロッパの予算ではちょっとした誤差ほどに過ぎなかった。

しかし、強みを生かした国際的支援は実現しなかった。中東に関しては、米国は「リーダーシップから後退」しており、議会と大統領府の間の行き詰まりによって政策が機能しなくなっていた。一定の筋は通っているが、米国はシリア難民危機を主に欧州の課題とみなしていた。2016年7月には、欧州は百万人規模の難民を受け入れていたが、共和党のトランプ大統領候補は米国へのイスラム教徒の移民受け入れ禁止を提案し、ニューヨーク・タイムズ紙の社説は、欧州の怠慢を非難していた。[17]欧州を構成する多国間の調整は、EUの機関を通じて対処することが想定されていた。欧州委員会には、緊急人道援助と経済開発をそれぞれ担当する総局がある。欧州は受入国のために多額の資金を集めることができたし、また集めるべきであった。それができなかったことは、内省と正式な調査の両方が必要である。

行動に出なかった他の傍観者は、アラブ湾岸諸国であった。地理的にも、文化的にも、財政的にも、すべての面で有利な条件が揃っていたので、彼らが行動を起こすには最適な立場にあった。湾岸諸国は、難民にとって必要とされていた、雇用のある避難先になることができたのであり、また近隣の3カ国へ資金を供給することもできた。しかし実際には、彼らの同胞であるスンニ派アラブ人に対しては寛大ではなかった。

心の第二原則――国際的連帯

これらの恥ずべき失敗は、第二の心の原則を示唆している。国々はそれぞれまったく異なる優位性を持っているだけでなく、まったく異なる国際競争力を持っている。国際的な役割分担が、表向きは比較優位の原則に従って行われているものの、実際にそうであったように、後退してしまう危険性が明白にある。それは、最も強力な国が最も簡単な仕事を引き受けることにつながるかもしれない。例えば、サウジアラビアが少額の資金提供しかしないといった対応である。あるいは、反対の極端なところでは、最も強力な国以外は、リーダーが最後の手段を提供してくれることを頼りにフリーライドするかもしれない。実際、ドイツというリーダーが受け入れを表明すると、他の多くのヨーロッパ諸国はフリーライダーになった。

この行動に欠けていたのは国際的連帯である。少なくとも象徴的には、すべての関係諸国はそれぞれの役割を果たすことが期待されていた。どの国も何でもし始めてみると、最も適切なものに特化することの利点が明らかになる。救済の義務においていくつかの貢献面で明らかに有利な国は、他の貢献を縮小することを正当化するために、それらの貢献を拡大していくことになる。高所得国は、相対的に財政的負担を多く担うべきだが、難民を受け入れることも行うべきである。同様に、難民発生国近隣の国々は、受入国としての役割をより多く果たすべきではあるが、財政的負担分担の一部を担うことも行うべきである。連帯には象徴性が重要なのである。

長期的に見ても、すべての国が難民を受け入れ、かつ資金を提供することにはメリットがあるかもしれない。少なくとも最低の閾値までは難民を受け入れるという、象徴的な統一されたコミットメントに価値がある。そのようなコミットメントは、政治的に持続可能な集団行動を導く上で重要だということがいえるかもしれない[18]。

しかし、重要なことは、これらのすべてには連帯が必要であるのに現実にはそれが欠如していたことである。シリアの危機が２０１１年から続いていたにもかかわらず、受入国への資金援助のための本格的な協調的対応は、２０１６年2月まで行われなかった。難民受入国に対する支援は、欧州委員会やＵＮＨＣＲではなく、ヨルダン国王、英国首相、世界銀行総裁の間の個人的な連携によって開始されたのである。この遅れは、危機に対処する責任がある国際機関の調整能力に限界があることを示している。

一方、シェンゲン圏において予期せず生まれた機会を発見した難民もいた。これが不可抗力によるのではなく選択による移動であったことは、そのヨーロッパへの移動が避難のためではなく、非常に選択的になされたことで裏付けられる。このことについては第7章で述べる。シェンゲン制度がきわめて深い欠陥を抱えており、この危機が避けられないものであった理由についてはすでに説明してきた[19]。メルケル首相が難民をギリシャへ送り返すのではなく、ドイツに滞在することを認めたことで、多くのシリア人がトルコにとどまるよりもドイツへ移動することを魅力的だと考えた。両国とも経済規模は大きく、成長していたが、トルコの生活水準がシリアとほとんど変わらないのに対し、ドイツは世界で最も高い生活水準を誇っている。ほとんどの難民は今いる場所にとどまることを選んだが、１００万人近くが難民としての法的地位を得、実質的に経済移民となった。

高所得国の倫理的なジレンマ

これは、すべての高所得国のジレンマを示している。貧しい国から来た人々を難民として認定することは、難民を経済移民に変えてしまうのだ。彼らは、難民になったときの悲惨な状況と比べてだけでなく、それまでの人生の可能性と比べても、生活の質が大きく向上するという見通しに惹かれるのだ。明らかに、これは救済の義務をはるかに超えたものである。救済の義務で求められているものは、可能な限り難民になる前の状態と同様の生活を難民に確保することである。高所得国が救済の義務をそれを上回ることなく果たす唯一の方法は、他国と提携し、難民が避難する前とほぼ同じ状態の避難所（避難国）を見つけることである。空間的にも文化的にも難民送出国と隣接している国は、避難する場所を提供し、高所得国は資金と雇用を提供する。このようなパートナーシップは、傍観者が単独で行動するよりも、救済の義務で求められている要件をよりよく満たす可能性がある。

救済の義務を果たす上でのパートナーシップの指針となる原則は、常に比較優位性と公平な負担分担であるべきだ。しかし、どの国がどのような優位性を持ち、どの国が負担を分担すべきかは、文脈によって異なる。ヒトラーから逃れてきたドイツのユダヤ人は、まず第一に、ヨーロッパでの隣国の問題であった。英国とフランスは、地理的にも文化的にも近い避難所であった。さらに、安全な避難国になるということは何らジレンマをもたらさなかった。ユダヤ難民は経済移民になっていたわけではなかった。英国とフランスに来たドイツ系ユダヤ人は、ナチス以前のドイツにいたときよりも英国やフランスで経済的に豊かな生活を送ることになるわけではなかった。英国とフランスは世界で最も裕福な国の一つであったため、経済的な負担はさほど多くなかった。実際、英国とフランスにおけるドイツから来たユダヤ人の難民危機は、アラブ湾岸諸国におけるシリアの難民危機と似ている。実際、立地、文化、所得といった点からの類似性があり、どちらも自ら経済的負担を担えるくらいの経済力がある。

しかしシリア危機では、比較優位性と公平な負担分担に基づくパートナーシップの代わりに、世界各国は何も対応せず、その後、ドイツが単独で行動した。高所得国であるドイツがきわめて貧しい社会から難民を直接受け入れることを示したのだ。これは必然的に生活水準を回復させるための救済の義務の基準を超えていたが、悪影響がない限りは、それでいいといえるだろう。高所得国は、自国の社会に避難所を提供することで、困っている人々との連帯を直接示すことになり、難民は棚ぼたの利益を得る。

残念なことに、ドイツのシリア人に対する支援は悪影響をもたらしてしまった。

頭なき心のもたらす悪影響

最も直接的な人災は、難民がドイツに移動する合法的手段がなかったため、密航斡旋業が大規模に拡大したことだ。この業界では、安全基準に関する規則は明らかに遵守されていない。規制の欠如が本当に危険かどうかは、その活動の本質的な性質に依存している。明らかに、小舟で外洋を横断する密航の斡旋は本質的に危険である。しかし、このような一般的に危険な活動であっても、その取引が繰り返し行われている限り、規制がなくてもある程度安全な場合がある。取引が繰り返されるとするならば、顧客を繋ぎ止めるために安全であるという評判を得るインセンティブが働くからだ。しかし悲惨なことに、密航の斡旋は一回限りの取引が主流だ。往復して密航する者はいない。その結果、密航業者間の競争は価格に基づいてのみ可能となり、安全性に関する最低限の配慮を犠牲にしてもコストを引き下げることになる。

密航事業が拡大するにつれ、より多くの業者が市場に参入し、価格競争により、密航のコストは約6000ドルから約1500ドルにまで下がった。ボートが過密状態で沈没したのは偶然ではなく、これらの規制されていない市場の力と密航する者の必死さによる必然的な結果であった。密航業は地中海ではすでに確立されていたが、ドイツからの招待をきっかけとした需要の大規模な増加は、犯罪シンジケートによる密航の需要をさらに増大させた。[20] 業界規模はグローバルで2015年には約60億ドルに及んでいたと推計されている。[21]

メルケル首相の国境開放の決定がドイツへの移動の増加につながったという示唆は、経験的な主張に基づいている。しかし、それはデータによっても裏付けられている。2015年8月下旬の「Wir schaffen das」宣言とダブリン協定停止決定後の期間、シリアを出国する全体の数は大幅には増加していない。しかし、9月と10月には三つのことが起こった。トルコ、レバノン、ヨルダンからヨーロッパへ移動するシリア人が増えた。ドイツに到着したシリア人の比率がヨーロッパに到着した人に占める割合が大きくなった。また、西バルカンルートを経由してヨーロッパへ移動するシリア人以外の移民も急増した。[22]

その結果、密航の拡大は、安全な航路を提供しようとしない欧州の政治的な不寛容さと相まって、数千人の溺死の原因となった。難民の大半はトルコから移動しているが、トルコはすでに安全な避難所となると思われていたため、ドイツが寛大に難民を受け入れると表明したことは、相反する結果を引き起こした。約１００万人の人々が危険な船に乗り込み、何千人もの命が失われた。勇敢にも救済の義務を果たそうとしたドイツの試みは、多くの人々が危険な旅に出る誘因を軽率にも作ってしまった。

第二の影響は、シリア人以外の人も同じルートで移動を試みたために、ギリシャ政府の対応能力を超える数の人々が到来したことであった。移動してきた人々の中には、アフガニスタンからの難民もいたが、世界各地から来た経済移民もおり、モロッコのような中所得国から来る者さえいた。その全員がドイツへ向かった。シリア政府はこのプロセスを支援し、そこから利益を得ていた。軍の崩壊の過程で財政難に陥り、追い詰められていたため、近隣避難国のシリア大使館は、来訪者全員に１人４００ドルでパスポートを提供した。事実上、「難民」という法的地位は、ドイツへ突如移動が可能となった結果、十分に魅力的なものとなり、売買の対象となったのである。

ドイツが門戸を不用意に開放したことによって生じた最も心が痛むことは、世界各地のさまざまな問題を抱えた国の家族がこの機会を利用しようとし、子どもを保護者なしで一人でドイツへ移動させたことであった。彼らは、もしドイツに到着できれば、未成年であることから、子どもは当局に保護されると的確に判断したのである。現在、ドイツには約7万３０００人のこのような孤立した若者がいるが、両親の希望は、彼らがすぐにお金を稼げる年齢になって母国へ送金することであろう。このような選択は悲劇を起こしかねない。未成年の若者は、まったく馴染みのない社会の中で独りぼっちになる。多くの場合、彼らは関係がある監督者の下に引き取られるが、時には支えがたいストレスに直面することもある。２０１５年の時点で、ヨーロッパの約10万人の保護者がいない子どものうち91％が男性で、その半数以上が16歳か17歳であった。ある調査では、このような子どもたちの多くが、心理的ストレスがあり、公的教育を受けられず、搾取を受けやすい環境に置かれていることが明らかにされている。[23] 高所得国が保護者がいない未成年者を受け入れる限り、貧しく、さまざまな問題を抱えた社会にいる家族は子どもを高所得国へ送ることを選択するだろう。21世紀になっても子どもの貧困が続いていることは恐ろしいことであるが、子どもだけを高所得国へ送ることは良い方法ではない。もちろん、子どもたちがヨーロッパに到着したならば、私たちは子どもを保護する道徳的義務を負うこととなるが、もっとより良いアプローチは、そもそも絶望的な親たちが子どもをヨーロッパに送る必要がないようにすることだろう。

国境管理の崩壊を利用した人々のほとんどは、未成年者ではなく、世界各地からの経済的な移民を目指す大人たちである。このような状況は、さらなる複雑な倫理的問題を投げかけてくる。高所得国がこれらの人々へのアクセスを制限することは妥当なのか、それともこれらの人々は移住するグローバルな権利があるのだろうか？

移住の権利はあるのか

この質問に対する答えは、非常に重要な関連事項がある。国際的な調査によると、世界のさまざまな貧困国域に住んでいる人のうち、40%近くの人が、裕福な地域へ移動し、定住したいと考えていることがわかっている。[24] これは驚くに値しない。貧困国と富裕国の所得格差は実際に驚くべきものがある。実際、その40%の人たちが実際に移住できたとしたら、残りの60%のうちのかなりがそれに追随する可能性は十分にある。カリフォルニアやバイエルン、パリに住めるとしたら、なぜ中央アフリカ共和国にとどまるのか？　人々が移住しないのは、法的な障壁があるからだ。私たちの質問は、これらの法的障壁が道徳に反するものかということだ。この答えにはかなり多くのことが関係している。

政治理論家の中には、国境を越えて自由に移動する権利は、リベラルな人権そのものだと考える人もいる。移住するグローバルな権利については、四つの共通の議論がある。第一に、国境は地図上に恣意的に引かれた線に過ぎないという主張である。もともとは地球はすべての人のものである。時に神も引き合いに出される。神は地球をすべての人に与えたが、人間が国家を創った。[25]政府が課した移住の障壁は、どこにでも住むことができるという自然権に対する道徳的違反行為である。この道徳的な議論はどのように説明できるのだろうか。

「もともとは」という議論は壮大なものだ。しかしこの議論は国境だけでなく、通常の生活のあらゆる側面を事実上揺るがせるものとなる。国境は、それが空間的地理的に規定されている政府と同様、「法的な虚構」である。アップルから地元の店に至るまで、世界中のすべての企業のほとんどは政府よりもはるかに最近、創設されたものである。19世紀のアナーキストのスローガンは「財産権は窃盗である」であったが、あらゆる資産も法的虚構であるからである。実際、「そもそも論」は、狩猟採集民の家族グループの原始的共産主義の議論を思い起こさせる。当時でさえ、グループは「侵入する」グループから「自分たちの」領地を守っていたのである。おそらく、誰も彼らに他者の自然権について適切に説明していなかったのであろう。

国家は、企業や財産のように、法的な「虚構」であるかもしれないが、現代生活の存続にとって、非常に重要だ。国民国家は、権利と義務を配分する上で有用な政治共同体を形成する。それらは、私たちの協調した行動によって、虚構から現実になる。アップルが現実なのは、私たち全員があたかもそれが存在しているように振る舞うからである。権威を協調的に受け入れることで、典型的な欧州政府は、平均的な市民の収入の約40％を、私たちの生活を大幅に向上させる公共財に費やすことができる。市民権とは、それ自体が法的な虚構であり、実際には、国境によって定義されている。フランスとドイツの国境は、シトロエンとフォルクスワーゲンの境界線と同じく「恣意的」だ。しかし、国境は市民権を規定するだけでなく、人々がお互いに会話するための言語という別の調整すべき問題を解決している。大企業が事業の一部を他の企業に移すことがあるように、国境は時として少しずつ変化しているが、だからといってそれが無効になるわけではない。

第二の議論を検討してみよう。政府には、人々の出国を阻止する道徳的権利がないので、その延長線上で、政府は、人々の入国を防ぐ道徳的権利を持つことができないということである。この主張は真剣に受け止めなければならない。最近、欧州委員会の移民事務局の幹部公務員が上記のように主張しているのだ。このような考えはある程度まで、おそらく欧州委員会の政策の指針となっているだろう。では、それはどのように理論構成されているのだろうか。

この主張の最初の部分、政府には人々の外国移住を阻止する道徳的権利はないという考えを受け入れない政府はごく少数である。北朝鮮はその最も顕著な例であり、エリトリアも該当する。エリトリアは若者を何年も国軍の任務に従事させている。スターリン主義強硬左翼の一部の人々を除いては、このような行動を支持する人はほとんどいないだろう。国家を刑務所のようにするようなものだ。とはいえ、ほとんどの人は、移住する道徳的権利に例外を認めるかもしれない。ここで簡単な思考実験をしてみよう。貧しい社会では、数人の優秀な学生が海外で医学を学ぶために資金を提供し、医師として帰国するようにしている。しかし、一度医師としての訓練を受けた学生が、帰国する代わりに湾岸諸国やカリフォルニアで高給が得られる仕事に就くことにした。彼らの行動をどのように評価すればよいだろうか？　おそらく、彼らが帰国しないという法的な権利を認めることはできるだろうが、他方で道義的な義務に違反していると判断されるだろう。しかし、これは、国家には出国を妨害する権利はないという一般的な命題に対抗する数少ない事例に過ぎない。誰かが国を出る権利を否定する正当な理由があるような場面は、他にも思いつくかもしれないが、一般的には、他の人が利益を得るためか、その人が利益を得るためかどちらかだ。このような例外は、命題のより一般的な反論にはならない。通常の状況では、誰かが自国を出国することを阻止することは道徳的に間違っている。

では、前提の最初の部分が正しいと考えるとして、2番目の部分も正しいのだろうか。出国する道徳的権利から、移民として入国する道徳的権利があると推論できるだろうか？

もう一度、思考実験をしてみよう。ある男が自分の家を出て、通りを歩き、別の家のドアを無作為にノックする。それがたまたまあなたの家だったとする。彼はあなたと一緒に住む権利を要求する。あなたは彼の権利について疑問を感じるだろう。彼は自分の家を出る権利があると指摘する。あなたはそれを受け入れるしかない。すると、彼はあなたのもとで生活する権利を有すると主張する。あなたは受け入れないだろう。あなたは、その人は頭が少しおかしいと心配し始めるかもしれない。しかし、あなたは彼を助ける義務があるかどうかと考えるだろう。あなたは彼に自宅は安全か尋ねる。もし彼が安全でないならば、誰かが彼を救済する必要があるが、彼を助けるのは自分自身でないほうがよいと思うだろう。彼は、自宅は安全だが、湿っていて寒くて、あなたの家と比べてかなり不快だと答える。これはあまり説得力があるようには聞こえない。あなたは、彼は自分の家を出る権利はあるが、それはあなたの家に住む権利を与えるものではなく、また、この例では救済の義務もなく、自分には彼を助ける責任はないという結論に至るだろう。

さて、薄暗い家から貧困国へ場面を転換してみよう。根本的に異なる状況の例として、インドと北朝鮮を考えてみよう。インドに住む10億人以上の人々のほとんどは、ヨーロッパや北米に暮らすほうがよい生活ができるだろう。インド政府は、国民の移住を阻止する道義的権利はないと認めている。ではこれは、インド人に自分の好きな国に移住することを選ぶ権利を与えているのだろうか。この2種類の権利は明らかにまったく異なるものだ。ある場所を離れる権利は、自分の好きな他の場所に入る権利を与えるものではない。なぜそうなのか？　二つの権利は表面的には対称的に聞こえるが、それはカテゴリーの皮相な混同であり、時々「粗い思考」と呼ばれる事例だ。

次に北朝鮮を考えてみよう。インドとは異なり、北朝鮮政府は国民の移住の権利を認めていない。これは人権侵害であると私たちの多くが認識している。しかし、根本的な人権侵害は、人々が出国できないことではなく、国内にいる人々に起きていることである。避難の必要性は、出国拒否によって生み出されるのではなく、日常生活における構造的な抑圧から生じている。例えば、海外で試合に参加しているスポーツ選手のような、勇敢で才能ある北朝鮮人が脱出することができたとしよう。その場合、私たち全員は、間違いなくその人を救済する集団的な義務がある。

ここでも私たちが以前にシリア難民やユダヤ難民のために使用したまさに同様の道徳的枠組みが適用される。それは、比較優位と負担分担というパートナーシップである。北朝鮮からの難民の場合、比較優位性は十分に明らかである。韓国は空間的にも文化的にも北朝鮮に隣接している。所得の面では両国には明らかな差異がある。半世紀の間、北朝鮮はマルクス主義経済をとり、韓国は市場経済をとったため、所得格差は膨大なものとなっている。仮に北朝鮮が出国管理を解除すれば、間違いなく人民の大多数が韓国へ移住しようとするだろう。その際には、すべての高所得国が財政負担を分担することが強く求められるだろう。もっとも、北朝鮮が国境を開放するような状況では、難民の受け入れではなく、北朝鮮経済の再建が国際社会の第一の課題となる可能性が高い。

論理的には、出国の権利は、他のどこか他の国に入国する権利がない限り意味を持たないが、入国可能な国が一つでもある限り、これは実現できる。北朝鮮人は韓国で歓迎され、エリトリア人はエチオピない[26]。しかしどこかの国への入国の権利を、どこへでも入国できる権利に変えることはできない。

全体的に見て、出国の権利は、グローバルな入国の権利を支える説得力のある根拠にはなっていない。しかしながら、第三の主張がある。豊かな社会に生まれた人は運が良いだけだから、後から来る人を妨害する（「はしごを引き上げる」）道徳的権利はないというものである。

かつては貧しかったが、半世紀を経て、西洋に追いつき、時には追い越した豊かな社会が現在世界各地にいくつか存在している。東アジアでは、シンガポール、日本、韓国、香港、オーストラリア、アフリカでは、ボツワナ、モーリシャス、南アフリカ、中東ではアラブ湾岸諸国、ラテンアメリカではチリとメキシコなどが該当するだろう。世界は貧困と繁栄が入り混じった状況であり、この傾向は、次の半世紀においてますます顕著となるであろう。これは、「はしごを引き上げる」という倫理的な問題が再検討されなければならない文脈である。ヨーロッパにおける貧しい国からの移民についての議論は、植民地主義や人種差別に対する歴史的な罪悪感と絡み合ってしまうため、我々ヨーロッパ人にとってはヨーロッパ以外の国の倫理によって考えてみるほうが混乱を避けることができる。

50年前のボツワナは、内陸部に位置し、半乾燥地帯にあり、インフラも不十分で、きわめて貧しかった。対照的にナイジェリアは沿岸地域があり、肥沃で、いくつかの主要都市を擁していた。どちらでも貴重な天然資源が発見された。ボツワナではダイヤモンド、ナイジェリアでは石油が発見された。ボツワナはこの機会を慎重に利用したが、ナイジェリアはそうではなかった。現在、ボツワナの生活水準はナイジェリアよりもはるかに高く、世界で最も快適な生活が送れる国の一つとなっている。多くの人々（ヨーロッパ人を含む）がボツワナに住みたいと思っている。ナイジェリア人や私たちにボツワナに居住する権利があるだろうか。

人口比で見た場合、ボツワナ1人に対してナイジェリア人は約100人になるため、もしナイジェリア人が自由にボツワナへ移住したら、ボツワナ人は少数派になってしまうだろう。ボツワナでナイジェリア人が大多数を占めるようになった場合、到着したナイジェリア人がボツワナの慣習の恩恵を喜んで認めてくれることで、今までどおりの政府が継続されるかもしれないし、ボツワナがナイジェリアと同じような問題を抱えるようになるかもしれない。ボツワナ政府は、開発を促進するために熟練労働者の受け入れを緩和してきたが、今では多くのボツワナ人が良い教育を受けているため、多くの外国人の滞在許可を更新することを拒否している。ボツワナ政府は、これまでも未熟練労働者の移民を制限してきた。統治の行き届いた豊かな国であるボツワナは、統治の行き届いていない貧しい国に囲まれているため、高い生活水準を維持するには、おそらく移民を制限するしかないのだろう。これが不道徳だとは考えにくい。

つまり、世界的に移住の権利がない理由の一つは、豊かな社会に暮らす人々の権利を侵害することになるからなのだ。ボツワナが大規模な移民流入に直面する可能性のある小さな国である一方で、ヨーロッパは人口が多いため、それと比例して同等の規模の移民の可能性はない。しかし、多くの欧州市民の間に見られる無秩序な移民への不安は、人種差別や平均所得への影響（これは無視できるレベルである）に関する無知から生じているわけではない。ヨーロッパの個々の国民国家は、手厚い福祉制度を構築している点で非常に珍しい。このような福祉制度の政治的基盤の一部は、富裕な人々とそうではない人々の間に存在する共有された国民意識である。(27) 最近の研究では、欧州全体で、中央値以上の所得を得ている人は、中央値以下の所得を得ている人への所得の移転を支持する意思が低く、移民の割合が高いほど、移民が問題となっていることが明らかになっている。(28) 移民は、先住の労働者の賃金に対しては大きな脅威にはなっていないが、裕福な人たちの寛大さが損なわれたことにより、より貧しい世帯への脅威となるだろう。したがって、ヨーロッパにおいて移民が規制される倫理的な理由の一端は、裕福な人々の同胞に対する社会的連帯コミットメントを維持することで、より貧しい市民の利益を守ることである。さらに、たとえ私たちの目標が世界の富のより公正な分配であったとしても、移民はその目標を達成するにはきわめて非効率的な手段である(29)。

世界的な移住の権利のための第四の議論は、公の場ではめったに行われないが、経済学の世界では影響力があり、それゆえに一部の公務員の間でも影響力があるものである。これは、最大多数の最大幸福という、「功利主義的普遍主義」の倫理に立つ議論である。多くの経済学者がこの単純な倫理的枠組みに取りつかれているが、それは難民の分析には当てはまらない。難民だけでなく、エイズや援助を考える上で基本となる救済の義務も、この枠組みには当てはまらない(30)。経済学者は、労働や資本の移動を制限すると、ある国の限界生産性と他国の限界生産性の間に格差が生じ、「歪み」が生じるという単純なモデルを念頭に置いている。資本と労働の自由な移動は、グローバルな生産性を最大化するので、「適切な再分配」があれば、「すべての人」がより良い生活を送ることができる、というのだ。このモデルの利点は、その単純さにある。しかし、もちろん、「適切な再分配」のためのメカニズムは存在しない。グローバル化の第一人者であるリチャード・ボールドウィンは、このことが公共政策の重大な欠陥であると主張している。開発プロジェクトを承認するかどうかを決定する前に「環境影響評価」を行うことが日常的に求められているように、彼は、グローバリゼーションに向けたすべてのステップは、誰が損をする可能性があるのか、そしてその損を相殺するためにどのようなステップが計画されているのかを確認するために、まず社会的影響評価を行うべきだと提案しているのだ。しかし、よく考えてみれば、モノやサービスの移動は人の移動を必要とせず、むしろそれに代わるものだ。資本の無制限な移動でさえも、現在では問題視されているが、人の無制限な移動は、労働市場への直接的な影響を超えた多くの問題を生み出している。

グローバル化を唱える急進的な功利主義の論理は、国境を越える移民や難民にも適用されてきた。最も注目すべきは、道徳哲学者のピーター・シンガーとレナータ・シンガーが「平等配慮の原則」を打ち出したことである。[31]この原則は市民に対する特別な義務と非市民に対する義務との間の差異をなくすことである。私たちは、見知らぬ人を自分の家族とまったく同じように扱うべきだというのだ。シンガーらが主張することが公共政策へ示唆していることは、市民の限界効用と新たにやってきた人々の限界効用とが等しくなるまで移民に対して国境を開放するということである。シンガーたちがいうには、寛容さ、平和と安全、そして私たちの生態系が崩壊に近づくまで、私たち自身の社会が崩壊するまで、私たちは移民や難民を受け入れるべきなのだ。これは、現実的ではない極端な議論で、持続可能な方法で私たちの道徳的義務を果たすために必要なわけではなく、貧しい社会が自分たちで立ち直る能力を侮辱する類の議論だ。

ここまで、移住の世界的で道徳的な権利を求める四つの一般的な議論について考えてきた。これらはロマンチックな魅力はあるが、真剣な吟味に耐えるものではない。移住者の適度な比率は相互互恵的であるが、移住希望者に無制限の権利を与えることは、ホスト社会の人々の強力な道徳的反論にあう。

難民が私たちに求めるものは、経済的移民のものよりも道徳的にはるかに強力である。難民の求めるものは、世界のどこにでも移住できるといった怪しげな権利ではなく、最終的には私たちの中核的な人間性に由来する救済の義務に基づくものである。難民は、安全な避難所にアクセスすることが必要な限り、移住の権利を持つ。実際、出身国の近隣諸国で国際社会が集団的救済の義務を果たすことができないときに限り、越境移動は最後の手段となる。ここでシリア難民に対する義務に関してあらためて考えてみよう。私たちの次の倫理的な難問は、難民の間で利益のバランスをとることである。というのは難民は同質な集団ではないからである。難民の中には、高所得社会での成功の見通しに惹かれている者もいれば、シリアへの帰還を希望する者もおり、それが大半である。

取り残された人たちの人権

ドイツがシリア難民に示した歓迎の姿勢は、一部の人にとっては他の人よりもはるかに魅力的であり、意図せざる選別をもたらすものとなった。そのようなことは、高所得国からのこのような申し出には避けられないものだ。ドイツの労働者が高収入を得ることができるのは、彼らが教育を受け、長い訓練を経て専門的な技能を身につけているからである。すでに専門的な技術を取得しているか、少なくとも教育を受けているような移民は、高い生産性を達成する機会に恵まれ、高賃金を得る可能性が最も高い。その結果世界中のどこでも、熟練し教育を受けた者にとって、貧しい国から豊かな国への移民はそうでない者よりも魅力的なものとなる。

シリアの特殊な状況では、技術と教育を持つ者だけが移住したのではなかった。公海上のオープンボートでの旅は危険を伴うものであった。若い独身男性は、扶養家族のある中年夫婦よりも、そのような危険を冒すことを厭わなかった。移民を撮影している写真家たちは、最も関心を集めるのは子どもたちの写真であることを知っていたので、メディアに掲載されるのは子どもたちの写真であった。しかし実際には、到着したシリア人のほとんどは独身の若い男性であった。家族が最も仕事を見つけられる人を送り込むという世帯単位の戦略を採用していたからである。個々の写真は真実を垣間見せたが、全体としては、それらの写真が実像を歪め、誤った印象を与えることがある。

ドイツへの移動は、学歴、性別、年齢によって異なっていたが、最も明らかなのは収入または「収入による選別」であった。密航業者から購入する密航チケットは高価であったため、最も脆弱な者よりも裕福な者が購入できたのである。

この救済の選別性についていえるのは何か？　おそらく「軽率」である。メルケル首相は「教育を受けた裕福な若い男性をよこせ」とはいわなかった。彼女の寛大な精神の結果がこのようなものだと知ったら、彼女は動揺しただろう。しかし、それは完全に予測可能なことであった。どういうわけか、ヨーロッパで最も強力な立場にいた者が「頭のない心」（思慮を欠いた思いやり）に一時的にとらわれて、このような結果を導いたのだ。しかし、選別は重要な意味があったろうか？　明らかに、それは最も困っている難民を救出するという重い仕事を他の人に任せるという結果を引き起こした。

心の第三原則――必要性

このことは、高所得国における安全な避難所の提供は必要性に基づいて行われるべきであるという心の第三原則を示唆している。欧州の国境管理が崩壊した結果、難民による自己選択は、最も必要とされている人たちのためではなく、最も必要とされていない人たちのために提供されるものとなった。必要性に基づく選択はことさら難しいものではなく、すべての高所得国の社会で福祉プログラムを適用する際に当然のこととして行われていることである。難民に関してこの原則を適用しなかったことは、きわめて重大な過失である。

どのようにして必要性による選別を実施することができたのだろうか。それは、人々がシリアから国境を越えて近隣諸国へ入って合法的に難民となる時点である。難民となった時点で必要に応じて選別することができたならば、避難国との連帯と救済の義務の両方を果たすことができただろう。さらに、ヨーロッパへの移動の機会を配分する最も公正な方法は、避難国で必要性を満たせないか、最終的に帰国する見込みのない難民に第三国定住の機会を組織的に割り当てることであっただろう。

このようなプロセスが整備されれば、問題を自分の手で解決しようとする難民からのプレッシャーも少なくなっただろう。適切な保護が難民出身地域の近隣諸国内で行われていたならば、絶望した人々が代替手段として密航斡旋業者に頼り、ヨーロッパへ来ることはなかったであろう。日和見的に到着した人々も、恥ずかしさを感じずに帰国することができたかもしれない。実際には、国際的な対応が混乱から混乱へと揺れ動く中、ヨーロッパに到着した難民は最悪な状況の中でトルコに送還された。送還は、救済の義務を果たすための欧州の首尾一貫した戦略の一部というよりは、「もう十分だ」という考えの表れだった。

なぜ選別が重要か

明らかに、ドイツの寛大さは非常に選別的な結果をもたらした。しかし、ドイツはそれにもかかわらず、できる限りのことをしたと結論づけることもできるだろう。しかしこのような結論を出せるかは、シリアで平和が回復したときに何が起こるかにかかっている。紛争はいずれは終息する。平均的には、人々が難民としてとどまる期間は10年程度であり、シリアのような中所得国での紛争は平均よりも短い傾向にある。本稿執筆時点では、軍事的に関与している主要な国際的大国であるロシアとトルコが何らかの和解に達する可能性は十分にあると思われる。(訳注)このことは、シリア領土のほとんどの居住地域で(包括的な政治的解決の有無にかかわらず)、平和の回復を予感させるものだ。

第7章で述べるように、紛争後の社会は脆弱である。経済回復が早ければ早いほど、この脆弱性を軽減することが容易になる。国内にとどまっている1500万人のシリア人と、近隣諸国で難民となっており、シリアへ戻ってくる数百万人のシリア人双方にとって、経済回復に多くのことがかかっている。

彼らは国を再建するために、ドイツにいる100万人ほどの若い中産階級のシリア人を必要とするだろう。若者の流出は、一般的に貧しい社会にとっては悪いニュースである。例えば、IMFが実施した研究は、冷戦終結後の東欧から西欧への急速な移民の増加は、東欧が西欧に追いつく能力を低下させたという結論を出した[32]。移民は移民した者自身には利益をもたらすが、それは国に残された人々の犠牲の上に立ってのことだ。紛争後の国々の場合、問題はさらに深刻である。紛争後の復興に関する最近の分析によると、教育を受けた労働者（経済学の醜い専門用語でいうところの「人的資本」）の喪失は、物理的な破壊よりもさらに深刻であることが示唆されている[33]。メルケル首相の寛大な精神によって、意図せずに引き起こされたシリア人の青年たちの脱出によって、シリアの長期的繁栄に依存している大多数の貧しいシリア人たちが長期的な損失をこうむることになったかもしれない。

このことは、現在ドイツにいる若いシリア人たちが、紛争が終わればシリアに戻るのか、それともドイツに残るのかという問題と関わっている。見通しはあまり良くない。富裕な家族は、家や田畑を投げ売りして脱出に必要な資金を迅速に調達した。物質的にも心理的にも、彼らは退路を断って密航ボートの席を買ったのだろう。しかし、ドイツ政府にとって非常に苦痛を伴う政治的選択が必要であるため、これは単に予測としてではなく、倫理的な問題として考える必要がある。

ここでも、思考実験が役立つ。二つの極端なケースを考えてみよう。それぞれのケースで、豊かな国は、戦争で被害を受けた貧しい国の人に避難所を提供することで、救済の義務を果たすことになる。最初の極端な例では、難民が到着した翌月に、避難する原因となった紛争が終了して平和が回復し、帰国しても安全となった。にもかかわらず、難民は、逃げてきた国のほうが生活水準がはるかに高いと判断

（訳注）本稿執筆後の2020年3月6日よりロシアとトルコは、シリア・イヴリコ県での停戦に合意した。

し、永住することにしたとしよう。これは、救済の義務の乱用だろうか。この場合、この難民は事実上経済的移民に変わったことになる。受入国が経済移民の入国を通常認めていない場合、彼に帰国を求めることは道義的権利の範囲内であろうか。第二の極端な例では、紛争が半世紀も続いたとしよう。紛争が終結した後、受入国は、難民に帰国を求める道義的権利を有するだろうか？　いずれも倫理的判断が求められる問題だが、どのように判断すべきなのだろうか？

これらの二つの極端な事例に対して合理的に答えることは難しくないように思われる。前者の場合、移民となろうとする者は、難民としての一時的な地位に訴えて残留する道義的権利を主張することはできないだろう。後者の場合は、難民として長期滞在したことにより永住権が与えられるべきである。数字を変えて考えてよう。滞在が1カ月と50年ではなく、2年と20年ではどうだろうか。合理的で倫理的な答えが切り替わるような便利な境界はないが、明らかに、グラデーションの中のある時点で答えは変化するはずだ。難民から移民への転換点はどうしても多少恣意的になるが、それでも、状況に応じてケースバイケースで判断するよりは、明確なルールを設定することが便利だろう。(34) ルールがある利点は主に二つある。すべての難民が平等な処遇を受けることと、難民は何を事前に期待すればよいかが明らかになることである。例えば、ルールを5年に固定したとしよう。そうすると、難民は出身国での状況をフォローして帰還の可能性がどの程度あるのかを知ることができる。かなりの確率で、最初の3年間は、彼らは帰還することを想定し、同胞の難民や、友人や親戚との交流を維持するだろう。帰還に備えて、収入を貯蓄するかもしれない。

そのようなルールは、一時的に難民だった人の人権を侵害するだろうか？　人権を単純に個人のレベルで考えることが流行りだが、難民だけが道徳的に重要な人ではない。紛争の影響を受けている社会に取り残された人々の利益も考慮しなければならないのだ。他の場所で同化を求める個々の難民の権利が、最終的に帰国する多数の集団的権利との緊張関係に関わるというのは考える価値がある。特権を持った少数の人々が恒久的に移住するとしたら、帰国して自国を再建しなければならない大多数の人々の身には何が起こるだろうか？[35]

現在ドイツにいる熟練した技術を持つ難民がシリアに帰国することで他のシリア人が得られる利益は、ドイツにさらなる難しい難問を突きつける。難民のドイツ社会への統合は目指されるべきなのか。

統合する権利と義務

いうまでもなくドイツにいるシリア人がドイツでの統合を支援され、奨励されれば、彼らがシリアに戻る可能性は低くなるだろう。このことは、紛争が終われば、ドイツにいない95％のシリア人には不利益になることを意味する。しかし、統合はドイツでの生活を成功させるためにも、フランスやベルギーの多くのイスラム教徒に見受けられるように、特定のグループが敵対的なアイデンティティを確立した場合に起こり得る問題を回避するためにも、必要である。

難民は移民ではない。彼らは故郷を去ることを選択したわけではなく、故郷が安全でないために故郷を去らざるを得なくなったのだ。難民の多くは、可能な限り日常性を維持したいと考えており、その重要な側面は、共同体と文化である。難民の多くは若く、向上心があり、国際的な人々であるが、かなりの難民は、共同体と文化を維持したいと移民よりも考えている。そのような多数派にとっては、集団生活を継続できるようにすることが、最終的にはシリアに戻る期待と最も整合性のある選択肢かもしれない。

しかし、これは統合のプロセスを遅らせるため統合を完全に阻む可能性がある。人々が自分と同じような人たちと一緒にいくつかの大きな集団を作って2~3年すると、社会全体に均等に分散して暮らすことを求めることが困難になる。結局、ドイツ議会は、難民を直ちに分散させ、各町が同じ割合で難民を受け入れることを決定したが、その主な理由は、統合を加速させることと、ドイツ全体で公平に負担を分担させたいということにあったのだろう。これまで論じてきたように、負担の公平な分担は重要な倫理原則であるが、今回のケースでは、受け入れ側の利益と、ドイツにいる難民や紛争後のシリアに住む人々の利益の間に対立を招くこととなってしまった。

分散による統合を選択したドイツ政府だが、統合を支援するために他にどのようなことができるだろうか。統合を促進するためにはさまざまな政策があるが、中には受け入れ側の住民にとって歓迎されないものもあろう。彼らに課す必要のある最小限の政策は、厳格な反差別政策であろう。しかし、多くの環境では、差別を判断するのは難しい。大学進学などの結果は、差別がなくても非常に偏ってしまうことがあり、その防止にはクォータ制の導入が必要だろう。大学でのクォータ制を実現するには、高校以下でのクォータ制が必要で、それは強制的なバス通学によって達成されるかもしれない。さらには市民社会の組織におけるクォータ制の達成も必要であろう。例えば、田舎におけるほとんどの活動においてマイノリティとなるエスニック集団の参加率は低い。このような活動に多様な参加者を集めるためには、多様な圧力をかけなければいけないかもしれない。

統合に欠かせないのは雇用である。しかし、これは欧州に住む難民にとって容易なことではない。全移民の66%が雇用されていたのに比べると、2015年にドイツに到着した就労可能な50万人の難民のうち、2016年半ばまでに雇用されていたのはわずか8%である。質の高い輸出経済と資格社会を有するドイツにとって、生産性の低い難民を大規模に経済統合することは難しい。高齢者が多く、若者が少ないという偏った人口分布に対処するための労働力の必要性を考えても、生産性のギャップを埋めるために必要な技能と資格を難民に与えることは、大仕事だ。ドイツが選択した戦略は、長期的な貢献を期待して、特に30歳未満の新規難民のうち70％に対する技術訓練に投資することであった。しかし、これが長期的に成功するかはまだ未確定である。シリア人の語学教室からの脱落率は10％に達しており、これは男性難民が女性から授業を受けることを拒否したことが大きな原因である。[36] また極右の活動が活性化しているため、このような統合政策は政治的に持続できないかもしれない。[37]

ここでもまた、クォータ制度が有効であるかもしれない。多言語社会であるスイスでは、公務員の採用には言語グループごとに割り当てを定めている。多くの難民は、学歴や技能を持っていても、ドイツの最低賃金のハードルとなる高い生産性や、企業が雇用の前提条件として求めている長期の見習期間を乗り越えることができないかもしれない。難民のためにこれらのハードルを下げるべきか、下げるとしたらどの程度、どのくらいの期間下げるべきか？　下げない場合、雇用はどのようにして達成できるのだろうか。

倫理的に難民自身に期待できることがあるとすればそれは何か。最も重要なのは、言語である。ドイツ語ができなければ、難民はドイツ社会へ溶け込めない。しかし、ここでもグラデーション、すなわち程度の問題を考えなければいけない。すべての難民に語学教室への参加を義務付けるべきか？　彼らにはどの程度の成績が求められるべきなのか？　最も議論になることだが、現在のドイツ社会とはかなりかけ離れたシリアの文化的価値を変えようとする活動に難民が参加することを求めるべきだろうか。例えば、女性、異教徒、背教者に対する極端な宗教的姿勢に異議を唱えるべきか？

暫定的な小括

私たちの倫理の旅は心地よいものではなかった。私たちはどこにたどり着いたのだろう？　デカルトに倣って、私たちが合理的に疑うことはできないものは何だろうか？

私たちの議論の基盤となっているのは、難民に対する私たちの不動の道徳的義務である。その義務を果たすためには、私たちは心と頭の両方を使わなければならない。心のない頭が残酷であるのと同様に、頭のない心は自己満足に過ぎない。難民の悲惨な状況に対応するには、我々は心と頭の両方で向き合わなければならない。

心の第一の原則は、救済の義務である。その義務はあらゆる人を救済するものではない。難民と移民は混同されるべきではない。移民の第一の目的は、生活の質を向上させることだ。救済の義務の目的は、母国を去る前よりも生活の質を向上させることではなく、可能な限り以前の日常生活に近い状態を回復することだ。だからこそ、心の第二原則である「必要性に応じた選別」が重要なのだ。個々の難民のニーズは異なる。子どもには学校教育、若者には仕事、高齢者には介護が必要だ。

難民というのは、倫理的には非自発的に故郷を離れた人々と定義される。紛争により安全でなくなったために故郷から逃れるのだ。そのような国に残っている人でも、私たちが提供できる範囲での支援は正当化できるかもしれない。しかし、自国を脱出した人々（つまり、国内避難民ではなく、法的には難民である）に対しては、援助の義務は国際化されたものとなる。ただ、「国際化された義務」とは、２００以上の国に住む70億人の人々にその義務が及ぶことを意味する。

ここで頭の原則が重要になってくる。救済はパートナーシップによって行われるべきである。パートナーシップは、比較優位と公平な負担分担によって可能となる。パートナーシップには、組織的な調整が必要である。それがなければ、傍観者が他の人が行動するのを待っているだけで、フリーライディング（タダ乗り）の危険性が出てくる。このフリーライディングの危険性を避けるために、心の第三原則である連帯が必要になる。難民危機が発生した際のデフォルトの選択肢は、「誰も何もしない」のではなく、「誰もが何かをする」であるべきである。このような共通の責任があって初めて、各国政府は比較優位に基づいて調整することの利点を認識するようになる。

シリアの危機では、このようなことは何も起こらなかった。それどころか、倫理的な列車事故［のような惨事］が起きてしまった。何百万人もの死に物狂いの難民が国境を越えてトルコ、ヨルダン、レバノンに逃れたのに、国際的な対応はまったく不十分だった。湾岸諸国とＯＥＣＤ諸国は事態を傍観し、「心の原則」に反して「救済の義務」を果たさなかった。これらの国々は知性（頭）のレベルでも失敗した。つまり、比較優位と負担分担の原則に基づき調整を行わなかったのだ。その結果、難民にとっての絶望的な状況が拡大した。

遅ればせながら、二つの異なるグループの指導者が国際的な協力を開始した。２０１５年８月には、アンゲラ・メルケルがＥＵのダブリン協定を一方的に停止した。そしてドイツに流入した難民による負担を分担するための指令を出すように欧州委員会を説得した。しかしこの指令は無視されただけでなく、シェンゲン・プロセスは数カ国の政府によって一方的に中断された。２０１５年９月には、デービッド・キャメロン、ヨルダン国王、世界銀行のジム・キムというもう一つのグループが、難民受入国政府の財政負担を分担し、また難民の雇用を創出するために、２０１６年にロンドンで国際会議を開くことを決定した。

アンゲラ・メルケルは、前例のない政治的権威の失墜に見舞われ、その結果、難民政策を完全に転換してしまった。同様のことがスウェーデンでも見られた。ドイツとスウェーデンを目指していたシリア難民は、トルコへ送還されるまでの間、ギリシャのキャンプに収容された。トルコ政府は60億ユーロとＥＵへのビザなし渡航と引き換えに送還された難民を受け入れ、さらにドイツへと移動する人を阻止するために国境を閉鎖した。困惑したＥＵ関係者の説明によれば、欧州はトルコに国境管理を外部委託していたのだが、それを長く続けることはできなかったという。[38]最後に、制御不能な国境管理とトルコ移民の出現の光景にパニックに陥った英国人は、ＥＵ離脱に賛成投票をし、デービッド・キャメロン首相は辞任した。

シリアの難民危機は完全に管理可能なものであった。後で示すように、心と頭を適切に働かせれば、まったく違ったシナリオを実現できたかもしれない。溺死も、ドイツへの熟練者の流出も、そしておそらくＥＵ離脱もなかったはずだ。これらの壊滅的に高いコストを支払うことになった要因は二つある。

第一の失敗は、国際的な調整の失敗である。これは、難民政策のための国際的なシステムが不備だったためである。しかし、これらの不備はわかり切ったことで、失敗はつまるところグローバルなリーダーシップの不在に帰すことができよう。第二の失敗は、「頭のない心」に起因するものであった。アンゲラ・メルケル首相の善意の介入は、他の指導者のフリーライディングのさなか、現実的な災難と倫理的なジレンマの両方をもたらしたが、両者とも完全に回避可能なものであった。

第5章　避難所を再考する——すべての人に手を差し伸べる

今まで見てきたとおり、ほとんどの難民は自身の出身地域にとどまって暮らしているため、その地域内において解決策を見出す必要がある。ヨーロッパでは混乱が生じているが、他の地域、特に紛争地域や危険地域に隣接した国々にこそ、最大のニーズがある。それにもかかわらず、注目度と資源の面でミスマッチが生じている。私たちは先進国にたどり着いた10％の難民に目を向ける一方で、開発途上地域にとどまって暮らしている90％近くの難民を無視している。

難民が発生した地域の少数の受入国に集中している難民の大多数にとって、既存の支援モデルは機能不全に陥っている。これまでの主流の支援アプローチは、「人道的サイロ」、つまり難民キャンプを作ることであった。そのほとんどは、受入国の人々から地理的に隔離されており、緊急時にのみ対処できるよう設計されたものであったが、今では難民に対する唯一のアプローチとなってしまい、難民が何年にもわたってそこに住み続ける永続的なものとなってしまった。難民キャンプは、「サイロ」アプローチにおける標準的な避難所である。そこは人里離れ、乾燥し、危険であり、ほとんどの場合、社会経済活動が厳しく制限されている場所だ。

このアプローチは、難民の自律性と尊厳を損なわせる。難民たちの能力を活用するのではなく、彼らの脆弱性に対してのみ焦点を当てたアプローチであり、人間の持つポテンシャルを喪失させる。当然のことながら、多くの難民はこれに幻滅し、受入国の都市部を目指すか、命がけで海を渡ってさらに移動することを選ぶのである。

この章では「人道的サイロ」を考え直すことを目指している。私たちは、ほとんどの難民は、出身国の近くで保護されるべきであると考えている。そこは、多くの難民が暮らす場所であり、また今日の難民をとりまく状況に対処するために必要な規模で、最も持続可能な援助を提供できる可能性が高いからである。しかし、(受入国となる)開発途上国は、自らが助けを必要としていることも多いため、彼らが手に負えないような大きな負担をかけることはできない。このような機能不全で均衡を欠いたモデルを刷新し、同時に支援国、受入国、そして難民が抱えている懸念に対応するため、より根本的に支援しうる安全な避難所をつくるための新しいアプローチが、早急に必要とされている。

なぜ「出身国への近さ」が最も重要であるのか

これまで見てきたとおり、世界の難民のうち圧倒的多数が、紛争や危機に隣り合った国で暮らしているという地理的事実がある。開発途上地域の「一次庇護国」は、現在全難民の86％を受け入れている。この数字は、72％であった10年前から増加している。結果的に、難民を受け入れる能力が最も低い国が、最大の責任を負うこととなっている。それらの国々が、権威主義国家や、紛争に苦しむ国家に常に隣接しているからである。世界全体で２１３０万人の難民が生じているというと多いと感じるのではないか。しかし、世界には70億人を超える人々が暮らしていることを念頭に置けば、十分に対応できるはずである。難民は世界の人口の０・３％強に過ぎないのである。課題とすべきは、難民の絶対数ではなく、難民の地理的な集中であるといえる。

世界のほとんどの難民が住むこれらの受入国にこそ、私たちの関心と資源の大部分を集中させるべきである。ウェールズよりも小さい国であるレバノンは、全人口の4分の1にあたる100万人以上のシリア難民を受け入れている。ケニアとウガンダも、100万人の難民を受け入れている。この数字は、「欧州難民危機」のピークにあたる2015年にEU加盟全28カ国に流入した庇護希望者の総数とほぼ同じである。パキスタンはアフガニスタンに隣接しているため、トルコが260万人の難民を受け入れて追い抜くまで、数十年にわたって世界で最も多くの難民を受け入れてきた。難民保護における課題が真に存在するのは、欧州地域ではなく、これらの地域である。

そして、第一次の庇護国となるこれらの国の状況は、しばしば悲惨である。英国作家ベン・ローレンスは、ケニアのダダーブキャンプに関する彼の本の中で、次のように記している。「『難民キャンプ』という用語は誤解を招くおそれがある。ダダーブは、ソマリアの内戦から逃れた9万人の難民を収容するため、1992年に設立された。2016年の初めには25年が経過したが、約50万人が暮らしている。例えるならば、公式な地図に載ることのない、ニューオーリンズ、ブリストル、あるいはチューリッヒと同規模の都市があるようなものである」[1]。キャンプではアルシャバーブのテロリストが活動している。男性は武装集団に勧誘されることがある。暴力が蔓延し、食糧配給は不十分であるにもかかわらず、難民たちは働くための正式な権利を与えられていない。少なくとも20年間にわたって、多くの難民がそのキャンプで暮らしている。ケニアに住むソマリア人たちの、唯一とりうる打開策は、ナイロビに向かうことである。10万人以上のソマリア人が住むナイロビの活気に満ちたイーストリーエステートでは、仕事を見つけたり、インフォーマルセクタービジネスを開業することができるかもしれない。しかし、都市部への移住はトレードオフを伴う。都市移住は、難民にとって法律違反にあたり、難民は、公的支援へのアクセスをすべて放棄しなければならない。都市部に住むソマリア人を対象とする警察の抜き打ち検査が行われ、彼らは検挙されたり、拘留されたりするリスクに瀕している。なんとも極端だが、ケニアの状況は、世界の多くの難民受入体制の縮図となっている。

私たちがヨルダンのザータリ難民キャンプを訪れた際、8万3000人の住民の置かれた状況は似たようなものであった。たしかに、より活気のある闇市、より良い配給、より優れた基本的サービスが提供されてはいたが、基本的なモデルはやはり似通っていた。難民は、（都市から）遠く離れた国境地域で配給を受け取り、仕事もせず受動的な生活を送る。シリアに平和が戻ってきた際には故郷に戻るよう指示が来ることになっている。（ここで暮らす）ファリッドは、この状況が彼の家族にもたらしたジレンマについて教えてくれた。「ここでは何もすることがない。しかし、アンマンなどの街に行っても支援がなくなり、働くこともできないし、住む家もない。私の長男（19歳）は、このような生活に耐えられず、危険を冒してもシリアに戻ってチャンスを摑むことを選んだ」。

それでも、世界の人々の意識と資源は世界の難民のごく一部に集中している。それは、先進国に再定住する0・5％の難民か、先進国に自発的にたどり着いた10％未満の庇護希望者である。ヨーロッパや北米にたどり着いた難民は、多くの場合非常に脆弱であり、彼らの生活について考えることは重要である。しかし、取り残された90％近くの人々の生活も、また同様に重要なのだ。今日、世界は先進国に移動した10％の難民に年間約750億ドルを費やしている。一方で、開発途上地域にとどまっている90％の難民に対しては、年に約50億ドルしか費やしていない。序章で触れたように、発展途上国の難民に対して1ドルを費やす一方で、先進国の難民に対しては約135ドルも費やしている計算となるのだ(2)。

さらに悪いことに、ヨーロッパに到着した少数の難民に使われる予算の一部は、今まで貧しい国々のために使われていた援助予算から流用されている。例えば、2015年には、かつて最も寛大な援助国の一つであったスウェーデンは、援助予算の半分をこのように流用している。不可解なことに、OECDの規則では「援助」の定義に抜け穴があって、スウェーデン政府はこのように流用した資金を援助予算として計上し続けることができている。しかし、スウェーデンの難民に対して実際にお金を払い続けているのは誰なのか考えてほしい。また、自分の意思で外国に逃げた難民が、必ずしも最も脆弱であるとは限らない。それどころか、第7章でより詳細に説明しているとおり、ヨーロッパへの移動は、あまり困窮していない人々が行ってきたのである。

ヨーロッパ等に渡航できたからといって、その人が難民でないとはいえない。（実際に）ヨーロッパにたどり着く難民は、出身国の近隣諸国にとどまる難民に比べて、男性、生産年齢で、教育を受けていることが多いが、深刻な被害や命の危険に直面している国から来たという事実のみでも、彼らは難民であるとみなされ、国際的な保護が必要とされるのだ。

また、ヨーロッパ等に到着した難民は、単なるコストだけではなく、経済的貢献をもたらすことを認識することも重要である。次章で詳しく説明するように、受入国の政策次第で難民受け入れの負担と便益のバランスが決まる。他の誰もがそうであるように、難民も生計を立てることには慣れている。彼らがどれだけ収入を得ることができるかは、彼らが置かれている規制の環境に左右される。難民が賃金労働者や起業家として生産的に生活を送れるよう欧州各国の政策が設計されていれば、彼らは社会のコストではなく、経済的便益をもたらしうる存在となる[3]。

しかし、このような潜在的な貢献があるとしても、それは現状を容認する材料にはならない。ヨーロッパに来る難民がマクロ経済的な貢献を果たしうるという事実があったとしても、周辺国にとどまる大多数の難民を無視し、長距離を旅して自発的に到着した少数の難民だけを庇護する難民政策をとることができる、またはとるべきだということにはならない。難民が経済的貢献を果たすとき、彼らが生み出す収入は難民自身だけでなく、欧州のより広い民間部門に帰属する。世界の難民政策のための予算に再配分されることはない。（彼らが収入を自国に）送金する分を除けば、その恩恵は、まだ出身地域に残っている90％の難民を助けるためにはほとんど役立てられない。もし難民が欧州諸国のGDPに貢献しうるのであれば、彼らは最初の庇護を提供する国の経済成長にも貢献しうるはずである。最初の庇護国こそが、本当に開発を必要としているのだ。

政策立案者は、難民に対して二層式のシステムを適用している。何らかの手段で豊かな世界への渡航が実現した10％の難民に対するブティックモデルと、出身国の近くの避難地域にとどまった残りの90％に対する依存・貧困モデルである。もちろん、（先進地域へ）渡航する人々は旅路で多くの困難に見舞われることがある。しかし、最終的に手にすることができる報酬、つまり西洋民主主義国家における市民権は、無視された90％の難民が得ることのできる機会や権利に比べて、桁違いに価値がある。

では、遠く離れたところに暮らす難民ではなく、近くに来た人に特権を与えるべき根拠はあるだろうか。マイケル・ウォルツァーのような政治理論家は、ありうると主張する。彼は、「近接性が義務の構成要件たりうるか」についての倫理的考察は、より広い意味での私たちが広義の「作為／不作為」の区別を受け入れるかどうかにかかっているという。彼は、目の前の海岸に到着した脆弱な人々を追い払う行為は、地球の反対側にあるキャンプに暮らす難民を無視することよりも悪い行為であると主張する。なぜならそれは単なる不作為ではなく、作為から生じる行為であるからだというのだ。(4)

この議論はまったく根拠がないわけではなく、道徳哲学の中で長年議論されてきたことに基づいている。たしかに、目の前の脆弱な集団を暴力的に追い払うことに深刻な問題があると考える根拠はある。しかし、それは国際公共政策の根拠とはなりえない。国際難民政策は、当初から、「グローバル」なニーズに対応する「グローバル」なルールを構築することを目指してきた。「近接性優先」という主張の大きな道徳的弱点は、それがいとも容易くゲーム化されてしまうということにある。近接性、つまり先進国までたどり着けたことが単なる「神の御業」によるものであったならば、近接性優先の主張は真に正当であるといえるだろう。しかし、例外的に大きなリソースを持った人々だけが自ら（ヨーロッパの）「近くにまで来られる」のであれば、援助の基準として「近接性優先」を用いることは道徳的な過失となる。私たちの支援が、最も必要性の低い人々に集中することとなるからである。そして、前章で論じたように、近接性に応じて援助の手を差し伸べることで、人々を自ら危険にさらすようそそのかしてしまう。国境までたどり着いた人々を優遇する政策が、人々を死へといざなうのであれば、私たちは大多数の難民の窮状を無視するという不作為の罪を犯しているだけでなく、死を招くという作為の罪をも犯していることとなる。難民政策の根本的な目的が、救助する義務と自立へ向けた道づくりにあるとしよう。すると、国際社会が集合的に達成すべき課題は、どれだけ効果的かつ効率的に、すべての難民にそれらの権利を提供することができるかということであり、恣意的に特権を与えられた少数にまた違った（しかも適切でない）権利を与えることではないであろう。

庇護を求める権利は、移動の自由という絶対的な権利と同じものではない。難民支援を呼びかける団体やリベラルの傾向を持つ人々の間では、難民であれば必然的に移動の権利が無制限に与えられると考えることが一般的になっているが、これは倫理的にも法的にも説得力のあるものではない。国境を誰にでも開放すべきといった議論はさておき、移住のための例外的で絶対的な権利を正当化するために我々が用いることができる、難民問題に特有な唯一の主張は、「一般に難民は苦境を過ごしてきたのだから、彼らに移住の『フリーパス』を持たせてあげたいと、私たちが同情してしまう」ということにしか見出せない。しかし、これは難民が本質的に必要とするものが保護と自立への道であり、移住自体ではないということを無視している。

したがって、難民の持つ移住の権利は、制限付きの限定された権利に過ぎない。どこで保護されるべきかを決める絶対的な権利は難民には与えられていない。移住の権利は、難民が保護にアクセスするための手段である限りにおいて正当化される。では、難民が持つべき適切な権利とは何であろうか。最も重要なのは、リスクがある期間に保護を受ける権利である。しかし、難民としての生活は通常何年間も続くため、これだけでは不十分である。そのため、難民には自立するための手立てを要求する権利がある。そして難民が持つ最後にして最大の権利は、紛争の期間に応じて、本国に帰還するか他の国で統合を果たすことができる権利である。多くの紛争は、本国帰還がまだ可能なうちに収束する。しかし紛争が長引く場合には、他の国での統合が必要なのだ。彼らが孤立したまま永久に野ざらし状態にいていいわけがない。たまたま難民となった人々は、他の属性（例えば「子ども」「移民」「人間」「民間の事業者」）の結果として生じる（倫理的もしくは法的な）権利も持っている。しかしこれらの大まかなグループ分けの前にまず「難民である」のである[5]。しかし、現在のアドボカシー戦略の大半は、先進国にたどり着く少数派の「移住の権利」に目を奪われすぎている。もちろん、もし難民が近隣諸国で保護される権利にあやかることができなければ、彼らはその権利を求めてさらに移動するであろうし、そうすべきだろう。同じような状況に置かれた人々は誰しもそうする。ただ、難民政策が移民の動態に目を奪われるようなことがあってはならない。難民政策は、多くの難民が今実際に住んでいる場所に、適切な権利を提供することに焦点を当てるべきである。

つまり真に問うべきは、すべての難民に、彼らが難民として与えられる機会を提供するにはどうしたらいいかということだ。さまざまな理由から、まず支援すべき場所は、難民の出身地域であるべきである。何よりも、多くの難民がそこにいるという地理的事実ゆえに出身地域を優先すべきだ。しかし出身地の近くで保護することには他の利点もある。

最も明らかなこととしては、第7章で取り上げるように、出身国への帰還が容易になることがある。難民は根本的に異なる文化や社会に同化するより、出身国とのつながりを保ち続ける可能性が高い。出身国とのネットワークを残し、長期的に祖国へ帰ることを見越している。歴史的に見ても、本国への難民帰還率は、遠方からよりも、隣接国からのほうがはるかに高い。実際、シリアではすでにこのような現象が生じている。故郷の町がISISから解放されるにつれて、隣国に避難していた難民が戻ってきている。この本の執筆時点で、ISISから解放されたばかりのシリア北部の人口10万人の町マンビジュには、トルコから難民が戻ってきている[6]。他方で、米国、カナダ、オーストラリア、ヨーロッパからの大規模な本国帰還は、ほとんど見られない。1990年から2000年代初頭にかけてすぐ隣国のヨーロッパ諸国からボスニア、コソボに帰還した人々のような少数の例外を除き、異なる大陸への移住は同化と恒久的な社会統合への一歩である。それはもはや、リスクが残る間の保護のための一時的移住ではない。

驚くかもしれないが、受入国の経済や社会に参加することは難民にとって、より多くの機会を与えてくれるかもしれない。世界の国境の5分の4は、植民地主義の遺産だ。国境を挟む人々は、彼らを隔てるものと同じくらい多くの共通点を持っている。例えば言語、文化、拡大家族のネットワークなどだ。このような国家を超えた結びつきは、受入国政府の規制が許せば、難民の一時的な社会参加のための基礎となるかもしれない。このことが、ルヴァレ語を話すアンゴラ人の多くが帰国するまでの20年間、ザンビア西部州の経済活動に貢献できた理由だ。シリアのアラウィー派の多くが、主にアラウィー派が住むトルコ南東部地域で歓迎されているのも、カンパラのソマリ系ウガンダ人がソマリア難民を優先的に雇っているのも同じ理由からである。

他方で出身地域から遠く離れた場所での経済参加を促進することは難しい。その理由の一つは、彼らがまったく異なる社会経済文化や規制の中に身を置くこととなるからである。ドイツ商工会議所協会のアヒム・デルクス氏は、「エリトリアから来て電気技師をしていたという人は、現地でラジオを修理したり、ケーブルを敷設したりしたことがあったとしても、ドイツで使われているようなヒューズボックスを見たことがないかもしれない」と述べている。難民が他の国で経済的に統合できないとは絶対にいえない。もちろん辛抱強さと政治的意思が伴えばできる。ただ、可能ならば出身地域の近くで経済活動を行うことには明らかに利点がある。いずれ出身国地域に帰るつもりであるならば、なおさらである。

出身地域を優遇すべきもう一つの強い理由は、持続可能性にある。難民の数は今後も増え続けると想定される。紛争、気候変動、国家の脆弱性といった力学は、避けられないものではないが、難民や生存のための移民が今後の社会を決定づける要点となることを強く示唆している。問題は、それが起こるかどうかではなく、それをどのように管理するかということにある。

最後の理由は、豊かな国が大量の難民を受け入れる場所としての信頼性を失いつつあることである。世界の自由民主主義国家は、社会政治的な危機に直面している。ヨーロッパから米国、オーストラリアまで、政治の二極化が進んでいる。右翼はより右翼的になり、左翼はより左翼的になり、中道の政治地盤は衰えてきている。特にヨーロッパの一部では、ハンガリーのヴィクトル・オルバーンから、フランスのマリーン・ル・ペン、ドイツのフラウケ・ペトリ、英国のナイジェル・ファラージ、オーストリアの選挙での極右大統領候補への強い支持まで、極右の台頭を経験してきた。一方で、ドナルド・トランプが米国大統領に選出されたことは、こうした傾向が欧州にとどまらないことを示しているといえる。ポピュリスト的なナショナリズムが民主政治の共通の価値観となったことで、政治の全領域においてナショナリズムへの傾倒が見られるようになっている。散発的なテロ攻撃は、ヨーロッパにおける庇護権を否定する論拠として利用されている。

課題は、疎外と恐怖に向き合う方法を考え出すことだ。政治家は今、民主主義と難民保護を多数派に受け入れられる形でどのように両立させるかというジレンマに直面している。庇護問題に対する世論の関心は、庇護希望者の数それ自体ではなく、むしろコントロールが利かなくなるという懸念にあるということが、ほぼすべての世論調査や社会心理学的な証拠の中で示されている。[7] この傾向は、世界の大多数の難民にとって実行可能で長期的な解決策が、先進国に庇護を求めることであるという考え方に深刻な疑念を投げかけている。「聖域ヨーロッパ」はシリア難民が到着し始めて1年足らずで政治的に持続不可能なものになってしまった。

民主主義国家は、貿易や移民に対する開放性を含むグローバリゼーションのさまざまな側面に深い懸念を抱いている。これらは膨大で、複雑で、矛盾を孕んだ問題であり、簡単には解決することができないであろう。EU離脱の投票パターンは、グローバリゼーションがいかに二極化しているかを明らかにした。[8] 難民問題は、あまりにも多くのグローバリゼーションに関する議論の中において取り上げられている。しかし、適切に考えるならば、難民問題はこのような分断的な議論とは切り離して議論されるべきである。難民問題は価値観を共有する機会であり、西洋社会や世界を分断するのでなくむしろ統合するための課題として再認識されるべきである。

このような豊かな先進国のジレンマは、難民の一次庇護国に対する国際的な資金援助調達のための強固な、堅牢なシステムに変換することができる。以下で詳述するように、高所得国にとっても無理のない規模の実現可能なレベルの経済支援さえあれば、難民を受け入れることが、受入国にとって魅力的な機会となりうる。このことは、受入国のわずか10カ国に難民が極端に集中していることからも明らかである。豊かな国の所得のほんのわずかでもこれらの国々に注ぐことができれば、難民受け入れの意欲に大きな違いが生まれるだろう。例えば、世界で最も裕福な5カ国のＧＤＰは計約40兆ドルであるが、一方でヨルダン、レバノン、ウガンダ、ケニア、パキスタンのGDPは合計で4500億ドルに過ぎない。これは100対1に近い比率であり、富裕国からGDPの0・1%を移転すると、受入国のGDPが10%増えることとなる。[9]

さらに、避難国が近くにあることが難民にとって都合が良いのと同じ理由で、避難国にとっても近隣国からの難民は都合が良い。歴史的に民族や言語が共通で文化的にも親和性があることが多いからだ。また、雇用や許認可に関して自国民に適用される法的枠組みは、難民が就労するために必要なものに適していることが多い。制度設計のミスではなく、難民を排除することがむしろ問題である。

一部の欧州の政治家の構想とは裏腹に、出身国の周辺地域で難民保護の成果を向上させるこのアプローチは、先進国における庇護スペースの確保を排除するわけではない。自発的に（先進国へ）到着した者の庇護と第三国定住制度は、いずれも政策の手段として重要だ。しかし、私たちは、これらの政策に対する通念を超え、それらの倫理的・政治的目的をきわめて明確にする必要がある。

出身地域外（先進国）への自発的到着者を庇護する制度を保障するという行為は、二つの点で正当化される。第一に、互恵性への象徴的なコミットメントとして、世界中のすべての政府が庇護希望者に国境を開く義務があることを避難国に示すこと。ただ、これがどれほど効果的ですばらしいものかについては実際の経験を待たざるを得ない。第二に、他の国で保護が得られない場合に、最後の手段として、庇護を求めてさらに移動することを保障することだ。

一方、第三国定住にはさらに二つの主要な機能がある。第一は、難民キャンプや都市部に残しておくことが適切でない最も脆弱な人々を他国に移住させることである。第二に、長期の難民生活を送ったものの母国に帰ることも現地に統合することもできない難民のための、長期的な視点における解決策となりうることだ。ただ、欧州や北米の大規模な再定住・庇護産業が声高に主張していること（年間推定10

00億ドルの価値がある産業）とは裏腹に、第三国定住はその規模の小ささから難民危機に対する主要で持続可能な対応策とはなりえない。

人道的サイロの失敗

出身地域に残る難民に対する現在の制度は破滅的である。それはほとんどが「人道的」な対応を前提としているからである。目先のライフラインを提供するため、緊急時に対応するためだけに設計されたシステムが、何年にもわたって、時には数十年にわたって存続している。命がけで逃げてきた直後の時期に、衣食住を外部から送り込むことは必要不可欠である。しかし、人道的援助が仕事や教育、その他の社会参画の機会の代わりとして提供されるのであれば、時間が経つにつれて、それは人間の尊厳と自律性を損なわせることとなる。

ほとんどの難民キャンプは、危険から逃れてきたときのための一時的な構造物として設計されているにすぎない。実際には多くの難民キャンプが何十年も存在するが、もともと長続きするようには設計されていない。その結果、1958年に開設されたウガンダのナキバレのように、何十年も前からあるのに、設置されてから大きな変化が見られないキャンプが多くある。多くは都市のようだ――ダダーブキャンプはケニアで3番目に大きな都市だ――が、そこに都市計画はない。都市として設計することは、難民キャンプが永続的なものという印象を与え、受入国政府と国際社会が作り出す「一時的なもの」という虚構を乱す危険性があるのだ。結果的に、施設は長持ちするようには作られておらず、住居、学校、コミュニティセンターなどの施設はひどい水準のものだ。これら施設の費用は、一般的な開発プロジェクトに見られるような複数年度にわたる資金調達ではなく、UNHCRによる不安定な単年度の拠出金で賄われている。

キャンプの長所は、緊急支援ができることにある。危険から逃れてきた大集団に初期支援を提供するには効率的な手段だ。キャンプでは、人々の命が救われ、難民が健康を回復し、家族が連絡を取り、最低限の安全が提供される。しかし、キャンプ生活が長く続くと、難民は長期的な援助に依存して脆弱になり、自立能力が蝕まれることになりうる。

キャンプをめぐる問題の核心は、ほとんどのキャンプが「隔離モデル」を前提として作られていることにある。キャンプは、難民を受入国の国民から隔離すべく、多くは国境近くに設けられている。受入国の国民の多くは、長期間にわたる難民の存在を、希少資源に対する競合や安全保障に対する脅威の原因とみなしている。そのため、政治家には受入国の経済的・政治的生活への難民の参加を最小限に抑えるように圧力がかかる。そこで政治家たちは、難民の働く権利、移動の自由を制限する法律を制定する。

理屈の上では、難民はすぐに「恒久的な解決策」、つまり長期的な統合へとつながる道にアクセス可能であるとされている。しかしこれは実体のない虚構となってしまった。国際社会は、紛争を終結させて難民が生まれ故郷に帰れるようにできていないし、難民を地域社会に溶け込ませるよう受入国を説得することもできていない。第三国定住の機会に恵まれる難民はわずかだ。代わりにキャンプで生まれ、キャンプで育ち、キャンプで大人になった難民が、何世代にもわたって暮らしている。子どもたちは、親自身が希望や機会を持てていなかったがために、周りで模範となるロールモデルを見つけ難い。

一例を挙げよう。エスペランスはコンゴ民主共和国からの難民である。彼女は１９９８年に故郷のブカブから逃れ、家族と一緒にタンガニーカ湖を越えてタンザニアに渡った。当時彼女は14歳であったが、現在は32歳になっている。その間、彼女は泥レンガ造りの家が建ち並ぶニャルグス難民キャンプで暮らし、その後結婚して３人の子どもを出産した。タンザニアのキャンプ政策により、難民はキャンプでの生活を余儀なくされ、キャンプの外に出て自由に移動したり、正式な経済活動を行うことは許されていない。にもかかわらず、エスペランスは世界食糧計画（ＷＦＰ）の食糧配給では家族を十分に養うことができないため、キャンプの入り口近くにいるタンザニア人やコンゴ人の漁師から購入した魚の干物などを、キャンプ内集落内で販売することもある。

エスペランスがキャンプで暮らしている間に、ニャルグスの人口は変動することがあった。２００９年には、コンゴ難民の一部が徐々に本国に帰還した際に、タンザニアは近隣にある他のキャンプを閉鎖し、当時10万人いたコンゴ難民をニャルグスキャンプ一つに集約した。２０１５年にはブルンジで内戦が再燃し、10万人のブルンジ人がこのキャンプにたどり着いた。キャンプの人口は16万人に膨れ上がり、単一の難民キャンプとしては当時、世界最大となった。エスペランスは、「毎年、この生活を続けるのと、故郷に帰るリスクをとるのと、どちらが良いのか自問自答している。しかし、私はもうキャンプ以外での生活を知らない。私の子どもたちもここで生まれた」と話す[10]。

現状は矛盾に満ちている。第二次コンゴ内戦中に到着したコンゴ難民がキャンプで暮らす一方で、数マイル離れたタンガニーカ湖では何千人ものコンゴ人の出稼ぎ漁師が働いており、当局も普段は黙認している。難民は不法就労することが可能であり、潜在的には経済貢献している。しかし、地区や地域の行政委員会は、地元の支持基盤を維持するためには、キャンプを存続させることが、政治的に唯一実行可能な政策であると考えている。ＵＮＨＣＲは10年近くにわたり、最も実行可能で長期的な解決策として、コンゴ人の本国帰還を支持してきた。しかし、実際には南キブ地域で暴動が頻発しており、ほとんどの人々にとって帰還は不可能ではないにしろ、危険を伴うリスクのある行為となっている。

事実上、「失われた世代」を生み出し続けているこの非人道性的な膠着状態が見られるにもかかわらず、タンザニアだけでなく世界中で、キャンプを現状維持させるインセンティブが勢揃いしている。市民を安心させると同時に、目に見える形で資金を集めることができるため、受入国にとって難民キャンプ自体は都合が良い。人々から資金を得る上で、諸団体に対して資金提供する上で、UNHCRにとっても都合が良い存在である。そして、ドナー国にとっても、キャンプは不安定さの原因となり、より良い生活を求めて流入してくる移民を封じ込めるという意味で都合が良い。

もちろん、キャンプの形態はさまざまである。しかし、革新的なキャンプ設計が試みられたとしても、キャンプが難民の仕事、教育や経済参加へのアクセスを否定し続けるならば、その結果は同様に悲惨なものである。ヨルダンのアズラク難民キャンプは、その一例だ。国連のアントニオ・グテーレス難民高等弁務官の個人的な支持のもとで、2014年に開設されたこのキャンプは、世界で初めて国際的に計画され、設計された難民キャンプの一つだ[11]。理論の上では、自己認識を高めつつあったUNHCRに、60年の歴史の中で学んださまざまな形態のキャンプデザインの長所と短所をすべて実践に移す機会を提供した。

しかしながら、夢のキャンプとしてゼロから計画されたにもかかわらず、アズラクキャンプは難民に過酷な生活を強いている。元軍用基地を利用して建設されたアズラクキャンプは、最も近い街から20km離れた砂漠地帯にあり、昼間は40℃に達し、夜には氷点下まで下がることもある。キャンプは、住居代わりの輸送用コンテナが均等に並んだ四つの村に分かれており、それぞれに小学校、スポーツ施設、共用エリアなどの標準的な主要施設やサービスポイントが散在している。このレイアウトは、セキュリティを確保できるように設計されていて、すべてがヨルダン警察の絶え間ない監視のもとに置かれている。

キャンプに住む5万3000人のシリア難民にとって、個人の自律性はほとんどない。市場はなく、ほぼすべての経済的な交流は厳しく禁じられている。ヨルダンのチェーン店Samehが運営する大型スーパーが一つだけあり、キャンプ内での独占営業が認められている。難民にはお金ではなく、世界食糧計画のバウチャーが支給され、スーパーマーケットSamehが販売している商品だけを購入することができる。他の企業やサービスはキャンプ内に立ち入ることができない。殺風景なデザインの中で唯一個性が光るのは、難民たちが時たま描く壁画や、コンテナハウス外壁の落書きだけである。２０１５年に訪問した際に出会ったマーディは、「私たちはキャンプはもっと良い場所だと思っていた。ここでいったい何ができるだろうか？　市場すらもない。このことを知っていたならば、ここには来なかっただろう。もし可能になったら、すぐに首都のアンマンに移るつもりだ」と話してくれた[12]。ＵＮＨＣＲの掲げた「未来のモデル」は、実際には「地獄のビジョン」である。

アズラクは、これまでの都市計画が培ったほとんどすべての基本的なルールを無視している。ブラジリア、チャンディーガル、キャンベラ、そしてル・コルビュジェによるバンリュー（郊外）が都市計画における大失敗であったように、アズラクは難民キャンプにおける、「善意で、高度に近代化された大失敗」である。人類学者のジェームズ・スコットが説得力を持って主張しているように、人間の定住を成功させるためには、有機的な発展の余地が必要であり、個人やコミュニティが自分たちの環境を自由に定められるようにしなければならない。トップダウンの計画は、活気に満ちた居住可能なコミュニティを維持するすべてを剥ぎ取ってしまう。スコットの都市分析と同様に、次の二つの結末のうち、どちらか一つが現実のものとなるだろう。人々が自律性を求めるか、そこの町から立ち去ることを望むかだ。

したがって、難民キャンプの基底たる論理は「人道的サイロ」によって特徴づけられる。最も明らかなことは、通常キャンプは物理的に隔離された場所にあり、住民は地域的、国家的、グローバルな社会経済的生活へ参加できないということだ。キャンプは意図されたゲットーなのだ。キャンプでの活動は、人道支援機関がほとんどすべてを主導している。難民問題は、人道主義、経済発展、人権、安全保障、紛争後の復興というベン図の重なる領域に位置しているにもかかわらず、実際の対応策は人道主義的な論理に支配されている。その結果、より長い時間をかけて人々の尊厳と自立を回復させる開発アプローチを採用するほうがはるかに理に適っている段階にあっても、パターナリズムと過剰な保護主義が持続することになる。

都市難民の放置

予期されるべくして、難民は「足による投票」をし、自身の意思で難民キャンプを避けるようになっている。世界的な都市化の流れを受けて、受入国が推奨していないにもかかわらず、ほとんどの難民が都市部に移住している。世界の難民の半数以上が今や都市部に住んでおり、ヨルダンのように、難民の80%が都市部で暮らす国も見られる。しかし都市部へ移住することで、難民たちは通常正式な援助を受けられなくなるだけでなく、就労権すら与えられないこともある。就労が黙認されて、雇用へアクセスできる場合であっても、難民は差別や搾取に直面し、頻繁に貧困状態に陥る。ナイロビからダルエスサラーム、イスタンブール、ヨハネスブルグ、バンコクに至るまで、都市部の難民が直面する状況は暗澹たるものだ。

２００９年、ＵＮＨＣＲは初の本格的な都市難民政策を発表した[14]。難民登録、コミュニティとの関係、生計、保健・教育施設など多岐にわたる分野での包括的な保護戦略を定めたよく練られた文書である。しかし実際には、この政策は都市難民の生活にほとんど影響を与えていない。実務家の間で広く共有されている見方としては、この政策は最も脆弱な人々の一部にセーフティネットを提供してはいるものの、その施行にばらつきがある[15]。その理由は、ＵＮＨＣＲの新しい難民政策が、キャンプとは根本的に異なる保護環境にいる都市難民を保護するための、実行可能な運用モデルを欠いていることである。難民支援組織は、自治体当局との協力関係を構築し、人口密集地域の脆弱性を見極め、難民の就労権が禁止されたり制限されていたりする場合の生計支援に苦労している。このため、都市部へ移住することは、現実的には支援を受けずに生きることを意味する。

アンマンは17万5000人のシリア難民を受け入れている。UNHCRのスタッフとともにアルハシュミ・アルシャマリ地区の家庭訪問に同行した私たちは、雑然として、湿っぽく、老朽化した2部屋のアパートを、民間の不動産市場から借りて暮らす5人家族に出会った。父親は糖尿病と高血圧症を患っており、働けないほど体調を崩していたため、この家族は15歳の長男、サードが一家の大黒柱となっていた。サードはすでにそのとき4年間学校を休んでおり、ヨルダン人が経営するガレージで洗車をしてお金を稼いでいた。政府が発行する法外に高価な公式労働許可証を持たずに働いていたため、家族が生きていくのにやっとなほどの収入しかなかった。彼らはもともとシリアから貯金を持ってきたが、すでに尽きてしまい、一家は現地のモスクからもらうザカート（慈善寄付）に頼ることが多くなってしまったという。都市部の難民は、自立することが期待されているにもかかわらず、自由に労働市場にアクセスすることはできず、身動きのとれない状況に陥っている。

もっとも、難民は苦しんでいるものの、実際のところUNHCRのヨルダンにおける活動は世界的に見て最も優れた都市難民の支援活動の一つである。他の国では、都市部の難民に対する保護は事実上存在しない。南アフリカでは難民のための「自発的定住」政策を実施している。これは、南アフリカが途上国で唯一の、キャンプを設営しない重要な難民受入国の一つであり、難民のほとんどが大都市で暮らしていることを意味する。多くの国とは異なり、難民が都市に着いてすぐ働くことができるという点がメリットだろう。デメリットは、政府も国際機関も物的支援をしてくれないことである。難民は、仕事、教育、住宅にアクセスする際に差別され、時には排外主義的な暴力にあうなどして、多くが生活の糧を得るのに苦労している。南アフリカでは、ソマリア、コンゴ、ブルンジ、ルワンダ、ナイジェリアの難民を受け入れている。しかし、都市部の難民の苦労は、過去10年ほどの間にやってきたジンバブエ人の例に最も表されているであろう。

２００８年のジンバブエ難民流入のピーク時には、ジンバブエ人は世界の庇護希望者総数の４分の１を占めていた。その多くは南アフリカの、特に都市部、中でもヨハネスブルグに集中していた。大量の難民は黒人居住区タウンシップでは受け入れられず、都心のビジネス街周辺、特にヨハネスブルグ・ブラームフォンテーン地区の高層ビル周辺にすみ着いた。金銭的余裕がある人は民間のアパートに住むことができたが、余裕のない人々は、選択肢が限られており、多くの難民がホームレスになっていった。２００９年３月には、３４００人ものジンバブエ人がヨハネスブルグのダウンタウンにあるセントラル・メソジスト教会というたった一つの教会で生活し、教会の別館や聖書の勉強部屋、さらには通路で寝泊まりをしていた。ジンバブエ人たちは教会内で組織を作り、子どもたちに非公式の教育を与え、地域社会が主導する社会的保護を提供していた。南アフリカ警察は、何度も彼らを教会から強制的に引き離そうと試みたが失敗している。セントラル・メソジスト教会が２０１５年に難民に門戸を閉ざすまで、同教会は８年間で推定３万人のジンバブエ難民を受け入れた。教会がこれほど多くの難民にとって最後の避難所となっていたということは、多くの都市部の難民にとり選択肢が他になかったことを物語っている。

政府は都市部に多数の難民が流入することを恐れるものだ。ジンバブエ人の大量流入に対する南アフリカ政府の初期の対応策は、彼らは難民ではないと主張して強制送還してしまうことであった。ヨルダン政府も、テロリストの侵入と、仕事と資源をめぐるいざこざを懸念し、シリア人がキャンプにとどまることを望んでいる。しかし、途上国の大都市から多数の難民を強制的に追い出すことはほぼ不可能であるため、ほとんどの受入国は都市部に住む難民の存在を渋々ながら認めている。同時に、彼らを歓待するようなことはほとんどせず、彼らが都市へ移住するのをできる限り抑止してきた。

「人道的サイロモデル」は、ますます時代にそぐわなくなっている。それはほとんどすべての指標において失敗している。難民の自主性と尊厳を損なわせることにつながり、難民のためになっていない。難民が持つ潜在的な経済的貢献は実現されず、難民を無力で疎外された世代に変えてしまう点で、受入国のためにもなっていない。難民が際限なく援助に依存したままになり、ついには出身国を再建する能力も失ってしまい、難民たちが新たな機会を得るために唯一実行可能な道が先進国への移住になるという点で、国際社会全体のためにもなっていない。

第二次世界大戦の長い歴史遺産を受け継いだこのモデルは、明らかに数十年前から目的に適っていない。難民政策の国際的な構造が変化しないのは、それが機能しているからではなく、その度重なる失敗が目立たなかったからである。シリアの難民危機は、国際的な政策転換の好機となったが、それは危機のその深刻さが度を超えているからではなく、ヨーロッパにまで波及してしまったからである。欧州難民「危機」を契機として、ようやく再考が可能となった。では、再考（されたモデル）はどうあるべきなのであろうか。本書では、四つの相互に関連した提案を行う。それでは、そのうち一つ目を見ていこう。

開発の機会としての難民

人道的サイロに代わる案は次のとおりである。まず難民がスキル、才能、そして熱意を持っているということを理解することから始めよう。彼らは単に私たちの憐れみの対象ではなく、苦境の中で制約を課せられた当事者である。彼らは避けられない重荷として捉えられるべきではない。私たちがそうさせてあげさえすれば、彼ら自身と彼らのコミュニティを助けることができるのだ。想像してみてほしい。「人道的サイロ」に代わって、難民の自律性と尊厳を支援し、彼らが受入国のコミュニティだけでなく、最終的には出身国の復興にも貢献できるようなアプローチを考え出せないだろうか。このビジョンの中心にあるのは、難民を単に人道的な問題として扱うのではなく、開発の問題としても捉えることができるという考え方である。人道主義は緊急時には適切だが、復興時には逆効果を生む。

「開発」は人々にとって、多くの意味を持っている。大まかにいって、「人道主義」が単に短期的な苦痛の緩和であるのに対して、「開発」は長期的な人間の福祉を向上させようとするアプローチだ。「人道主義」の手段には食料、衣料、シェルターの提供があるが、それは難民とその脆弱性についてのみ焦点を当てている。逆に開発の道具立てには、雇用、企業、教育、保健医療、インフラ、ガバナンスの提供がある。それは、難民と受け入れコミュニティの両方に焦点を当て、脆弱性に対処するだけでなく、双方の能力を高める。

難民はすぐに故郷に帰れるという前提が虚構に過ぎないことを認識した上で、難民危機が生じたらすぐに開発ベースのアプローチを行うことが肝要だ。難民キャンプが都市のようになってきているのであれば、それにふさわしいアプローチが必要である。難民が中途半端な状態に放置されているのなら、避難生活中や最終的に帰国したときに（経済的に）貢献しうる能力を衰弱させるのではなく、育てる環境を作るべきである。これには、教育、労働する権利、電力、ネットへの接続性、交通機関、資本へのアクセスなど、単に生き延びるだけでなく、成長し、発展して、貢献しうるようなものすべてが含まれる。理想的には、難民が完全に受入国の社会経済的な生活に参画できるようにすべきだ。完全な参画が政治的に難しい場合でも、少なくとも、最終的な解決が見つかるまでの間、難民に力を与え、彼らが自立できるような地理的空間を再構築することができるはずだ。

このビジョンを達成するためには、受入側のコミュニティも利益を享受できなければならない。北側諸国に、より持続可能な難民政策を求める圧力があるのと同様に、南側の受入諸国も同様の圧力にさらされている。受入国政府は、（民主主義国家であるかどうかにかかわらず、）難民が希少資源をめぐる争いの原因とならないようにするよう、自国民から圧力を受けている。難民が健康と教育へアクセスする支援サービスを提供するにあたっては、周辺のホストコミュニティにもそれが提供されるようにすべきである。難民を助けるために作られた仕事や市場は、受入国の国民にも利益をもたらすものでなければならない。難民受入地域を具体的に支援するための追加的な資金は、国際社会から提供されるべきである。そうすることで、難民は避けられない不可避的な重荷ではなく、潜在的な恩恵として認識されるようになる。簡潔にいうならば、ホストコミュニティと難民との関係性を、ゼロサムな関係性からポジティブサムな（win-winの）関係性に変える政策が必要なのだ。物質的な支援は、認識や偏見を変える機会とする必要がある。1人あたり1ドルしか受け取っていない90％の途上国の難民のために、先進国で難民のために使われる1人あたり135ドルの資金の一部を再配分することができるなら、新たなビジョンを描くことができるだろう。

国際社会には、開発に基づくアプローチを難民に適用することについて、長い、しかし見過ごされてきた歴史がある。この歴史は、どのようにして代替的なビジョンを達成しうるかについての重要な洞察を与える。実は、「人道的サイロ」モデルは難民政策としては遅れて登場し、すぐに支配的なモデルとなった。人道的サイロモデルが支配的になるずっと前には、開発ベースのアプローチが難民支援のための標準であったのだ[16]。

開発アプローチが用いられた初期の例の一つが、1920年代初頭のギリシャの難民政策である。オスマン帝国の崩壊によって、トルコとなった地域に住んでいた120万人ものギリシャ正教徒をギリシャ政府は受け入れた。たった550万人の人口のギリシャにとって、これはまさに大規模な難民流入であった。さらに、現在のシリアを含む旧オスマン帝国地域からも相当数の難民を受け入れた。ギリシャは国際連盟から資金の借り入れをもって大量の難民流入に対処したが、その資金はキャンプ設営ではない方法に当てられた。ギリシャ政府は、ずっと未開発であった地域に新しい集落やタウンシップを設け、難民が自給自足の生活をしつつギリシャの経済にも貢献できる手段を探した。今日の世界銀行がしているように、国際労働機関（ＩＬＯ）が追加的な資金を投入し、難民と受入国が同時に便益を享受できるような国家開発プロジェクトを支援したのだ。

その結果は、難民、地域社会、そしてギリシャの国家開発戦略にとって驚くほどポジティブなものとなった。あるコメンテーターは1929年にこう述べている。「難民はギリシャの農村部に大きな変化をもたらした。荒地は果樹園、ブドウ畑、穀物畑、タバコ農園へと変貌を遂げた。（中略）より良い品種の家畜が導入され、遊牧民の羊飼いは、自らの土地で飼料作物を育てる畜産農家にとって替わられつつある。（中略）難民が国に押し寄せ始めて以来、ほとんどすべての種類の農作物の生産量が大幅に増加した」。当時の計画の多くは、難民の現地社会統合のための現代的で「革新的な」アイデアに酷似していた。ＩＬＯの手によって、職業訓練、マイクロファイナンス、スキルマッチングプロジェクトまでもがギリシャの難民支援に適用され、その後バルカン半島や中東の他の地域にも拡大適用された。

同様のアプローチは、1960年代の間にサハラ以南のアフリカ全域でも用いられた。この時代には、難民キャンプはほとんど作られず、植民地解放戦争、植民地解放後の権力闘争、または冷戦の代理戦争から逃れてきたアフリカの難民は、必ずといっていいほど農村部に定住していた。難民の唯一の支援資金は、たまたまホスト・コミュニティのために農業・インフラ整備プロジェクトに取り組んでいた開発関係者からのものであることが普通だった。当時オックスファムのフィールドディレクターだったトリストラム・ベッツの個人的な記録が[17]、これらのアプローチの詳細を明らかにしている。1966年に、彼はブルンジ、ウガンダ、タンザニアでの難民開発プロジェクトを比較した記事を書いたが、そこで道路建設から信用組合、農業協同組合、受入国と難民のための保健・教育サービスの統合的な提供まで、さまざまな農村開発プロジェクトが難民支援への解決策であるとの見方を示している。

またトリストラム・ベッツは「自立」にも落とし穴があることを強調している。例えば、ブルンジに住むルワンダ人のケースでは、自立が容易に実現するという楽観に基づいて、難民が「土地利用に関して地元の同意が得られているだけで、事前の計画や土壌の肥沃度合いが考慮されていない場所に捨てられ」ていた。「その結果、一部は自立したものの、最低限の自主性しか持たない農村スラムができてしまった」。それにもかかわらず、彼は、慎重な調査と試行錯誤を経たコミュニティ開発のアプローチは、「難民の新たな自主性を鼓舞する」計り知れない可能性を持っていると指摘している。

こうした忘れ去られた例はさておき、UNHCRも、1980年代にアフリカで、1990年代には中米で、開発を通じた難民の自立を促進するための大規模な地域的試みを主導した。前者は失敗に終わり、後者は成功に終わったが、いずれも開発に基づくアプローチが難民のためにいつ、どのように機能するかを理解する上で有益である。

1970年代末までに、アフリカ各地に約300万~400万人の難民が自発的に定住した。それまでは、独立が達成されれば、難民のほとんどは帰国すると考えられていた。しかし、1979年までには、ブルンジ、チャド、エチオピア、アンゴラ、ウガンダ、ザイールなどでの冷戦下の代理紛争のため、難民の大部分が「長期化した難民状況」の中にいることが明らかになった。そこでアフリカ諸国は難民へのアプローチを変える必要があることに気がついた。1979年5月、アフリカ統一機構（OAU）

の支援の下、全アフリカ諸国がケニアのアルーシャで会議を開き、長期的に受入国で生じる費用を補償すると同時に、最終的な本国送還までの間、難民の自立を促進することができるような開発プロジェクトを国連に要請することが決定された。

この呼びかけに応えて、UNHCRとアフリカ諸国は、1981年4月にアフリカ難民支援国際会議(ICARA I)を、1984年にその第二回会議(ICARA II)を共同で開催することとなった。これらの会議はドナー国主導のイベントで、ジュネーブで開催された。しかし、昨今に見られる大規模な難民支援国際会議とは異なり、開発援助に焦点が当てられていた。UNHCRと国連開発計画(UNDP)は、数カ月かけてアフリカ諸国と協力してプロジェクトやプログラムのリストを作成し、それを支援しそうなドナー国に提出して、資金提供を呼びかけた。提出されたプロジェクトには、農村開発、道路や水道などのインフラ整備、国民や難民のための教育や保健施設の改善などが含まれていた。

ICARA Iは明らかに失敗だった。主因は、アフリカ諸国は自分たちの利益になるプロジェクトのアイデアばかりを提案し、それらの多くは難民問題の解決策と無関係だったからである。会議におけるドナー国の資金拠出誓約は、総額の点でも、冷戦下での同盟国を支援しようとの政治的な配分の点でも、期待はずれのものであった。ドナー国は、アフリカ諸国が提出したプロジェクトの質が低く、利己的であることに不満だった。アフリカ諸国も、ドナー国の資金提供が戦略的な利益に基づいた利己的なものであることに不満を抱いていた。UNHCRは、アフリカ諸国は難民に利益をもたらすプロジェクトを真摯に準備し、ドナー国はその資金を文句を言わず提供するとナイーブに信じていた。

3年後の1984年7月、UNHCRは再度の試みとして、ICARA IIを招集した。このときの戦略は、政治的な現実を念頭に置いて修正された。UNHCRは、双方の利他的な公約と善意を期待するのではなく、互恵的な交渉の余地を広げようとした。アフリカ諸国は、難民のために自立と長期的な地域統合を提供し、それによって人道予算への長期的な負担を減らそうとした。ドナー国はその代わりに、受入国政府と市民双方に利益をもたらすよう「追加的」な多額の開発援助をすることとした。この構想はICARA Iのものよりはるかに優れていた。1984年に生じた別の危機によって混乱が起きていなければ、この構想はうまくいったかもしれない。残念ながら、エチオピアとアフリカの角で干ばつと飢饉が発生し、40万もの人々の命が奪われ、アフリカにおける人道主義の様相は永遠に変わってしまったのだ[18]。

ICARAは失敗に終わってしまったが、知的な遺産を残した。UNHCRが「難民援助開発戦略」(RAD)と呼ばれるものを初めて公然と受け入れたのだ。ICARAは、難民は単に人道的な問題ではなく、国際的な開発の観点から考えることができると認識した。さらに、本国送還や地域統合といった長期的な解決までの間、難民の自立を促進するために、北側のドナー国と南側の受入国との間で互恵的な取引が行われる余地があることが示された。難民のための開発は、少なくとも仮説的には「win-win」になる可能性がある。

中米のサクセスストーリー

UNHCRがこのアプローチの可能性を証明するまでに、そう長い時間を要さなかった。1980年代末には冷戦が終結し、グアテマラ、エルサルバドル、ニカラグアなどの国々で長年続いていた紛争が終わった。1987年、この地域の国々は和平協定を結んだ。暴力の遺産として200万人近くが移動を強いられ、うち少なくとも15万人が難民認定されたが、和平協定によって、難民が故郷に帰るか避難した地域で定住する可能性が開かれた。国際社会は、ICARA会議で提唱された「難民支援と開発」

の考え方に基づいたアプローチを選んだのだが、今回はそれが正しく実行されたのだ。

中米難民に関する国際会議（ＣＩＲＥＦＣＡ）が、１９８９年7月にグアテマラ・シティでＵＮＨＣＲとＵＮＤＰにより共同で開催された。この会議は単なる一回限りのイベントではなく、一連のプロセスとして１９９５年まで続いた。ＣＩＲＥＦＣＡは、統合的な開発アプローチが、難民とホストコミュニティに同時に利益をもたらしうるという前提に立っていた。そのアプローチは、各国の置かれた状況、つまりその国が難民の出身国であるのか、受入国であるのか、そして受入国である場合には、難民の社会経済的統合に対する寛容さに応じて適用された。

これらのプロジェクトは、自給自足と地域統合を促進した点においても注目に値する。自給自足に成功した最もわかりやすい事例は、メキシコのユカタン半島のカンペチェとキンタナローで、農業プロジェクトや新しい学校・病院への投資が受入国たるメキシコとグアテマラ難民の双方に利益をもたらしたというものである。チアパスでは、自給自足的な生活が推奨されたが、土地が不足していたため、難民が現地住民と平等に農業に従事することができなかった。カンペチェとキンタナローでは、１９９６年から地域統合と本国帰還が同時に推進されたが、チアパスでは１９９８年以降に本国帰還がまず行われ、その後地域統合が行われた。自給自足と地域統合プロジェクトは、最終的に教育、保健サービス、市場へのアクセス、持続可能な生活を可能にした。メキシコ政府にとって、これらのプロジェクトは国内の最貧地域、特にユカタン半島を開発するための魅力的な手段とみなされた。

ＣＩＲＥＦＣＡはまたベリーズのサルバドール難民の地域統合のための支援をした。支援対象であった平和の谷（Valley of Peace）と呼ばれる地域はこれまでほとんど開発されておらず、ジャングルと、質の悪い道路、質の悪い土地に覆われていた。ＣＩＲＥＦＣＡはこの地域の発展に貢献した。２００３年にこの地には３００世帯ほどの難民が残っていたが、マヤ・ケチ族を主体とするベリーズ人社会に統合されていた。難民たちには当初、食料の他、家を建てたり種子を購入するための資金が提供された。現在、難民の多くは観光産業や地元企業で働き、ベリーズ人とともに各種社会サービスを受けている。

ＣＩＲＥＦＣＡは、合計４億ドル以上の追加資金をこの地域に供給したと推定されており、このプロセスは中米の平和の強化に貢献したと広く評価されている。最大のドナーは欧州諸国だったが、それは難民に対する持続可能な解決策が地域の安定を保障し、それによって地域間の貿易の促進がなされると考えられたからである。ＣＩＲＥＦＣＡはその直後から、広く成功例とみなされてきた。１９９３年の総会決議は、ＣＩＲＥＦＣＡは「世界の他の地域でも適用できる、貴重な教訓たりうる」と述べている。[19]

しかし、その成功にもかかわらず、ＣＩＲＥＦＣＡと同じものは二度と現れなかった。難民に自立の機会を提供し、受入国の未開発地域にも開発の機会を提供するこのアプローチは、その後同じ規模で再現されたことはなかったのである。[20]

しかし、今日では、１９９０年代に比べて、開発ベースのアプローチを活用しうる機会はさらに増えている。グローバリゼーションは、地理的な違いにかかわらず、人々に経済的な機会をもたらすさまざまな手段をもたらしている。特にインターネットは、足のおもむくままに行動する機会と、きわめて機動的な生活を提供する。バリューチェーンの細分化は、世界のある地域の人々が、それぞれの比較優位に基づいて経済的貢献することを可能にした。クラウドファンディング、Ｐ２Ｐネットワーク、モバイル決済などの新たな資金調達法は、遠隔地のコミュニティであっても、グローバル経済につながることができるようにしてくれるかもしれない。多国籍企業から中小企業、社会的企業に至るまで、ビジネスはこれまで以上に難民問題に取り組んでいる。開発のツールボックスは、20年前よりもさらに大きな可能性を秘めていると信じるに足る十分な理由がある。

自立するための機会を作ること自体は、難民問題の長期的な解決策ではないが、本国帰還、地域統合、再定住といったすべての長期的な解決策に向けた重要な一歩となりうる。というのも、難民に自律性と経済的機会を提供することは、彼らが最終的に統合するどんな社会に対しても、より良い貢献をする能力を与えることになるからである。難民が祖国を再建するためのスキルとモチベーションを持って帰還するなら、帰還後の生活がより持続的なものになる。先進国に再定住することとなれば、その国に対して貢献するための優れた能力を持つこととなるだろう。彼らは仕事を見つけて自立的に生活する能力を持つため、再定住の機会も見つけやすくなる。

ＩＣＡＲＡやＣＩＲＥＦＣＡの事例から学んだとおり、難民に開発の機会を提供することは、単なる技術的な問題のみならず、非常に政治的な問題でもある。その成功は、ドナー国と受入国間における、相互利益を見極めた上での交渉にかかっている。市場がすべてを調整できるわけではないため、適切な規制と制度が作られる必要がある。そのためにも、受入国の政府とドナー国は物事を進める適切なインセンティブを探さなくてはならない。

お互いに得をする機会

目指すべき基本的な取引は、北のドナー国と南の受入国の双方に都合の良い「win-win」の結果をもたらすことである。両者には本質的に絡み合う利害があるから、これは可能である。北側諸国の望むことは、難民が流入してくる必要性を減らすとともに、人道支援予算の長期的な流出を減らすことである。南側の受入諸国は、都市部における大量の難民の存在がもたらす安全保障上の脅威を減らすとともに、自国民のための開発の機会を増やしたいと考えている。重要なのは、これらの利害は補完的なものであるからこそ、相互の利益に基づいた取引を行う余地があるということである。ドナー国が多額の資源を賢く配分すれば、南の受入国の政治家は、難民のためにより良い環境を整えることに積極的になるかもしれない。これはゲーム理論からの教訓でもある。

そのためには、まず難民を受け入れる国の行動を決めるインセンティブを理解する必要がある。難民の生活を左右する政策を決定する国や地域の政治家は誰なのか？ 彼らはどのような政策パッケージに魅力を感じるだろうか？ その答えは文脈によって異なり、受入国が民主主義国であるかどうかにも依存する。政治家は選挙民に対して説明責任を負っているのだろうか、それとも縁故関係者に対して負っているのだろうか？

この種の取引を見つけるのがいかに難しいか、ケニアにおける近年の事例を見てみよう。ケニアは、過去10年間に2度、ソマリア難民を追放すると脅した。２０１１年には、飢饉と干ばつに伴うソマリア人の大量流入で難民人口は過去最高に膨れ上がり、政治家たちは難民問題を選挙に利用しようとした。地域一帯でのアル・シャバーブのテロ攻撃の後で、ソマリア難民の追放は有権者の目に魅力的に映った。国連幹部によるシャトル外交と譲歩のおかげで、すんでのところで難民の追放は防がれた。しかし、国政選挙を控えた２０１６年に再び、政治家たちはダダーブ難民キャンプを閉鎖してソマリア人を追放すると脅した。このときは、政治家たちはさらに踏み込んだ行動を取った。象徴的なジェスチャーとして、政府は国の難民局を閉鎖してしまったのだ。

どうして２０１６年にケニア政府は、このような目を見張るほど不適切な措置をとったのであろうか。理由は、ケニアが国際的な視野なしに政策を考えてきた訳ではなかったからである。他の政治家と同様に、ケニアのウフル・ケニヤッタ大統領は、メルケル首相とトルコのエルドアン大統領の間で交わされた交渉を日々観察していた。エルドアン大統領が、難民を追放すると脅すことによって前例のない交渉力を得たという事実は、ケニアのような受入国政府に貴重な洞察をもたらした。ドイツ政府はエルドアン大統領の「恐喝」に対して文句を言いながらも、それに屈してしまい、エルドアンは60億ユーロの約束を取り付けた。ケニア政府も同様の報酬を求め、表に出ないままそれが実現していた。ケニア政府は、その見返りとして大量追放の脅しを実行に移さなかったのだ。

不用意にも、「頭なき心」は破滅的な新しいインセンティブを生み出してしまった。政府は、難民を受入国社会にとって生産的な貢献をもたらす潜在的な労働者とみなすどころか、思いやりのある豊かな人々が身代金を払わなければ虐待される人質のようなものだと考えるようになった。[21]今こそ難民政策の包括的改革が急務なのである。従前の機能不全で停滞していた難民保護のシステムは、冷酷な日和見主義を前にして崖っぷちに立たされている。

ケニアの事例は、南側の受入国に難民の自立の機会を与えるよう説得することがいかに難しいかを物語っている。欧米人は、南側の受入諸国、特にケニアのような民主主義国家が、ヨーロッパとも共通する政治的持続可能性の課題に直面していることを忘れがちである。ケニアの政治家は、難民の自立、あるいは社会経済的参加を促進することに非常に消極的である。しかし、希望の光は見えてきている。例えば、国防大臣や内務大臣が反難民のレトリックを唱えているにも関わらず、ナイロビのスラム街キベラ出身のケネス・オコス議員を中心とする議員グループは、政治家に難民についての教育を行い始め、ダダーブキャンプへの議員訪問を企画し催している。徐々にではあるが改善の兆しが見えてきているのだ。例えば、世界銀行とＵＮＨＣＲの支援を受けて、ケニアはスーダン難民のために、トゥルカナ渓谷に新しくカロベエイ（Kalobeyei）難民キャンプを設営することに合意した。ケニアのキャンプ封じ込め政策の放棄にはつながらないが、少なくとも、より大きな自治の可能性を秘めた異なるタイプのキャンプを作ることになる。キャンプの設計は、一方の側に難民のためのエリアがあり、他方にケニア国民のためのエリアを設けている。その中間には、難民とホストコミュニティの双方が利用できる最新の学校、病院、市場、さらには限定的な就業が可能な共有スペースが設けられている。受け入れ側のケニア人の生活を向上させる可能性があるため、トゥルカナ西部に地盤を持つ政治家たちもこのプロジェクトを支持している。

受入国の安全保障と開発に関する懸念に対処することは容易ではないが、もしそれができれば、誰にとっても大きな報酬が得られる可能性がある。それは、難民の自立性と尊厳を高めることにもつながる。そして、それはより大きな意味を持ちうる。自立することで、長期的な解決への緩やかな道筋が見えてくる。難民が庇護を受けている間に自立的に生活し、広く社会に貢献する能力を身につけるなら、祖国に帰ったり他の国で定住したとき、より多く貢献できるだろうし、祖国帰還の可能性が断たれてしまった場合でも、第三国定住や周辺地域で統合する機会が増えるだろう。

難民の自立は、持続可能な帰国の可能性を高めうる。これは、庇護されている間だけでなく、帰国した後も、生活再建への意欲と能力を身につけているからである。エンパワーされた人々は、母国の権威主義に対抗する政治的活動を行うことができ、平和と開発に貢献する形で本国に送金する可能性が高い。また、技能を身につけて故郷に戻ったり、最終的には祖国に移って復興を助ける小規模ビジネスを創出する可能性も高くなる。その証拠に、1990年代から2000年代初頭にかけて、避難先で働く機会を得た難民の集団が、祖国に戻った例があった。1994年以降、ウガンダから国の再建のために帰国したルワンダ人、1990年代前半に一斉に帰国して平和構築と復興に重要な役割を果したモザンビーク人、2000年代前半に、西欧諸国で身につけた新たな能力を持って帰国したボスニア人などである。

仮に故郷への帰還の道が閉ざされた場合でも、一時的とはいえ自立した経験は長期的な解決につながる可能性がある。避難中の難民をエンパワーすることは、彼らが（経済的に）貢献する可能性を高め、長期的な社会統合を容易にする。そのためにアフリカ難民の帰化における最も重要な二つの事例を実現させた。ザンビアでは、西部州におけるアンゴラ難民の長期的な貢献が、最終的に政府を動かし、帰国できない難民に市民権を与える道を開いた。同様に、タンザニア政府が１９７２年以来同国に滞在していた16万２０００人のブルンジ難民の帰化を認めたのは、彼らの多くがこの地で自立して生活していたからであった。

さらに、アフリカ以外の国々も、避難生活中にエンパワーされた難民を再定住で受け入れる傾向がある。再定住による難民受け入れの意欲に関するＥＵのデータによると、人道的動機はたしかにある一方で、経済的・労働市場的な背景から受け入れを認めている国もあることがわかっている。例えば、英国の再定住政策は脆弱性に基づいて行われているが、ルーマニアの再定住政策は、受け入れる難民の経済的貢献度を考慮している。[22] これは、エンパワーされた難民の数が増えれば再定住の枠も増えることを意味している。さらに、再定住後、より良いレベルの経済的機会を経験したグループは、最終的にはよりよく統合できることもわかっている。

難民の自立の機会を高めることは、欧州への移住の必要性を減らすことにもつながりうる。よくある、難民と移民とを混同することは、彼らの行動の重要な違いをうやむやにしてしまう。まず移住を希望する人々（移民）と所得水準との間には、明確な逆Ｕ字の相関関係が見られる。母国における所得が向上すれば、移住する可能性が高くなる。移住するための資金調達がしやすくなるからである。所得が大幅に向上すると、移住の必要はなくなる。[23] これに対して、難民は故郷から逃げることを余儀なくされている人々で、ごく平均的な人々だ。[24] ほとんどの難民は、そういう人々（移民）と同じように外国への移住を願っているわけではない。彼らは、普通の日常生活を取り戻したいという素朴な願いを持っている人々だ。[25] 近隣国がこのささやかな願いを叶えてくれない場合に限って、彼らは見知らぬ土地へのさらなる移動を試みるようになる。スイスで行われたソマリア難民の二次移動に関する数少ない大規模な研究は、避難している近隣諸国における経済的機会の欠如が先進国へ移住する理由の共通項だとしている。[26]
さらに、シリア人がヨーロッパへ移動する状況を観察してみると、移住のほとんどは、ヨルダン、レバノン、トルコに避難したシリア人が貯蓄や資本を使い果たした2015年以降に起きていることがわかる。就労の機会がないため、多くの家庭が誰かをヨーロッパに送って収入を得させ、その送金に頼る戦略をとった。[27]最初の移住者がネットワークを形成するにつれ、それを頼ってさらに多くの人々が移住し始めた。もしシリア人が近隣諸国で就労機会を得ることができていたならば、かくも多くの人々が命がけのヨーロッパへの旅に出ることはなかったであろう。
この章で紹介した大きな考え方は、国際的な難民政策は、最も容易に到着できる近隣諸国に避難している難民に自立の機会を提供すべきであるというものであった。では、実際にどのようにすればそれが可能であるかについて目を向けてみよう。

第6章 難民支援を再考する——自立を回復するために

原則としては、危機から逃れ難民となった者は、緊急支援を受けた後日常生活に再び戻っていくことになる。しかし実際には、日常生活に戻れず、緊急支援に依存した状況が継続し、難民に対する典型的な難民支援は、難民を援助に依存させるものとなる。ここで想定されている難民が必要としているものは、多くの場合、食料と住居という二つの基本的なものに絞られており、それらを供給するのに最も現実的な方法は難民キャンプだと考えられてきた。

しかし、本来はそういうものではなかった。難民制度（レジーム）は、難民の自立の促進を目指し、難民条約の大半は、働く権利や移動の自由など社会経済的権利に焦点を当てている。しかし、これらの権利は、少なくとも1980年代に、難民キャンプ収容政策が世界的な潮流になって以降、実現されてこなかった。難民受入国は自国の長期的な難民保護の責任を国際的な人道システムへ押し付け、難民が労働市場へ参加することを常に制限してきた。ケニアやタンザニアでは働く権利が禁じられている。エクアドルやヨルダンでは難民が働く権利を実現するには大きな行政上の障壁が存在する。

働く権利の否定は、長い目で見れば技術や才能、就労意欲の低下を招き、しばしば疎外感や絶望感を悪化させ、多くの難民に悲惨な結末をもたらす。また、このような状況は難民が受入国に貢献したり、出身国に戻り社会を再建するにも適した環境ではない。

難民の日常生活を可能な限り取り戻すことが私たちの義務であるならば、自立の回復が重要な課題となる。特にこれまで述べてきたように多くの難民が何年も何十年も援助に依存した状況にあることを考えればなおさらである。自立のために最も重要な要素の一つは、生計を立てる権利である。労働市場に参加することができれば、難民は尊厳を取り戻し、生活の質を高め、技術を向上させることができる。私たち全員がそうであるように、難民にとっての最も大事なことは、自分自身、家族、そしてコミュニティを支えるために働くことだ。

しかし、難民の働く権利は、受入国政府によってほぼ全面的に制限されているだけでなく、既存の難民保護システムも現状を打破するために必要な専門知識を欠いている。難民保護システムが人道システムとなってしまったため、開発に関する専門知識や、自立を促進する市場を基盤とした解決策を導くためのツールが備わっていない。基本的な考え方が、第一の義務は自立と能力の回復ではなく、援助の提供であるとなってしまっているのである。

しかし、難民であると同時に社会経済的に自立する人間であることは、何ら矛盾するものではない。本章では、難民のニーズに対する考え方にパラダイムシフトが必要であることを論じたい。難民の脆弱性に焦点を当てるのではなく、難民の能力を認め、強化するためにはどうすればよいだろうか。難民を避けられない負担とみなすのではなく、難民が利益をもたらす道を見つけるにはどうすればよいだろうか。難民を単なる人道危機に振り回される犠牲者とみなすのではなく、開発の潜在的な担い手とみなすにはどうすればよいだろうか。

そのためにはビジョンが必要となる。難民が自立し、就労できるようになった成功例はあまりにも少ないからである。本章では、労働市場へのアクセスを含め、難民の自助努力を支援してきたアプローチがとられた二つの事例を検証する。ウガンダとヨルダンでは、長期的な人道支援というこれまで主流となってきた規範からはかなり逸脱した、難民政策の事実上の「実験」が先駆的に行われている。

難民の経済生活

経済学者が難民について考察することはほとんどない。政策や学術の世界では、難民は人道支援の対象であるという前提が主流になっており、難民研究は法律家や人類学者が中心となって展開されてきた。しかし、現実の世界で難民は複雑で多様な経済生活を送っている。難民は消費者であり、生産者であり、買い手であり、売り手であり、借り手であり、貸し手であり、起業家でもある。難民は、新しい市場、規制の状況、社会的ネットワークに対して非常に革新的で、さまざまな創造的手段を駆使して自分たちの生活を支えている。難民は制約の多い環境であっても、インフォーマルセクターを含め経済活動に従事する方法を見つけ出している。

人として難民は経済的に他の誰とも異なるものではない。一般的にメディアは、難民を弱者や貧困層として描くが、難民になることで皆がそうなってしまうわけではない。難民が経済的に貢献できるかどうかは、難民がどのような人であるかだけでなく、私たちの選択、つまり私たちの政策や政治的決定に左右されているのだ。

特定の保護資格を有しているという事実だけで、難民は日常生活の中で経済活動をしていないとか、すべての難民が経済的に同質であるというような錯覚を起こしてはならない。難民は、多様な技術や才能を持っている。同じ難民の中であっても、識字率、教育、富、送金ネットワークなどは大きく異なる。難民はすべて平等である、あるいはそうあるべきだという考えは、有害な虚構に過ぎない。極度の暴力により故郷を追われてきた難民は、その国の人々から無作為に抽出されたような人々であることから、必然的に、難民間の相違は難民出身国内の人々の違いを反映している。「犠牲者」という共通するレッテルを貼ってしまうと人々の多様なアイデンティティが見失われてしまう。

難民の経済生活が一般市民や他の移民の経済生活と異なる唯一の線引きは、経済活動に完全に参加できるかどうかを左右する規制の存在である。ノーベル賞を受賞した経済学者ダグラス・ノースの新制度経済学の研究によれば、すべての市場は規制環境やより広い制度的なコンテクスト（文脈）で形づくられている。[1] 制度が重要な理由は、財産権や強制力のある契約、法的枠組みの確保などの機能を制度が果たすからである。これらの制度なくして市場は機能しない。

難民の経済生活は、受入国の国民に対する規制とは異なる規制に服するため独自の特徴が見られる。難民に対する規制が多く課せられている国では、難民は特定の種類の財産を所有する権利を否定されていることが多く、契約が執行されないこともあり、移動や働く権利が制限されることがある。このような制度上の差別は、難民にとって計り知れない困難をもたらすが、かといって彼らの経済生活を消し去るものではない。それどころか、制度や制約の違いが、特殊でインフォーマルな難民の経済活動を生み出している。異なる規制により、市民経済と難民経済という二つの制度の間に価格や賃金の差が生まれ、そこに裁定取引（サヤ取）の機会が生まれるのだ。

だからこそ、ケニアのダダーブ難民キャンプやタイのミャンマー国境の難民キャンプのような規制の厳しい場所でも、難民キャンプや難民居住地の周辺地帯にインフォーマルな市場が生まれ、難民と地元民が頻繁に商売をしているのである。制度や規則による制約があるところではモノやサービス、労働力などをめぐる非合法なマーケットが生まれ、ＳＩＭカード、携帯電話、世界食糧計画から配給された食糧などが売買されている。値段さえ合えば、ほとんどすべての商品やサービスが手に入るのである。このような歪みから、ブローカーや仲介業者など勝者が生まれることもある。路上での行商や露店販売などの経済活動は繁盛する。一部の難民ともっと多くの地元民は、難民に厳しい規制が課せられている状況下でも儲けて資本を蓄積する。

しかし、経済学が示すように、市場をセグメント化する障壁は全体の所得を減少させる。難民が受入国の経済に参加できないことは非効率的である。ミニチュアのような難民主体の経済であっても、受入国の経済から切り離されることで、統合された経済に比べ、双方に不必要な損失が出る。これは経済における分業と交換の機会が減ってしまうからである。強い規制は、正常で生産的な経済活動を抑制する効果をもたらし、経済的損失をさらに拡大させる。経済機会を利用できる者と、それができない難民のような必死な人々との間で市場支配力に極端な差がある場合、後者は搾取の対象となりやすい。

したがって、二重経済的なアプローチを超えて、難民の経済参加を妨げる恣意的な制約を取り除くことは、間違いなく経済的には意味がある。しかし、これを実現するための障壁の多くは政治的なものである。

ウガンダ例外主義

ウガンダは50万人以上の難民を受け入れている、アフリカで難民受け入れ数が3番目に多い国である。難民の出身国は、ソマリア、南スーダン、コンゴ民主共和国、ブルンジ、ルワンダ、エチオピア、エリトリアなど多岐にわたる、近隣の政治的に不安定な国である。不安定な地域であるがゆえに、１９５０年代後半にルワンダのツチ族が革命と虐殺から逃れるためにナキバレ（Nakivale）難民居住地（今も残る）にたどり着いて以降、ウガンダはほぼ途切れることなく難民を受け入れてきた。

ウガンダは難民に対し、隣国のケニアやエチオピアとは対照的なまったく異なるアプローチをとっている。ウガンダでは難民をキャンプに収容することはせず、働く権利やかなりの移動の自由を認めている。農村部の開放的な難民居住地では、自給自足や商業的な農業を行うための区画を難民に与え、市場での経済活動を認めている。都市部では、難民がビジネスを始め、雇用機会を求めることを認めている。ウガンダは、難民に基本的な社会経済的自由が与えられたときに何が可能になるかを示す魅力的で稀有な成功例である。

１９６２年の独立時からウガンダは難民に寛容であった。当時のウガンダは、ルワンダ人だけでなく、増加の一途をたどる、植民地解放闘争や冷戦期の代理戦争から逃れてくる難民を受け入れていた。しかし、農耕に適した土地が有り余っていたため、難民を未開発の農村地帯に居住させ、農業開発に貢献させることが最善策だと考えた。ウガンダがキャンプ収容政策をとったのは、１９９０年代にスーダンからの難民の移動が増加したため、北部に難民キャンプを設置したときだけである。

１９９９年から２００２年にかけて、ウガンダ政府は歴史的に開放的なアプローチだった「自立戦略」を制度化し、すべての難民が土地へのアクセス、働く権利、移動の自由を得られるよう指令を出した。この政策変更は、すでに行われていたことを後追いするものであったが、政府の利益にも合致していた。援助資金を不正に流用しているとドナーから非難されていた政府にとって、この政策変更は国連からの信頼を回復するための手段でもあった。

国際社会との交渉を主導したのは、モーゼス・アリ（Moses Ali）第一副首相兼災害対策・難民担当大臣だった。将軍でもあったアリは、イディ・アミン（Idi Amin）政権の閣僚の中で唯一政界にとどまった人物である。彼の権力基盤は、スーダン難民の大半を受け入れている西ナイル流域だったことから、「自立戦略」は自分の選挙区の住民に利益をもたらすと同時に、この地域に開発資源をもたらす手段であるとアリは考えた。実際、自立戦略のもとで、長期的な人道支援予算を減らしたいと望むスウェーデン、デンマーク、オランダなどから、新規の開発援助資金がＵＮＨＣＲ経由でこの地域に提供された。

それから15年以上が経ち、ウガンダの自立戦略は比較的ユニークな試みとして継続されている。この自立戦略は、アフリカで最も先進的な難民法の一つである２００６年難民法の一部となっている。当時自立戦略は、食糧の配給を早々に打ち切ることを正当化するものとして批判されることもあった。また、難民の数が増えるにつれ、難民に提供される区画の質にも差異が生じてきた。差別や市場へのアクセスに対するインフォーマルな障壁など、ウガンダで難民が直面している課題は明らかである。しかし、近隣諸国の状況と比較すれば、このウガンダのモデルは、政策のイノベーションとして光明であると同時に、難民が自立する機会が与えられたときに何をもたらすかを理解する貴重な事例となっている。

社会科学の観点からは、ウガンダは、難民の自立が難民自身と現地住民に与える影響を調べることができる一種の「実験室」である。オックスフォード大学の難民研究センターは、３年間にわたりウガンダの都市と農村に住むさまざまな国籍の約２０００人の難民を対象とした参加型の質的、量的調査を行い、これらの影響についての研究を実施した。この研究の成果として、難民に社会経済的な自立、とりわけ働く権利が与えられたときに可能になることの範囲が明らかになった[2]。

自立の影響

ナキバレは、ウガンダで最大かつ最古の難民居住地で、人口は約7万人である。ナキバレは、世界の他の難民キャンプとはまったく異なり、難民に経済的自由が与えられたとき、どのような社会経済的な変化が起こるかを示唆する刺激的な事例である。１００平方キロメートルを超える広大な居住区はベースキャンプ、ジュル、ルボンドという三つの行政区域に分かれ、そこには74の村があり、それぞれに大きなマーケットがある。ナキバレの特徴は、ソマリア人、コンゴ人、ルワンダ人、ブルンジ人、エチオピア人など、さまざまな国籍の人たちが共存しているにもかかわらず、他の成功した都市と変わらないことだ。実際、ナキバレはウガンダ南西部で最も活気のあるマーケットの一つとなっている。

ベースキャンプの中心にあるイサンガノ（Isangano）市場は、それが開かれる日は活発な経済活動で賑わっている。難民が農作物、家畜、布地などを売るために持ち寄り、衣類、電気製品、調理済みの食品、アルコール飲料なども販売されている。そして多くのウガンダ人も、このチャンスを逃すまいと遠くから市場にやってくる。イサンガノ市場から離れた場所でも、ベースキャンプの中心部は常に経済活動が活発である。ニュー・コンゴ、リトル・キガリ、ソマリ・ビレッジの多くの家は、何らかの中小企業に改装されている。食品や衣料品の売買が中心だが、普通の都市で提供されるサービスもある。コンゴ人の映画館、主にカンパラとの間を運行するソマリア人のバス会社、人気のエチオピア料理店などが、いたるところにある。商業地域にはお客さんとその商品を居住地の他の地域へ連れて行ってくれる「ボダボダ（boda-boda）」と呼ばれるオートバイのタクシーが並んでいる。

自立戦略は、難民が割り当てられた区画で主に農業を行うことを前提としていた。たしかに、コンゴ人、ルワンダ人、ブルンジ人の難民の約50％は農民である。しかし、多様化、専門化が進んだ。居住地に住む1万3000人のソマリア人は、農業経験がないため、農業には従事していない。その代わり、割り当てられた区画を転貸して、専門店、レストラン、ファストフード店などの小規模なビジネスを行っている。その多くは小規模なものだが、（海外に住む家族や親族からの）送金による投資を受けて、ビジネスが大きく成長し、コミュニティ内の多数の小規模小売店のための卸売業者になるソマリア人もいる。

この難民居住地では、非常に画期的なビジネスも展開されている。アブディ（Abdi）という名前の若者は、小さなビデオゲームスタジオを経営している。彼は使われなくなった発電機を見つけ、7カ月かけて修理した後、テレビや中古のプレイステーションゲーム機を集めた。そして現在、彼は難民の若者にFIFAワールドサッカーなどのゲームを少額の賃貸料で提供しており、その利益を事業の拡大に充てている。

さらには、ナキバレの経済活動は孤立しておらず、より広域に及ぶ貿易ルートやサプライチェーンの中に組み込まれている。例えば、ビテンゲ（bitenge）と呼ばれる色鮮やかな祭礼用の布を、コンゴ人が難民居住地のあちこちで売買している。外国人の多くは、この布はコンゴ民主共和国から国境を越えてウガンダに持ち込まれたと考えているようだが、実際には遠く中国やインドから輸入されているのだ。ビテンゲは首都カンパラにある広大なオウィノ（Owino）市場を経て、難民が運営するサプライチェーンによって、難民居住地に近い町へ届けられる。つまり、一見すると辺鄙な場所であるナキバレの難民も、グローバル経済とつながっているのである。

このような事例は、いくつも見られる。近隣にあるウガンダ人が経営する店にはツナ缶が置いていないにもかかわらず、ナキバレのソマリア人の店では、ツナ缶が売られている。では、どうやってその店は入手しているのか。答えは、ソマリア人コミュニティではツナ缶に対する需要が高いため、ソマリア人が関与するサプライチェーンによって、タイからサウジアラビアのリヤド、そしてケニアのモンバサを経由してカンパラへ缶詰が輸送され、さらにカンパラから難民居住地にツナ缶が運ばれているからだ。

難民の中には、他の人よりも経済的に成功している人間もいる。ナキバレの平均的な世帯収入は月39ドル程度だが、月15ドルから月150ドルまでさまざまである。ほぼすべての難民は、なにがしかの食糧配給を受けられるが、質の悪い土地を所有する難民は、生活費を稼ぐのに苦労している。一方、起業家などとして例外的に成功している難民も少数だが存在する。例えば、ルワンダ人のビジネスマンであるムニョムペンザは、長年にわたってトウモロコシの製粉事業を拡大し、現在では数人の難民を雇用している。彼は発電機や製粉機を何台も購入し、機器を冷却するための雨水貯蔵システムを建設した。2013年に新たなコンゴ難民がウガンダに流入した際には、世界食糧計画（WFP）は救済活動に必要なトウモロコシを製粉するためにムニョムペンザに報酬を支払うほど、彼のビジネスは成功している。ナキバレは決して完璧な場所ではないが、少なくともアフリカの他の多くの難民キャンプよりはましである。経済的な見通しだけでなく、希望や向上心を抱くことができる場となっているのだ。難民が経営する仕立て屋、建設業、商業などの分野で、難民が行うビジネスはインフォーマルな見習い制度のような役割を果たし、技術の継承も広く行われている。若者には、少なくとも夢を描くチャンスがあるのだ。例えば、コンゴ人の青年デムーケイは、ほとんど技能もなくウガンダに避難してきたが、コミュニティラジオ局を友人と立ち上げたり、ドキュメンタリー映画を作成したりするための資源と支援を難民居住地内で得ることができた。

ただ、教育水準が高く、扶養家族が少ない難民の中では、難民居住地を離れて首都のカンパラに移住するものも多い。首都では、難民は同じ国から来た人々と特定の地域に生活している場合が多い。例えば、ソマリア人の多くは、カンパラの「リトル・モガディシュ」と呼ばれる人口密度の高い、起業家精神に満ちたキセニに住んでいる。コンゴ人やルワンダ人のグループは分散して生活している。だが、難民はどこに住んでいても、東アフリカ最大の市場であるオウィノ市場をはじめとするカンパラの広大な経済圏に参加することができる。

起業は、難民が都市で生計を立てる上で主要な手段であり、多くの難民が自営業を営んでいる。小規模な路上販売や露天商、小さな商店の経営などが、都市で最も一般的な生計活動である。そして、多くのビジネスは難民の出身国と関連しており、エチオピア人の多くはタクシー運転手や外貨両替所を営み、コンゴ人は宝石や織物を売買し、ルワンダ人は洋服店を経営している。このような社会的ネットワークに基づく経済活動のかたまりは、経済の効率性のためよくあることだ。このテーマは後ほどあらためて述べたい。

難民は、受入国の人々と一緒に暮らし、働くことで、国家経済に積極的に貢献することができる。カンパラでは、難民の21％が雇用を創出する事業を営んでおり、その従業員の40％が難民受入国の国民であるという統計結果はその一例である。つまり、難民は難民同士だけではなく、受入国の国民にも雇用機会を創出しているのだ。

起業家精神に加えて、難民はお互いに社会的保護の仕組みを作り、公共財を提供してコミュニティの弱者を支援している。難民の83％が何らかの国際援助を受けている難民キャンプとは対照的に、カンパラで援助を受けている人の数はわずか17％に過ぎない。苦境に追い込まれた難民は、自分たちのコミュニティを頼りにしている。目立たない活動ではあるが、コミュニティに基盤を置く難民主導の組織が、国際社会から支援を受けられないような最も脆弱な立場にある人々を支援しているのだ。例えば、２００８年にコンゴ難民によって設立されたＹＡＲＩＤ（Young Africans for Integral Development）は、難民による難民のための組織である。子どもや若者にスポーツを行う機会を提供することから始まり、その後、活動は語学研修を行うまでに拡大し、現在はさまざまなコミュニティの男女へ、幅広い職業訓練を提供している。

正規の組織のみならず、インフォーマルなネットワークや宗教的・文化的な慣習を通じて、難民がコミュニティのニーズに応えている例も数多くある。例えば、ソマリア人コミュニティでは、単身の女性が世帯主である世帯同士で貯蓄を共有し、困難な状況に陥った人がいた場合、共同の貯蓄からお金を引き出すことができるアユート（aiutos）という仕組みがある。一方でザカート（zakat）は、ソマリア人のコミュニティが自発的に組織化している、困っている人々に対して支援する慈善活動である。また、ソマリア系ウガンダ人の企業の中には、シティ・オイルのように、連帯の精神から同民族の難民を優先的に雇用している企業もある。

繁栄するか生き延びるか？

ウガンダでの難民生活を美化すべきではないし、すべての場所でナキバレやカンパラのような機会が得られるわけでもない。２０１３年にコンゴ民主共和国で再び紛争が発生し、大規模な難民が新たに流入した。その数に圧倒された政府は、ウガンダ西部の人里離れた場所に新たな緊急キャンプであるルワムワンジャ（Rwamwanja）難民居住地を開設し、治安維持のために他の地域よりも厳しく管理した。ウガンダ政府はルワムワンジャに住む5万人の難民に対して、一時的な建物を作ることしか認めず、当初は移動にも制限を課していた。ほとんどの難民は他の地域で生活することを望んだ。ある難民が述べるように、「誰もこのルワムワンジャキャンプに来ることを選んでいない。私たちは強制的にここに来させられた」。

しかし、ルワムワンジャでも難民に働く権利が与えられると、驚くような変化が見られた。最初は何もなかったルワムワンジャで、経済活動が行われるようになったのである。ほとんど何も持たずに避難してきた難民の一部は、救援物資や食糧の配給を受け、その一部を売り、起業資金を調達した。人道支援機関から支給されたトウモロコシや食用油を、ウガンダで生産されたバナナやキャッサバなどの作物と交換し、難民居住地で販売した。そのような起業家によるささやかな経済活動が、経済の急速な発展につながった。小さな商店がビジネスを始め、市場が開かれ、それによってウガンダ人も難民居住地にやってくるようになり、周辺地域に定住する者も出るようになった。あるウガンダ人は、「私は以前、カンパラで小さなレストランを経営していたが、友人がこの地域にビジネスチャンスがあると教えてくれたので移動してきた。1日に200人ほどのお客さんが来てくれる」と言っていた。ホスト・コミュニティと難民との交流も始まっている。わずかな期間で、ほとんど何もないところから経済活動が生まれ、コンゴ難民の中には、新たなビジネスチャンスを求めてナキバレから移ってくる人もいる。

ルワムワンジャの事例は、開発志向のアプローチは難民問題の緊急フェーズの後に導入されるべきだという、一般的な政策の前提に疑問を投げかけている。難民が流入してきたときに働く権利を認めるだけでも、難民居住地の歩みは劇的に変化する、というのも、専門化と多様化が可能になり、難民と受入国の人々の両方に機会がもたらされるから――ということをこの事例は明らかにしている。

自立はすべての人に同じ効果をもたらすわけではなく、難民世帯によって経済的な成果にはかなりの差異が生じている。繁栄する者もいれば、生き延びるだけで精一杯の者もいる。オックスフォード大学の研究によって、難民の所得レベルを決定する六つの主要な変数が明らかになっている。第一の変数は規制の存在である。受入国経済に参加できる度合いが高いほど、難民の所得は向上している。ウガンダでは、都市部にいるか、長期キャンプにいるか、緊急キャンプにいるかが、規制に代わる変数である。コンゴ人難民の平均収入は、カンパラで月に120ドル、ナキバレでは39ドル、ルワムワンジャでは17ドルである。第二の変数は国籍である。他のすべての変数の影響を取り払うと、「ソマリア人である」という事実だけでコンゴ人に比べて収入が97％ほど増加する。国の文化によっても違いがあり、例えば、ソマリア人は起業、相互的な助け合い、海外送金などで知られている。第三に、教育レベルである。1年長く教育を受けると、平均所得は3％も高くなるが、教育のレベルも重要になる。初等教育を1年多く受けると1%、中等教育を1年多く受けると10%、高等教育を1年受けると27%、それぞれ収入が増えている。初等教育を修了すると、30%の収入増につながっている。第四に、職業の違いである。自営の非農家が最も収入が高く、雇用されている農民が最も低い。第五はジェンダーの違いである。同程度の教育を受け、同じ国籍で、同じ期間ウガンダに滞在し、同じ場所で生活している女性の生計維持者は、男性の生計維持者よりも収入が最大で15%低い。第六に、ネットワークへのアクセスである。さまざまな指標は、難民世帯がより広い国内および国境を越えたネットワークを活用することができるほど、彼らの収入レベルが高くなることを示している。(3)

データから論理的に導き出せる政策の影響がある。難民の所得を上げ、人道支援に対する依存度を下げるためには、いくつかの政策対応が必要である。まず、難民が経済活動に参加するためには参入障壁を取り除く必要がある。そして、難民を単なる被害者として扱うのでなく、彼らの自助努力と相互支援の文化を奨励する必要がある。さらに、高等教育に至るまでの難民の教育の優先度を高くすべきである。難民の金融サービスへのアクセスを改善したり、ビジネスを阻害、遅延させる諸規制を変えたりして経済の多様化と起業家精神を支援すべきである。難民に対するジェンダー政策では、社会経済的な機会を増やすようにすべきである。経済活動はネットワークによって活発になるから、ネットワークへの接続を容易にする必要がある。例えば、難民が銀行サービスにアクセスできるようにするのである。

しかし、こういった対応を世界中で起こすためには、難民に対する考え方や対応を根本的に変える必要がある。難民受入国は、難民を国家の発展に貢献する可能性のある人々として認識し、経済参加の機会を提供する必要がある。そのためには、国際機関が、難民をキャンプに閉じ込める「人道的サイロ」政策を捨てて、難民の雇用、教育、経済的エンパワーメントを優先することが必要だ。そうなると、難民受入国に難民の自立性と働く権利を認めるようなインセンティブを作り出す新しいパートナーシップが必要になる。

ヨルダンはウガンダではない

ほとんどの難民受入国はウガンダのようではない。ウガンダ政府の自立戦略は、非常に特殊な状況下で生まれた。ウガンダには耕作地が豊富にあり、難民が自立する機会を事実上与えてきた長い歴史があり、国際社会が資金協力でインセンティブを提供し、一党独裁の国家で国内の選挙対策とは無縁だった。難民政策を検討する上ではその政策の置かれた文脈が大事だ。ほとんどの難民受入国は、ウガンダとは異なり、難民の働く権利を制限している。

難民受入国の難民政策は、それぞれの国の政治や歴史を背景として形成されている。そのため、難民の経済的エンパワーメントを高めるための試みは、政治的・経済的文脈に即して行われる必要がある。難民受入国の政治的、経済的な制約と機会を明確に理解した上で、この試みは行われる必要があるのだ。その国の難民政策はどのように変化してきたのか、政策に影響力のある人々は誰で、どのような動機で彼らを動かすことができるのか。多数の難民を受け入れることが受入国の利益になる条件とは何か。これらの要因が理解されて初めて、政策変更のための手段を特定することができる。

ここで、シリア難民問題で大きな影響を受けたヨルダンの例を見てみよう。難民に対するヨルダン政府の初期対応は、多くの難民受入国と同様に、ウガンダよりもはるかに厳しい政策的制約に縛られていた。しかし、ヨルダン政府の難民政策は、ウガンダの政策以上に世界のその他の国々にとって重要な意味を持っている。ヨルダンは、シリア、イラク、サウジアラビア、イスラエルと国境を接しており、不安定な中東地域の中で安定した稀有な国である。歴史的に見ても、サーカシア人、アルメニア人、パレスチナ人、イラク人を数十年にわたって受け入れるなど、ヨルダンは、難民に対して非常に寛大な態度を示してきた。ヨルダンの人口はわずか650万人だが、UNHCRの推計によると60万人以上、ヨルダン政府の推計では100万人以上のシリア難民を受け入れている。

難民の一部は、ザータリ、アズラク、ザルカに設置されている難民キャンプで生活しているが、これらの難民キャンプは実質的に「難民倉庫」に近い状況で、経済的な自立性は低く、国際社会からの支援に対する依存度も高い。対照的に、難民の83％は都市部で生活しており、首都アンマンに住む難民が最も多く、他にもイルビドやマフラクなどのヨルダン北部の地方都市に住んでいる。彼らは自らの判断で住む場所を決めている。都市部の難民は、高いレベルの自由を得られる一方で、ほとんどの国際支援を放棄することになる。さらに、ほとんどの人がインフォーマル経済の中で生計を立てており、正規の労働許可証を取得できる人はほとんどいない。というのも許可証は法外に高いか、煩雑な手続きが必要だからだ。

国際社会による対応は、難民レジームを特徴づける人道的サイロの論理に基づいている。ドナーは人道支援のために資金を提供し、一次庇護国は、難民を領土内に受け入れることが期待されている。シリア難民のうち第三国定住プログラムによって域外国に受け入れられた難民は3％にも満たない。他の近隣諸国と同様に、このような状況はヨルダンにかなりの負担となっている。難民の経済活動を拡大するよう迫られたとき、ヨルダンは開発と安全保障についての大きな懸念を表明してきた。

第一の懸念は、経済資源をめぐる競争である。特にヨルダン人が懸念していることは、雇用の奪い合い、賃金の低下圧力、住宅価格の上昇圧力、そして国内の希少な水資源などの天然資源の枯渇である。最近の研究では、シリア難民がヨルダンの労働市場に与える影響はごくわずかであることが明らかになっているが[4]、これは規制のせいだとも考えられ、依然として大きな懸念がある。

しかし、肝心な懸念は国家安全保障に関わることだ。シリア人が都市部に集中していることでさまざまなリスクが生まれるが、中でも長期的な経済的機会に恵まれない若者が増加しているために起きかねない問題がある。シリア難民が避難時に所有していた貯蓄や資本を使い果たしてしまうにつれ、危機意識が高まっている。例えば、2014年9月にヨルダンがシリアとの国境を閉鎖することを決定したタイミングは、2014年7月以降にイスラム国（IS）に関連した難民が急増した時期と重なっている。ヨルダン政府にとっては、過激思想の浸透やテロリストの入国に対する懸念のほうが、難民流入の労働市場への影響よりも優先すべき関心事となった。

その結果、難民政策は停滞してしまっている。ほとんどのシリア難民は都市部で避難生活を送っているが、インフォーマル経済に依存した最低限の生活を余儀なくされており、子どもたちは学校に通えないままになっている。難民キャンプで国際人道支援に依存した生活をする難民は少数派である。安全保障上の懸念が高まる中、ヨルダンとシリアの国境にあるバーム（Berm）と呼ばれる非武装地帯に数万人の難民が閉じ込められている。それに対して国際社会は、サミュエル・ベケット（Samuel Beckett）の不条理演劇『ゴドーを待ちながら』のように、シリアでの戦争が終わることを願いながら人道支援を続けている。シリア人の若者たちが、自分たちに残された道は危険を冒してヨーロッパに向かうか、シリアに戻って戦うかのどちらかしかないと考えるのも無理はない。

ヨルダンをはじめとする世界の政策上の課題は、どうしたら難民をエンパワーしつつ、難民受入国が憂慮する開発や安全保障の問題を解決できるかだ。簡単な答えはない。しかし、私たちは、ヨルダンに利益をもたらしつつ、難民を支援し、地域の安全を高める解決策があると考えている。それは、雇用創出のための特別なアプローチの中にある。

別のアプローチ

前述の制約にもかかわらず、ヨルダンのシリア難民コミュニティでは、驚異的なレジリエンスと創意工夫が見られる。８万３０００人のシリア難民が暮らすザータリ難民キャンプでは、労働は認められず、すべての経済活動は政府によって厳しく規制されている。しかし、難民キャンプは創造性に溢れている。フランスの有名なショッピング街シャンゼリゼとシリアの歴史的名称であるシャームを掛け合わせたシャームゼリゼと呼ばれる賑やかなメインストリートでは、店や小規模なビジネスが並んでいる。難民キャンプの入り口で厳しく出入りが管理されているにもかかわらず、化粧品、繊維製品、医薬品、ペットなど、想像できる限りのあらゆるモノが、ここでは購入できる。

イノベーションは他の面でも発揮されている。ある寛大な湾岸諸国の寄付により、輸送用コンテナを改造して作られた移動式住居がキャンプの全世帯に与えられているが、これらは再改造され、シャームゼリゼに並ぶ移動式店舗になったり、家具にすら作り変えられている。レンガやセメントを難民キャンプに密かに持ち込む建設関連の闇取引によって、コンテナ製住居の多くがアップグレードされたり拡張され、別の目的に使用されたりもしている。難民キャンプ内では、園芸ショップや奇抜な壁画、コミュニティ新聞など、難民の創造性や起業家精神を表す事例が数多く見られる。

このようなインフォーマルな活動の一部は容認されているが、正式には禁止されており、選別的に解体されている。ヨルダンの警察は時折、ビジネスの規模が大きくなりすぎたため、あるいは懲罰的な理由で、特定のビジネスを閉鎖するために家宅捜索を行っている。難民キャンプには不合理な矛盾が蔓延している。何百人ものヨルダン人教師が多額の費用で雇われ、ヨルダンのカリキュラムに沿ってシリア難民の子どもたちを教えている一方で、何百人もの有能なシリア難民の教師が放置されているのだ。技になったらどうなるだろうか。

術、才能、願望の抑圧や無視は、誰のためにもならない。では、もし難民が労働市場に参加できるようになったらどうなるだろうか。

2015年4月、私たちはヨルダンを訪れた。ザータリ難民キャンプを訪れた際、キャンプから車で15分ほどのところにある経済特区があることを知った。経済特区とは、貿易や投資、雇用創出を誘致するために、ビジネスや貿易に関する法律が国内の他の地域と異なる区域のことである。その経済特区は、キング・フセイン・ビン・タラール開発地区（KHBTDA）という名称だった。政府は1億ポンドを投じて、この地域を全国の道路網と経済グリッドに接続させていた。しかし、そこにある数少ない工場の稼働率はかなり低かった。その理由は、労働者と投資という二つの要素が欠如していたからである。そこで私たちは考えた。もし難民がヨルダン人と一緒に経済特区で働くことができたら、何が起こるだろうか。それは難民の利益になると同時に、ヨルダンの国家開発戦略に貢献し、さらに紛争後のシリアでの復興を促進するのではないだろうか。

ヨルダンは中所得国であり、国家開発戦略の優先事項の一つとして、製造業の飛躍を掲げている。しかし、製造業への移行には困難もある。ヨルダンは「中所得国の罠」に陥っていた。労働力の安さでは低所得国に太刀打ちできず、技術やイノベーションでは先進工業国に太刀打ちできないのである。現在、世界の製造業の多くは中国に集中している。例えば、世界のボタンのほとんどは、俗に「ボタノポリス」と呼ばれる中国のたった一つの都市で製造されている。これは、いわゆる集積化（クラスター化）と呼ばれるもので、製造業が地理的に集中することで、労働力、サプライチェーン、バイヤーのアクセスに規模の経済が発生するのだ。ゆえにヨルダンのような国が製造業に参入するのは容易ではないが、不可能ではない。必要なことは、少数でも重要な製造企業を国外から呼び込み、時間をかけて飛躍が可能なレベルのインフラ整備と集積化を実現することである。

る。難民は、潜在的な労働力の供給源だからだ。例えば、シリア難民は熟練した技術を備えた高学歴の人が多く、ヨルダン人と同じアラビア語を使う。重要なことは、難民危機が国際的に認知されることで、多くの多国籍企業のヨルダンへの移転をヨルダン政府がアピールする機会が生まれることである。それが企業の社会的責任ないしビジネス上の利益につながるという理由からだ。また、難民危機は、ヨルダン政府が欧米諸国の政府に市場にアクセスするための貿易優遇措置を求める根拠ともなる。

ヨルダンのような国にとって、難民の流入は間違いなく産業の重点を製造業へ移行する機会になりう

さまざまな外部アクターが、難民のためにこのような経済特区の創設を支援するかもしれない。例えば、難民の雇用と働く権利を条件として、特定の地域で操業するビジネスにEUが貿易上の特権を与えるということも考えられる。さらに、シリアで操業が不可能になったシリア企業が、いずれはシリアに戻ることを前提としつつ、経済特区に移転することを促す機会となるかもしれない。同様に、アメリカン・エキスプレス、ソニー、キャタピラーなど多国籍企業も経済特区へ移転する機会となるかもしれない。

経済特区は、搾取的な低賃金労働を連想させるため、評判が悪いことが多い。しかし、このモデルを、人権を尊重し、一連の倫理綱領と合致するよう修正できないわけではない。このアイデアの核は、難民が一連の権利や能力にアクセスできる地理的空間である経済特区を設置することだ。重要なことは、このモデルが強制されたものでなく、難民がこれらの空間で働き、隣接地域で居住したくなるような魅力的な機会を提供することである。このモデルは、難民の自由な選択と自立を高める可能性を前提としたものでなければならない。

我々の主張では、このモデルの重要な点は、紛争後の復興に貢献するところにある。理想的には、治安状況が改善し難民がシリアへ戻る際に、ここで展開される事業の多くもシリアにフットワークよろし

く移転し、それによって政治的・経済的な移行期に重要な役割を果たすことになる。このモデルは、シリア国内の治安の悪さが解消されるかどうかに左右されるものではない。それはヨルダンでの社会統合ではなく最終的にシリアにおいて紛争後の復興に向けて貢献することを目指している。その意味で、このモデルは、難民の自立を高め、ヨルダンが求める国家開発と地域の安全保障にも適合しており、シリアの再建も支援するものなのだ。

ヨルダン・コンパクト

これらの初期のアイデアは、政治的なきっかけを得て実行に移されてきた。国際的な関心を集めるきっかけは、2015年9月の英国のデービッド・キャメロン首相（当時）によるヨルダンとレバノン訪問である。その後、トルコからギリシャへ密航する際に溺死しトルコの海岸に打ち上げられた3歳のアイラン・クルディ（Aylan Kurdi）の写真がヨーロッパ各紙に掲載されたことで難民支援に対する関心が高まった。英国政府は、シリア難民の第三国定住を開始し、一次庇護国から密航業者に頼らず直接英国に移動できるようにした。キャメロン首相は、ヨルダンの首都アンマンでアブドラ国王（King Abdullah）に会い、このアイデアを提案した。

英国政府は、まずこのアイデアの輪郭を協議してから、英国国際開発省［2020年より外務・英連邦・開発省に改組］内やヨルダン政府との間で一連の技術的な議論を行った。英国政府は、世界銀行が関連インフラに資金を提供する可能性や、EUが経済特区で生産された製品を輸入する際に関税優遇措置をとる可能性を検討した。私たちも、2015年11月、公共政策界とビジネス界に向けたこのアイデアを、米国の有力な政策ジャーナル『フォーリン・アフェアーズ』に公表した。2016年1月、ヨルダンのラニア王妃（Queen Rania）は、グローバルビジネスのフォーラムであるダボス会議において、難民に対する企業の社会的責任とは、利益の一部を毛布の提供に充てることではなく、難民をグローバルなサプライチェーンに組み込むことで、難民の持つ技術を活用することだという考え方を企業のＣＥＯたちに説いた。難民問題の解決に向けて企業の関心が高まる中、ラニア王妃の話は、さまざまな製造業のトップの関心を集めた。

パイロット・プロジェクトの正式な立ち上げは、２０１６年2月4日にロンドンで開催されたシリア危機に関する支援会合の一環として行われた。そこでは、キャメロン首相とアブドラ国王がパイロット・プロジェクトについて語り、ウォルマートの英国子会社である大手スーパーチェーン、アスダのＣＥＯ、アンディ・クラーク（Andy Clarke）をはじめとしたＣＥＯたちも発言した。キャメロン首相は開会の挨拶の中で、今回の支援会合で確約された総額１１０億ドルに加え、難民受入国の雇用創出と開発の促進は前例のない創造的な貢献になると訴えた。このアイデアは広く支持され、例えば英国のゴードン・ブラウン元首相は会議当日、レバノン、ヨルダン、トルコに経済特区を作るべきだと記した[5]。

支援会合で発表された「ヨルダン・コンパクト」では、ヨルダンは約20億ドルの支援と投資を受けることになった。その代わりに、ヨルダンは最大で20万人のシリア人に対して労働許可証を発給することになる。その主な手段の一つは、ＫＨＢＴＤＡのような既存の開発地域を利用して、難民がヨルダン人と一緒に雇用される五つの新しい経済特区を設立するものだ。その後数カ月間かけて、ヨルダン政府と英国政府は、世界銀行とともに、ヨルダン・コンパクトの詳細を詰め、パイロット・プログラムを推進するために交渉した。英国には斜合力と資金があり、世界銀行は低利子の融資を提供した。しかし、最も重要だったことは、ＥＵが経済特区から輸出される特定の製品に対して貿易特権を与えるという前例のない約束をしたことである。特に、ＥＵは破壊されてしまったシリア西部のホムス市でのように多くのシリア人が携わっていた衣料分野をまず優遇することに合意した。

2015年6月、米国のオバマ大統領（当時）は、一次庇護国での雇用創出を彼の個人的な遺産にしたいと示唆した。7月には、彼のイニシアチブのもと、米国の大手企業のCEOに、難民に雇用機会を提供するように直接訴えかけた。この本を書いている時点で、このイニシアチブがどれほど成功するかは判断できないが、間違いなく正しい方向にある。しかし、その予算はどこから来るのだろうか？　それを支える貿易政策はあるのだろうか？　米国議会が大統領の成功に手を貸すことはないとすれば、大統領が唯一持つ手段は、CEOの道徳心に訴えかけることであろう。しかし、強調しておきたいことは、企業活動は慈善事業ではないということだ。

このヨルダン・コンパクトは、政府と企業が協力して取り組み、旧来のサイロを超えて、開発、貿易、安全保障と難民問題の解決策を統合する新しいタイプのパートナーシップである。重要なことは、相互に利益を得られる分野を特定することができれば、難民を受け入れることは避けられないコストではなく、利益を得る機会になると認識することだ。ヨーロッパの政府は、難民危機に対処したいと考えており、ヨルダンは製造業の発展と安全保障上の不安の解消を望み、ビジネス界は現代の資本主義への市民からの尊敬を回復しつつ新たな投資機会を求め、難民は働くことを求めている。そして、当事者すべての利害がシリアの長期的な将来にかかっている。これらの関心事項を結びつけることで、誰もが恩恵を受け、これまでのように教訓を垂れる代わりに、難民の生活を実際に変える可能性が出てくる。

このパイロット・プロジェクトは、今日の世界で最も重要な経済実験の一つといわれている。このモデルが長期的に成功するためには、多額の企業投資が必要となる。また、倫理的で難民保護の基準に合致した方法で運営されるとともに、既存の仕事を単に置き換えたり、正規化したりするのではなく、新たな雇用機会を創出することが必要となる。最終的にどのような結果になるかは別として、このモデルは、政治的に選択肢が限られている国であっても、エンパワーメントと雇用創出に基づいた、新たな難民のためのビジョンを提示している。

難民のためにグローバリゼーションを活用する——どう機能させるか

グローバリゼーションは、脅威的で破壊的な面もあるが、物事を良い方向に進める強力な力にもなる。最大の利点は、グローバリゼーションは、それまで機会が何もなかったような場所に、収入を得る機会をもたらすことである。難民は、難民になる前の日常生活から切り離され、難民受入地域の社会では経済的に最下層に甘んじていることが多いことから、他のどのグループよりもこのグローバリゼーションの力を必要としている。

しかし、シリア難民にグローバルな機会をもたらすことは、実際にはどの程度実現可能だろうか。表面的には、ドイツに逃れた人たちが最も良い境遇にあるように見える。しかし、実際にはそうでもなく、ドイツ連邦雇用庁によると、これまでのところ、ドイツに入国した者の雇用率は10％にも満たない[6]。時間の経過とともに好転することが期待されるが、ドイツにおけるシリア難民のこれまでの雇用実績は、さほど高くない。世界的な生産拠点であるドイツにおいて、貧しい国から逃れて来た難民のスキルは産業構造に適合していないため、これは当然の結果である。

ドイツのグローバル市場向けの生産は、高度に専門化され長年の訓練を必要とする技術に頼っている。世界的にも羨望の的となっているドイツの訓練システムは、学校教育の最後の数年間と就労初期の数年間が統合されている。難民が、このシステムに組み込まれることは容易ではない。ドイツ人の最低賃金は平均して高い技術レベルを反映しており、シリアの賃金はシリアの低い生産性を反映しているので、ドイツの賃金はシリアよりもはるかに高い。ドイツの1人あたりの所得は、紛争前のシリアの所得の約20倍である。つまり、ドイツに住むシリア難民がグローバル経済に組み込まれることは難しい。難民は、郵便局のように、難民のために公共部門で新たに設けられたサービス業に就く可能性が高い。そのような職種であっても難民は職探しに苦労する。トイレ掃除の仕事に応募したある難民は、地元の雇用局から「生粋のドイツ人でも同じ仕事ができる」という理由で不合格にされてしまった[7]。このような基準があるため、ドイツの中で避難生活を送る難民の多くは失業の可能性に苦しむだろう。

難民出身地域の一次庇護国に住む難民をグローバルな市場と結びつけるほうが、より簡単であろう。逆説的にいえば、ドイツの企業は、難民をドイツ国内の経済活動に統合するよりも、難民出身地域の一次庇護国で難民に雇用を創出するほうが簡単だと考えるかもしれない。なぜなら、ドイツ企業は現代のグローバリゼーションの開拓者だからだ。グローバリゼーション研究の世界的な第一人者であるリチャード・ボールドウィン（Richard Baldwin）によれば、1990年代以降のグローバリゼーションとは、生産拠点を中国に移すことではなく、企業内の一部の業務を、より労働力が安価な地域に移すことである[8]。これらの拠点は、メインの工場から何千マイルも離れていてはいけない。なぜなら、両方の拠点は統合されたプロセスとして生産がコントロールされなければならないからである。例えば、マネージャーは両拠点間を1日で移動できなければならない。重要なのは距離だけではない。親工場と下請け工場はへその緒でつながっているようなもので、そこには規制のような障害があってはならない。親工場のある国と下請け工場のある国の間にある貿易障壁は、致命的となる。1990年代、ドイツの製造業が好んで進出した先はポーランドだった。ドイツから非常に近く、ドイツよりもはるかに安価で、EU加盟国であるため障壁もなかった。ドイツ企業だけでなく、米国企業や日本企業も同じモデルを開発しているが、ヨーロッパのやり方の実践者なのだ。米国企業は一部の作業をメキシコで行い、日本企業は一部の工程を中国に委託している。

しかし、中国同様、ドイツの生産拠点がポーランドに移ることで同国の賃金は上昇し、企業は少し遠くの国に目を向けるようになった。この10年間、新たな拠点として選ばれるようになったのがトルコである。トルコはポーランドよりも遠いが、それでもオフショアといえる距離にある。難民が歩ける距離にあるのだから、ドイツの経営者は飛行機で簡単に飛べる。また、トルコはEUに加盟していないが、貿易上の特権的地位を有していて、ＥＵはトルコで生産された商品に関税をかけない。トルコが爆発的に成長したのは、製造業が世界市場に参入できたからである。一例を挙げれば、トルコ内陸部の無名の町が、この10年間で合成繊維の絨毯生産の世界的中心地に成長した。

ドイツ企業がトルコに拠点を移すことができるということは、理論的にはヨルダン、レバノンを含めた三つの一次庇護国すべてに拠点を移すことができるということだ。トルコの大きな利点は、ヨーロッパ市場への特権的なアクセスだった。トルコにもヨルダンにも、難民が受入国の国民と一緒に働く可能性のある工業地帯がたくさんある。もちろん、そのためには難民受入国が、経済特区での難民の就労を認める必要がある。２０１６年2月のロンドン会議でヨルダン政府が合意したヨルダン・コンパクトでは、工業地帯で新たな雇用を創出する見返りとして、難民に労働許可証を発給する約束が含まれていた。つまり、国際ビジネスは、難民の生活に人間としての尊厳をもたらす重要な役割を果たすことができるのだ。ヨルダン政府は、1年間で5万人分の労働許可証を発給することを約束しており、この本を執筆している時点では、この目標の達成に向けて順調に推移しているが、重要なのは、国際ビジネスが十分な雇用を創出できるか否かである。

一次庇護国の工業地帯に生産拠点を設けるためには、何年もの準備が必要なように思えるかもしれない。しかし、グローバルビジネスの動きは、そのような悠長なものではない。メキシコでは、ある米国企業がゼロから生産開始までたった6週間しかかからなかった。中国からエチオピアへと靴の生産拠点を移転した事例でも、数カ月しかかかっていない。CEOがこの問題に真剣に取り組めば、1年で多くのことが実現できるのだ。

難民の雇用創出を生み出すには、一次庇護国に新たな工場を建設することが必要なわけでは必ずしもない。シリア難民を受け入れている主要な一次庇護国はすべて多くの工場を有する中所得国であり、国内外の多くの企業がグローバルなマーケティングチェーンに商品を供給している。鍵となる企業は、グローバルな生産業ではなく、グローバルな小売業かもしれない。例えば、英国の大手スーパーチェーンであるアスダは、一次庇護国の経済特区の製造業者が難民を雇用することと引き換えに、業者に発注することができるかどうかを調査した。それが可能であることがわかり、現在、英国の消費者がアスダの店舗で購入している製品の中には、難民が作ったものもある。

グローバリゼーションはシリア難民にも有効だが、必要とされる規模で機能するだろうか？　外国企業が新たに生産拠点を立ち上げたり、すでに進出している企業から購入したりして雇用を創出することは、他の雇用を生み出すことになり、経済学でいう乗数効果が生まれる。新たな労働者が得た収入は、国内で生産されたサービスや食料品の購入に使われる。雇用における乗数効果は状況によって異なるものの、影響は大きい。

国際的なビジネスは、難民の人生の機会に真の変化をもたらすことができるが、政府はそのプロセスの触媒となることで決定的な変化を生み出すことができる。ロンドン会議の後、キャメロン首相は、それを実現するため、「全政府アプローチ」で取り組んだ。モリス女性男爵（Baroness Morris）を特使に任命して民間企業を呼び込み、サジッド・ジャビット（Sajid Javid）ビジネス担当大臣がいくつかの企業のCEOたちと一緒にヨルダンに飛んだ。アスダとの取引が実現したのも、こうした経緯によるものだ。他のヨーロッパ諸国の指導者たちは、招き入れた何千人もの難民を隣国に移すか、欧州委員会の指令に抵抗するかで頭がいっぱいで、一次庇護国に残された何百万人もの難民の雇用創出について考えることができなかった。

グローバルなプロトタイプとは？

ヨルダンの経済特区モデルをすべての難民受入国に展開すればよいというわけではない。なぜなら、個々の文脈に応じて異なるアプローチが必要だからである。重要なことは、純粋な人道的アプローチから、雇用や教育を中心とした開発アプローチに移行することだ。今後の課題は、難民を繰り返し受け入れている周辺地域や国境地帯で開発特区を設置することだ。

前例は他にもある。北朝鮮の開城工業団地では、韓国企業の資本で北朝鮮の労働者を雇用している[9]。タイではミャンマー難民や移民労働者のための地区が設けられている[10]。また、フィリピンのバターン難民センターは、その後、経済特区として再利用されている[11]。

どのアプローチをとるにしても、エンパワーメントを促進する必要がある。それは、難民に働く機会を与え、官民連携を促進し、難民を人道主義だけでなく開発や貿易の観点から理解すべきこと、ならびに相互利益の原則に基づいて取引を行う必要があることを認識することを通して行われる。

ウガンダとヨルダンのモデルは、まったく異なるアプローチがある可能性を示している。地域開発のアプローチは、参加の度合いによって、一方にはウガンダのような統合モデルがあり、他方にはヨルダンのような起業支援モデルがある。統合モデルでは、難民は受入国の市民と同じ社会経済的権利や政治的権利を段階的に獲得する。起業支援モデルでは、経済的な機会を得られる地理的に画定された場所が設定される。個々の文脈によってこれらのモデルの実現可能性や望ましい方向性は異なってくる。

ヨルダンの経済特区パイロット・プロジェクトは、製造業の拡大を目指す中所得国に焦点を当てている。「開発地域」の基本的なロジックは、統合を目指すのか、起業支援を目指すのかにかかわらず、第一次産業、第二次産業、第三次産業の構築を目指し、必要な投資を誘致することである。製造業、農業、情報経済のどれを促進するかによって、成功のために必要なモデルとパートナーシップは異なってくる。

難民の保護と移民の保護は異なる。難民保護の目的は、人々が出身国へ帰れるようになるまで、あるいは他の場所に定住できるようになるまで、十分な権利を提供することである。創造性を発揮すれば、難民の活躍を促進し、同時に、特に開発が進んでいない国境地域の開発戦略を支援することで、難民受入国にも利益をもたらすことができる。

難民問題を超えて

本章では、人道主義に支配された難民支援活動に悲劇的ともいえるほど欠落している常識的な考え方を紹介した。つまり、難民には仕事が必要だ、ということである。「アフリカ」という言葉が示唆するイメージと同様に、現代の一般的な言説では、難民という言葉は被害者をイメージさせる。善意だとしても、難民を卑しめるような表現は曲解を招く。本章で述べたとおり、難民は世界中で制限された環境に置かれ、経済活動から切り離されてしまっている。私たちの提案は、このようなレジームを覆し、グローバルなビジネスを乗り出させ、難民にも繁栄の機会をもたらそうというものだ。

この新しいアプローチは、難民問題にとどまらない可能性を秘めている。次の章では、このアプローチが紛争後の国に安定を取り戻すためにも役立つ方法を紹介したい。

第7章　紛争後を再考する——復興の促進

集団暴力（紛争）は、平時での出来事ではない。脆弱な社会であっても、そのリスクが顕在化することはあまりない。集団暴力はめったに起こらないし、必ず終わるものだ。しかし絶望的な紛争の中では、この真実を見失いやすい。ギリシャ領レスボス島の海岸でインタビューに応じた若いシリア人のように、「シリアは終わった」と結論づけたくなる。シリアは廃墟と化すだろうが、シリアが終わるわけではない。１７７７年にアダム・スミスが「国家には多くの破滅がある」と述べているが、それで彼が言おうとすることは、社会は多くの災害にあいながらも回復することができるということだ。この章では、その復興を支援するために私たちに何ができるかについて述べていく。

具体的には、難民政策と紛争後の復興政策を隔ててきた縦割りの壁を打破するための提案だ。紛争後の復興は難しい。社会には、紛争のリスクが非常に高いために、紛争が収束する前に紛争が再発するという罠に陥る危険性がある。これが南スーダンで起きていることだ。賢明な難民政策は紛争後の復興を容易なものとし、この罠の危険性を減らすことができる。そのような政策は、平和の回復を加速させるかもしれない。復興政策と難民政策の統合により、通常の生活を取り戻したいという、避難民の切実な希望を提供することができるのだ。

なぜ復興が重要なのか

レスボス島へのボートでの脱出という混乱の中で、長期的な展望は見失われがちだった。メディアは、沈没したボートからの人々の救出や、バルカン半島を徒歩で移動する際の宿泊施設探し、ドイツに到着した人々への食糧配給や住居探し、最近の一連のテロ攻撃が難民の流入と関連しているかなど、目先のことばかりに気をとられてきた。メディアがより広い視野に立って報道する場合でも、EU域内に到達したシリア難民をどのように統合するのが最善かとか、欧州委員会が受け入れに消極的になる加盟国の間でどのようなルールで難民割り当てをすべきか、というように欧州中心的な焦点の当て方だった。

これらは難民問題の核心ではない。（避）難民は集団暴力によって故郷から追われているのだ。シリアの紛争では、集団暴力の状況の多くがそうであるように、避難民の多くは国境を越えることすらない、国内避難民だ。国際メディアは、自国内のより安全な地域に逃れた国内避難民に何ら関心を寄せない。シリアに派遣されたジャーナリストや写真家は、戦闘の取材だけに関心がある。シリア関係のニュースで毎日流れるのは、レスボス島に渡ってきた人たちや戦闘員の映像だけだ。600万人のシリアの国内避難民と、周辺国に避難している400万人のシリア難民は写真映えせず、報道もされないのだ。

国内避難民および周辺国へ避難した難民に焦点を当ててみると、なぜ紛争後の復興が重要なのかが明らかになる。600万人の国内避難民は、おそらくドイツへ向かった人々と同じような恐怖と後悔の念を抱きながら家を後にしただろう。違いは、彼らの将来がドイツ語の習得によって決まるものではなく、シリアがどれだけ迅速に経済とコミュニティを回復させるかによって決まるものだということだ。シリア周辺国にいる400万人の難民は、トルコにいる人はトルコ語を学ぶなど、その国で新しい生活を築こうと決意するかもしれない。しかし、周辺国にいる難民の大半は、平和になったらシリアに戻ることを望んでいる。ヨーロッパにたどり着いた難民の中にも、ヨーロッパ人として再出発するよりも帰国することを好む人がいるかもしれない。また子どもたちが自分たちの文化とは異なる文化を吸収していても、ヨーロッパにいながらシリア人というアイデンティティを持ち続ける人もいるかもしれない。

紛争後の復興に焦点を当てる大切な理由の一つは、それが難民の大多数にとって重要なことだからである。もう一つの理由は、紛争の再燃の回避と地域の安定化という、人道的な関心と利己的な関心が合わさったものである。将来、シリアが平和を回復したとしても、それが再び紛争に逆戻りするなら、シリアにとって、周辺地域にとって、そしてヨーロッパにとっても、大惨事となるだろう。平和の確保が重要であるならば、紛争後のリスクをいかに軽減することができるかが課題となる。

紛争後のリスク軽減

集団暴力を引き起こす国内紛争は、たいていは民族間の対立で発生している。シリアの紛争も同様だが、国際化することでさらに複雑化している。最近の展開はその典型的なもので、三つの打ち消しあう動きから成る。ロシアのプーチン大統領がトルコのエルドアン大統領と会談して、この二国が意見の相違を解消すれば、シリアのアサド政権の強化につながり、アサド大統領の解任はもはや紛争解決の条件ではなくなる。他方で、これを打ち消すように、アサド政権のアレッポ包囲網は、サウジアラビアとカタールの支援を受けたジハード勢力によって破られたばかりだ。しかし、米国や、アサド政権に反対する穏健派勢力は、イスラム至上主義を目的とするジハード勢力を支援することに不快感を覚えるかもしれない。シリアは妥協可能な平和からは程遠い状況にある。平和は、おそらくは地域ごとに徐々に回復するだろうが、そのプロセスは混乱したものになるだろう。

早急な政治的解決策が期待できない場合、次に期待できる最善の方法は、紛争再発のリスクを徐々に減らしていくことだ。通常のパターンは、紛争後11～20年目は最初の10年よりも安全で、21～30年目は20年目よりも安全だというものだ。リスクを速やかに減らす方法について何かいえるだろうか。「私たち」と「彼ら」のアイデンティティの断裂を解消する政治プロセスは非常にゆっくりとしたものになりそうだが、何かはできるはずだ。例えば、フツ族とツチ族の間で虐殺が起きた後のルワンダでは、極端なアイデンティティの断絶が続いていたが、政府はメディアが「フツ」と「ツチ」について言及することを禁止し、「発展のための努力」を軸としたルワンダ人共通のアイデンティティを推進した。最近の研究によると、これは徐々に効果を発揮しており、民族のアイデンティティは目立たなくなってきている。しかし、アイデンティティが変化する速度は非常に緩やかで、国際的なアクターがそれを促進することは無理である。その中で、より迅速に効果を発揮し、国際的なアクターが役割を果たせるのは経済政策である。

リスクが低減するスピードは、経済が回復するスピードと間違いなく関連する。ゆえに、経済復興の支援を紛争後の政策の中心に据えるのは合理的であり、それは政府による行政にも国際的な支援にも当てはまる。しかし、実際のところ何ができるのだろうか。

紛争に対する欧米のイメージが爆撃であるように、私たちの紛争後の復興のイメージはインフラの再構築である。橋が爆破され、病院が爆撃されたら、それらを再建する。イラク侵攻後に、パウエル米国国務長官は「我々が破壊したなら、我々が直す」と言ったが、この復興イメージは、内戦からの経済復興の本質はコンクリートではなく、組織であるという本質を見逃している。さらに具体的にいうと、重要な経済機能を果たすには政府の能力を回復させ、企業が労働者を雇うように誘導することである(1)。

組織とは、政府機関であれ民間企業であれ、明確な目標を達成するために、それぞれの技術を利用して協力しあおうとする人々の集まりである。大規模な組織は「規模の経済」をもってきわめて高い生産性を実現できる。規模、モチベーション、技術、協働を兼ね備えた組織は、奇跡的な繁栄を支えることができる。そのような組織は貧しい社会ではあまり見られないが、紛争後の社会では特に少ない。紛争前に存在していた組織の多くが破壊されてしまうからである。これこそが国際紛争と国内紛争の遺産の違いである。国際戦争は通常、内戦よりもはるかに短期間で終わるだけでなく、組織、特に政府を強化する。これに対して、内戦は人々を引き裂くだけでなく、組織や政府をも引き裂いてしまうのだ。

組織の再建とは、何よりも人づくり、つまり教育、技術、協力し生産的になる意欲を持った人を採用することである。それは物理的なインフラを再構築するというよりは人的資本の再構築である。

政府の能力の再構築は選択的に実行できる。通常は政府が行っている機能の中には、少なくともしばらくの間は外注することができるものがあるからだ。例えば、教会やNGOは学校や診療所を運営することができるかもしれない。しかし、その他の機能、例えば徴税、裁判所、警察、規制などは外注できず、国家機関でなければ行うことができない。そうしないと国家はなきに等しく、社会は平和ではなく、無政府状態に陥ることになる。これら中核的な政府機能の特質についてしばらく考えてみよう。徴税官に必要な資質はどのようなものだろうか。裁判所事務官ではどうだろうか。政府の中核的な機能には高等教育を受けた人々が必要ということは、いうまでもないことなのだ。

ほとんどの雇用は政府ではなく、企業によって生み出されている。現代の企業が生み出す生産性の向上は社会変革的なものであり、社会を貧困から迅速に引き上げるものである。

残念ながら、紛争後の国家には、国内系と外資系を問わず、正規の企業はほとんどない。これは何ら不思議なことではない。企業は収益から資金を調達しなければならないが、長期にわたる内戦の間に経済は崩壊してしまうからだ。シリア経済に関する信頼できる数字はないが、人口の4分の1が国外に流出し、残った人々の収入も大幅に減っているから、一般的な企業の収益は激減しているはずだ。世界銀行の試算によると、同国のGDPは年率で最大19%も縮小しているという[2]。以前は国内で事業を展開していた多くの多国籍企業が、紛争の結果、国外撤退を余儀なくされている[3]。多くのはるかに小規模な規模で事業を行っている地域企業も同様である[4]。

このように、紛争後のシリア経済には近代的な企業が慢性的に不足することになる。紛争後の経済においてより多くの企業を獲得するための手っ取り早い方法は、既存の外国企業を取り込むことである。しかし、当然だが、外国企業は紛争後の国に進出することには消極的だ。市場は小さく、官僚機構は機能不全で腐敗しているため企業はリスクにさらされやすい。紛争で有名な国だと保険に加入することも難しく、社員も行きたがらないだろう。紛争後の国にあえて進出する企業は例外的だが、そのような企業は腐敗した環境に馴染んでいる略奪的なペテン師によって経営されているかもしれない。このような企業は、紛争後の国が必要とする類の企業ではない。

企業誘致の問題は複雑だ。民間投資の多くが、平和回復後その国で初めてとなる先駆的なものになるからだ。このように、始めてみることでしか解決できない「未知の未知」が多くある。先駆的な投資家は、投資を試みることで後続の投資家にとって非常に有益な情報を生み出す。投資が成功すれば、それは模倣されるのだ。これは国にとっては良いことであるが、先駆者にとっては損を意味する。これは経済学者が「外部性」と呼ぶところの、決定を行った先駆的企業には得られない利益だ。このようなことはすべての先駆的な投資にいえることだが、紛争後の国の経済では特に当てはまる。なぜならば、かなりの割合の投資が先駆的であるからだ。これに対し、先進国の投資はほとんどが日常的なものだ。にもかかわらず先進国は、先駆的な投資は社会的に価値のあるものと認識され、さまざまな形で補助金が支給されている。例えば英国では、スタートアップ企業への投資に対して約40%の税金補助が行われる。

いうまでもなく紛争後の国の政府にはこのような補助金を提供する余裕がなく、また補助金を出してもそれを誠実に管理する統治構造もない。

ここに難問がある。すなわち、紛争後の国々は近代的な企業を必要としているが、近代的な企業は紛争後の国々を必要としていない。紛争後の国々は十分な数の優良企業に良い機会を提供できないのだ。ここに決定的な証拠がある。国際金融公社（International Finance Corporation、ＩＦＣ）は、名前の響きは悪いが世界各国の政府が共同で運営する国際的な公的機関だ。その目的は、優良企業を開発途上国に誘致することであり、主に出資企業と共同投資を行う。企業が途上国に投資した資本でどれだけの利益を得ているかは、ＩＦＣのポートフォリオ収益率を見れば一目瞭然だ。途上国のポートフォリオ全体を見るとＩＦＣの投資収益率は約４％で、これは略奪的とはいえず、立派なものだといえよう。紛争後の国や脆弱な国への投資はごく一部だが、そのような国では投資収益率はマイナスになっている。これが、紛争後の状況に魅力を感じる優良企業が少ない理由だ。しかし、優良企業がなければ、国は脆弱な状態から脱却することができない。民間企業の取締役会は、株主利益のために企業を経営するよう法的に義務付けられていて、投資を拡大することができるのは、利益が見込まれる場合に限られるのだ。

このように、世界的な公共利益と商業的な私的利益の間には大きな乖離がある。企業が紛争後の社会で事業を立ち上げることは、世界的な公共利益に適っている。企業がもたらす雇用と税収は、脆弱な状況を安定させるのに役立つだろう。しかし、そうすることは企業の商業的利益には適わない。企業の取締役会は、株主利益のために（ドイツでは従業員利益のためにも）経営することが法的に求められている。

この行き詰まりから抜け出す明白な方法が一つある。それは、国際的な公的資金を、紛争後の国で活動することで企業が生み出す公共利益を補償するために使うことだ。この考えは、ようやく実行に移されつつある。世界銀行を通じて最貧国への援助が初めて提供されてから約54年が経過したが、世界銀行を管理する各国政府は、実験的にだが、脆弱な国への投資を誘致するために小規模の援助を認めることにした。各国政府の対応がこれほど遅れているのは、ひとえに世界銀行に関心を持つ二つの勢力が反発するからだ。政治的右派は、援助を無駄なものとみなしている。民間が「賢明にも」回避した投資を世界銀行という公的機関が行うことは、その愚かさを示すものとして宣伝される。他方で政治的左派は、貧しい国で活動する民間企業を悪の化身とみなしている。子どもの顔を笑顔にできるために使われる援助資金を民間企業の金庫に入れてしまうことは、その象徴だとみなされる。私たちとしては、このような両極端の声に中道グループの声がかき消されてしまわないよう願うしかない。

ドナー機関は、紛争後の状況における優先順位を十分に理解している。資金も潤沢にあるのが普通だ。問題は、これまでほとんどすべての援助資金が紛争を経験した政府と欧米のＮＧＯを通して流されてきたことである。政府は援助資金を適切に使う能力がなく、ＮＧＯは資金を自分たちの社会的アジェンダである「子どもたちの笑顔」のためだけに使っている。つまり、紛争後の経済を復興させるために優良企業を誘致するための国際的な公的資金が不足しているわけではない。アイデアとそれを実行する勇気がないのだ。

このような考えは有用だが、私たちにはもっと良い考えがある。それはまた、議論の余地が少ないものだ。

復興の促進

本書には四つの大きな新しい発想がある。第４章では一つ目の考えを紹介した。それは、避難によって絶たれた日常生活を避難民が回復するよう助けることが倫理的な義務であるということだ。第５章では二つ目の考えを示した。それは、難民にとって最もふさわしい避難国とは彼らが容易にたどり着ける国であり、また、豊かな国は避難国が難民を受け入れることが経済的に可能になるよう助けるべきである、ということだった。第6章では三つ目の考えについて述べた。それは、難民が日常生活を回復するための最善の方法は彼らが働けるようにすることであり、そのためには避難国で仕事を作り出すことが必要である、というものだった。本章では、最後の考えについて述べる。それは、難民受け入れに対する経済支援は、紛争後の復興を促進するという目的のためにも活用できる、というものだ。この考えにはいくつかの実践的な課題があるが、まず、難民に雇用をもたらすというわかりやすい部分から始めよう。

もし国際企業が紛争国周辺の避難国で経済活動を行うならば、紛争が終結した当事国で生産活動を行える可能性がある。これは別に非現実的なことではない。平和が訪れるまでの間に、国際企業は経験豊かな難民の労働力を確保しているはずである。そのような難民のほとんどが帰国を希望しているだろうから、紛争後の国に生産拠点を置くことで、企業は労働力を維持することができる。もちろん、物事はそんなに簡単にはいかない。ここで起こり得る障害とそれを克服する方法について詳しく考えてみよう。

まず、明らかな欠陥があるようだ。国際的な計画の下で、避難国に展開した企業が紛争終結後には出国してしまうというものならば、避難国政府は協力しないだろう。避難国政府にとっての国際企業誘致の魅力は、難民に一時的な避難所を提供することで、国際企業の定着という恒久的な利益を得ることができることだからである。幸いにも、グローバル資本主義はそのようなゼロサムゲームではない。成功する企業は拡大を目指す。もし避難国での生産拠点が成功し、現地市民と難民の両方を雇用している中で、難民労働者が帰国を希望するならば、避難国で生産を継続しつつ、紛争後の国で新たに生産を開始することができるだろう。

しかし、難民労働者が祖国に戻ることを望んでいるとしても、それは紛争後の国に生産拠点を置く上でのリスクを補償するのに十分ではないかもしれない。そのようなリスクについてはすでに議論し、リスクを軽減する方法についても議論した。紛争後の国での事業展開を望んでいる他の企業に対すると同様に、難民労働者を本国で継続して雇用しようとする企業には、国際公共利益のために、国際的な公共資金をもって補償をすべきである。企業は慈善団体ではないし、慈善団体のように振る舞うことは法的に許されていない。よって国際公共政策は、企業が慈善で行動することを前提とすることはできない。しかし、紛争後の国に進出してくる企業の新規雇用を一時的に補助するコストは、安定化のための膨大で失敗しがちな従来型の支出に比べればささやかなものである。アフガニスタンを安定化させようとする試みは、これまでに3兆ドルかかったと推定される。同じような政策を続けるなら、シリアの復興費用はどのくらいになるだろうか。もし復興と安定化政策が失敗して紛争が再発したとすればそのコストはどのくらいになるだろうか？　難民支援と復興を結びつけることはお得なバーゲンなのである。

　紛争後の状況を安定させる雇用を生み出すという公共財のために公的資金を使うことは、必要条件ではあるだろうが十分条件にはならないだろう。トルコがドイツ企業の「近隣委託先（オフショア）」になることに成功したのは、トルコで作られた商品が輸入障壁なしにヨーロッパで販売できたからだ、ということを思い出そう。他の避難国や紛争後のシリアも、欧州の「近隣委託先」の一員になるためには、欧州委員会がトルコに認めたのと同じような市場へのアクセスが必要だ。これは複雑なことではない。例えば、欧州委員会がこのことを理解したため、ヨルダンの欧州諸国への市場アクセスは速やかに認められ、２０１６年６月には発効する。このような貿易上の優遇は、難民支援にとっても紛争後の回復支援にも不可欠な要素になるべきであろう。

　資金と特権的な市場アクセスはどちらも必要だが、オバマ大統領が影響力のあるＣＥＯを説得したようなアプローチも重要な役割を果たすことができる。ただ、単に道徳的な圧力をかけるだけでは不十分だ。現代の製造業と紛争後の復興は「調整問題」の中にある。つまり、各企業の決定は他の企業の決定に影響するということである。現代の製造業では、コストを低く抑える「規模の経済」の多くは、個々の企業単位でなく集団レベルで発生する。企業を集積させることでコスト削減の可能性があると認識したことが、東アジアで大成功を収めた戦略である工業団地の設立につながった。紛争後の国々は、もっと急性の「調整問題」に直面している。複数の企業が同じ場所に進出するなら各企業のコストが下がるだけでなく、それぞれの企業が生み出す雇用は、他の企業にとっても安定した経済環境を提供する。例えば、米国企業が、紛争後の国に子会社を設立するといった前例のない提案を検討しているときに、他の企業も同じ案を検討していて大統領や政府機関（国務省のような）もそれを積極的に支援していると知れば心強いだろう。

シリア紛争における、可能性を秘めたもう一つの戦略は、シリア企業に近隣国で避難所を提供することだ。人々が避難所を必要とするのと同様に、企業も避難所を必要とする。シリアの産業・商業の中心地はアレッポだが、その多くは反政権派の支配下にある。そのため、政府軍はロシアの軍事支援を受けてアレッポを爆撃し砲撃している。人々が逃げ惑う中で、企業も同じリスクに直面するだけでなく労働者と市場を失う。シリアの企業の中にはすでに近隣国に拠点を移しているところもある。もし各国政府がこのプロセスを妨げることなく支援していれば、より多くのシリア企業が国外移転を決断し、閉鎖する企業は少なくなるだろう。企業がシリアを離れれば当然、労働者も不安なく一緒に移動するので、企業の退避を助けることは人々を助けることになる。では、どのような具体的な政策が役立つのだろうか。適切な政策の一つは、オバマ大統領が行ってきたことだ。移転に際して企業は調整問題に直面する。すなわち、同じ場所に集まる企業が多いほど、成功の可能性は高くなるのだ。だから、ある避難国がシリア企業を歓迎しているという明確な合図を送ることは有用だ。その場所は工業地帯であってもよいし、サービス業に適した大規模なビルであってもよい。そのような合図は、企業を誘導するだけでなく、難民家族がどこなら仕事を見つけられるのかを判断するのにも役立つ。

調整のための合図を出すことの他にも、多くの促進措置がある。紛争後の復興のための援助資金から融資することで、移転した企業は建物の賃貸料を支払ったり、資材を購入したりできる。融資に加え、移転先に適切なインフラを整備することもできるだろう。例えば、すべての経済活動は電力と接続性を必要とする。移転先のビジネス区域は、国の送電網に接続しているか、独自の電力供給源が必要だ。港や空港から容易にアクセスできることも必要だろう。最も野心的な支援政策は、一時的に法的・財政的な「特区」を作って、シリア企業が慣れ親しんだ法律や税金の下で活動できるようにすることだろう。UNHCRが難民を受け入れ、住居を与え、食事ができるようにするためにキャンプに現場チームを持っているように、そのような「特区」のためには（人道支援とは）異なる能力を持った現場チームが必要だ。

紛争国の企業の存続を助けることは人々の心には響かない。浜辺に打ち上げられたシリアの子ども（アイラン・クルディ）の写真のように心を揺さぶるものではない。だから政治的な注目を集めるのは容易ではない。しかし、それは企業存続の重要性を失わせるものではない。社会の組織的資本は重要な資産だ。企業は、経済活動を生産的に行うための主要な調整手段だ。企業の本質である人的関係、協力および権威の結びつきは構築に時間がかかり、かつ集団的暴力（紛争）には弱い。企業がなくなることは紛争後の復興が困難な理由の一つだ。紛争時、企業は紛争後に再建するときよりもはるかに速いスピードで破壊される。マクロ経済的に見ると、紛争中の経済が減少する速度は、紛争後に回復する速さの約2倍になる。つまり、7年間の内戦の後で経済が元に戻るまでには、かなりのばらつきがあるものの、平均では14年ほどかかる。GDPの損失で測ると、紛争のコストのほとんどは、紛争が終わった後に発生する。[5] シリアは「終わって」はいないが、紛争前のあまりすばらしいとはいえない経済成長に戻るまでには何年もかかることになろう。

国際企業やシリア企業の戦略は別にして、紛争後の経済の促進は難民の間で起業を奨励する。キャンプにいる難民には小規模のビジネスを始めることが勧められる。ヘアサロン、靴の修理屋、自転車修理店、インターネットカフェなどだ。そのようなビジネスで賑わっているキャンプも多少はあるが、ほとんどのキャンプはそうではない。UNHCRはそのような活動を重視していないからだ。例えば、キャンプで提供されている電気は、しばしば途切れるが無料だ。商業的に発電してビジネスユーザーに売るという考えは、人道主義とは馴染まないものと考えられている。同様に、食糧は難民世帯に配給されるが、それは毎月手渡される特別な通貨を使ってなされる。この通貨は一つか二つの指定された店でしか食料と引き換えできない。食料交換のマーケットがある場合でも、公的な慈善事業の片隅で行われ、食料供給の自然な形だとは考えられていない。ほとんどの開発途上国の都市には、インフォーマルな経済が存在し、多くの人々の生計を支えている。難民キャンプは、そのような「一時的な」都市になるべきだ。例えば、キャンプ内の一角にマーケットを開設し、いろいろなビジネスが集積できるようにすべきなのだ。

難民の多くがキャンプを無視して都市に住んでいることを考えると、難民企業が都市で機能しやすくする工夫が必要だ。例えば、紛争後の支援資金を使用して、受入国の企業と難民企業の両方に一定の割合で信用貸しをして、難民企業は紛争後の帰還に向けた準備を進めているのだとはっきりと説明するなら、受け入れ社会と難民の間の緊張は緩和されるかもしれない。そのような説明は、帰還を期待して融資の準備をしている金融関係者から信頼を得るだろう。紛争がずっと続くのでない限りは、受入国への恒久的な統合を目指す必要はないのだ。

難民の経済参加は、難民支援だけでなく、受入国の強化に役立つこともある。シリア危機で、最も大きな負担を負わされた国はレバノンだ。同国は宗教勢力間の政治的バランスが不安定な脆弱国家だ。加えて、2014年以降の石油価格の下落で経済的な打撃を受けている。レバノンは産油国ではないが、中東全体のビジネスの中心地だからだ。そのため、レバノンは経済支援を必要としているが、残念なことにレバノン政府は国際援助を受け入れる能力がない。援助資金はどこかに消えてしまうだろうからだ。経済支援に代わる案は民間経済を直接刺激することだ。レバノンは何千年にもわたって交易社会であり、起業家精神という貴重な資源があるから、この案は実現可能だ。第6章で述べたように、ウォルマートのようなグローバル企業は、供給源を難民受入国の企業に求め始めている。レバノンから調達しようという組織的な動きがあるなら、レバノンの起業家はそれに応える専門知識を持っており、レバノン人と難民の両方を雇うだろう。世界市場に接続されることで、レバノンの起業家は、レバノンだけでなく周辺国をも安定させるのに役立つ雇用創出に励むだろう。

レバノンが例外的な国だというわけではない。これまで見てきたように、世界の難民の大多数を受け入れているのはわずか10カ国に過ぎない。ヨルダン、タイ、パキスタンなどは不安定な地域にあるため、繰り返し難民が流入してくる。それぞれの流入は一時的なものだが、存続可能な避難所の必要性は永続的なものだ。であるから、国際社会がその時々の難民の流入に対応できるような避難国の「インキュベーター都市」を支援することは賢明な投資となる。インキュベーター都市には、しっかりした物理的インフラと規制の両方が必要である。「規制された避難所」というアイデアは、世界銀行のチーフエコノミストを務めるポール・ローマーの「チャーター・シティ」(訳注)という考え方に似ている。当然のことながら、インキュベーター都市ないし規制された避難所は、難民のニーズに応えるだけでなく受入国の人々や政府にとっても利益となるものでなければならないだろう。

インキュベーター都市には、三つの目的がある。受入国にとって利益となること、難民のニーズに応えること、紛争後の国の経済の復興に備えることである。避難中の難民をどのように扱うかが、彼らの出身国に貢献する能力を決める。そしてそれは出身国の政治的移行、平和構築、紛争後の復興に影響を与える。(6) このような都市は、国家主権を侵害しない形で、国際機関、多国籍企業、財団などからなるコンソーシアムによって長期的に支援されるかもしれない。インキュベーター都市は作り上げるのに多大の投資を必要とするが、難民が自分で生計を立てられるようにすることで、現在の支援体制よりもはるかに安価で、しかもより一貫した、包括的な「救済の義務」が果たされるようになるだろう。

若者は、年長者よりも紛争社会を離れる可能性が高いが、彼らの多くは身動きできない状況下にあり、経済学者が人的資本と呼ぶものが紛争下で失われているのが現状だ。難民キャンプでは、小学校教育レベルでさえもそれを行うのに十分な設備が整っていない。難民に学校教育を提供するのは受入国政府の責任であるというUNHCRの方針が原因の一つであるが、受入国にはそうすべきインセンティブはほとんどない。難民の親たちも、必ずしも自分の子どもが受入国のカリキュラムや言語に沿って教えられることを望んでいるわけではない。難民の中にいる教師を、難民子弟の教育のために動員する余地は大きい。難民教師の活用はたまに見られるが、公式の国際的実践として広まってはいない。ここではルールを変更する必要がある。他方で、難民流出の中心になっているのは10代後半から20代前半の若者である。そのため、若者に対して紛争後の復興に必要なスキルを国際的に組織化された訓練を通して与える

（訳注）高度なガバナンスを与える憲章（charter）に基づき国家内都市国家をつくること。これによりガバナンスの改善、経済成長の加速を図る。

機会が生じる。

現実的な例として、建設技術者の必要性がある。紛争中の国（社会）は破壊が続き、建設業の需要はほとんどない。その結果、建設技術が使われなくなる。１９５０年代のあるノーベル経済学賞受賞者は、人的資本形成の重要なプロセスは「やりながら学ぶ」ことに尽きることを実証した。紛争中の社会はその逆を行う。「やらないで忘れる」のである。[7] 技術を忘れることが最も深刻な建設産業は、いったん紛争が終われば最も需要が高まる分野なのだ。この産業は復興のボトルネックになることが多い。復興費用が爆発的に増加し、復興のための資金が使い果たされてしまうからだ。避難生活中の訓練は、このボトルネックを緩和することができる。受入国でのドナー資金による建設プロジェクトと結びつけることで、受入国には報酬を提供し、難民に活動を提供して人々に紛争後に必要な技術を与えることができる。

紛争後の社会では、公務、医療、ビジネスの分野で、より高度な技術が必要とされる。これらの仕事のための訓練は、最も近い避難国の大学で提供するのが費用対効果が高い。ただ、幸運にもこれらの機会に恵まれた少数の難民は、それに見合う義務がある。いったん国際的に価値のある技術を新たに身につけると、彼らは訓練を受けた国に残りたいと思うだろう。紛争後の本国が提供できるものよりもはるかに多くの収入を得て、より快適な生活を送ることができるからだ。しかし、若者たちは、自分の利益と恵まれない同胞に対する義務との間で選択を迫られるべきではない。このような機会を国際的に提供するときは、本国の平和を回復させるように彼らは一定期間帰国するという義務とパッケージでなされるべきだ。機会の受容は義務の遂行を明示的に要求すべきだ。これは、難民個人の人権を侵害するものではなく、むしろ何百万人もの避難民の人間的ニーズに応えるものである。

難民の自立は、回復された永続的な平和に寄与するだけではなく、平和の始まり自体を早める可能性がある。難民の能力強化により、彼らは避難している間にも出身国での政治的、経済的役割を果たすことができるようになる。

集団暴力からの難民の逃避は、国家による国民への暴力によって引き起こされることもあれば、権力の崩壊による無秩序によって引き起こされることもある。いずれの場合も、難民は平和の回復に役割を果たす潜在力を持っている。

2000年から2008年にかけてのジンバブエは、国家による暴力の一例だ。与党ZANU－PFによる残忍な弾圧に直面したジンバブエでは、政治的な反対運動の機会が大きく損なわれ、経済はハイパーインフレと飢饉に見舞われた。野党「民主変革運動」のメンバーと数十万人の一般のジンバブエ人が、主に隣接する南アフリカに亡命した。そこにいる間、彼らは海外からムガベの支配に対抗する方法を模索した。新しいさまざまな略称を持つディアスポラ組織が、ヨハネスブルグなどに出現した。時には勝利もあった。例えば、彼らは2008年には、ダーバン港で船積みされたハラレ行きの中国の武器輸送の封鎖に成功したし、ジンバブエ政府による拷問事件の調査を南アフリカ警察に請願することに成功した。(8) しかし、ほとんどの場合、ジンバブエのディアスポラの政治的動員は機会を逃した。これは、ジンバブエの選挙でのディアスポラの投票率が低いことに示されている。効果的なディアスポラ組織化とジンバブエ政府への圧力を支援するために、国際的にもっと多くのことを行うことができたはずである。

シリアは、国家暴力として始まり、その後は分断と無秩序に陥った例だ。どのグループも勝つことができない場合、平和を回復するために必要なのは、権力を分有する意思だ。難民には、必要な協力の習慣と構造をもたらす潜在力がある。後に述べるように、シリアの難民集団は、国民全体の人口の無作為サンプルに近いものになっている。スンニ派、アラウィ派、キリスト教徒、アラブ人、クルド人、敬虔な者、世俗的な者、どのグループも暴力の被害を受けた。難民の法的地位を持つすべての人々は、現在、同じような無力な状態に陥っている。可能性としては、ＵＮＨＣＲは、重要なグループの参加と拒否権が確保された難民協議会を設立することができる。協議会はさまざまな資源を管理することができるが、それを利用するためには皆が協力することが必要な仕組みにする。そのような協議会は、集団として和平交渉で新しい難民の声を反映することができよう。激しい宗派間の憎悪にもかかわらず、すべての難民は平和会議で貴重な経験、つまり暴力のもたらす苦しみの代弁者であるという経験を共有することができるのだ。それができるなら、これまでよくあった結果とは対照的だ。例えば、ボスニアに帰還した難民たちは、武装グループが権力を分けあう場から、政治的に締め出されてしまった。

回復を遅らせる

ここまでで「インキュベーション」の概念を紹介し、戦略がどのようなものかを描写した。この着想はすでに注目を集めている。軍部は、安全保障に対するこの非キネティックアプローチ(訳注)の可能性に注目しており、私たちはブルガリアで開催されたＮＡＴＯ高官会合で講演をした。安全保障部門との連携は、新しいアプローチへの貴重な支援となるかもしれない。軍隊は他の誰よりも、紛争後の復興におけるハードパワーの限界を学んできたからだ。

どのような概念にも裏表がある。復興をインキュベーションすることの反対は、復興を遅らせることだ。いうまでもなく、紛争後の復興を意図的に遅らせるのは異常なことだが、時としてそのような戦略がとられることがある。回復を遅らせた最も有名な例は、ローマがカルタゴに行ったことだ。すべてが破壊されただけでなく、畑には塩が撒かれ耕作不能とされたのだ。その戦略は成功した。最近では、怨念に満ちたフランスの戦略家たちが、戦後のドイツを農耕経済に後戻りさせて戦争ができないようにたくらんだが、幸いなことに、同計画は実行されなかった。回復を遅らせるための意識的な戦略は歴史の中に消えたが、今日の国際的な公共政策も、十分に検討されないため遅滞効果を意図せずもたらす結果になることがある。

悲しいことに、シリアの難民危機はそのような例である。欧州の善意による難民受け入れは、技術を持った高度に選択的な人々の国外脱出を招くという意図しない結果をもたらした。教皇は人道性を象徴するジェスチャーとして、シリアの難民キャンプを訪問し、3世帯の難民家族を連れてイタリアに帰国した。マスコミは、世帯主のうち2人の職業について技術者と教師だと報じた。彼らは現在、イタリアのコミュニティに定住し、難民キャンプで経験したよりもはるかに希望に満ちた生活を送っていると思われる。イタリアは不景気だが、技術者の方は適切な仕事を見つけることができるだろう。しかし、エンジニアとしてのスキルは、紛争後のシリアの再建にも役立つと考えられる。シリアの技術者が全員ヨーロッパに移動していたら、明らかにシリアの復興を遅らせることになるだろう。紛争が終われば、技術者は帰国するかもしれない。もしかすると、キャンプにいたときよりも技術や経験を身につけて帰国するかもしれない。しかし、彼の一家はイタリアに落ち着いてしまうかもしれない。それは紛争後のシリアにとっては損失となるだろう。教師についてみれば、その技能はイタリアにはあまり向いていないかもしれない。なぜなら、授業はイタリア語で行われており、少子化の進んだ社会では子どもが少ないからだ。これまで述べたように、教師は難民キャンプにいる間は、教えることができなかったかもしれない。ただ、多くのシリア人教師は、欧州の受け入れを利用してヨーロッパに集団で移住し、シリア

(訳注) 安全保障においては、安全保障上の脅威や課題に対処するために、外交、交渉、経済制裁、プロパガンダ、サイバー作戦、心理作戦など、物理的な力の行使を伴わない戦略や手段を用いること。

難民の子どもたちを見捨ててしまった。例えば、イラクのシリア・クルド人のためのある難民キャンプでは、シリア人教師がドイツや他の場所へと去り、ヨーロッパから来た教師がキャンプで教育を行っている。(9)

高学歴者の国外流出は整然としていた。当然ではあるが、高学歴者のほうが低学歴者よりも移住が容易であり、その価値があるものであった。というのも、高学歴者は概して裕福な家庭の出身者であるため、密航斡旋業者への支払いに必要な現金を調達できたからである。また、教育を受けた人々は良い仕事に就くことができ、教育を受けていない人々に比べて、移住への投資に対してずっと大きい経済的リターンを得ることができるからだ。しかし、選択的移民で最も顕著なことはその規模の大きさである。危機の混乱の中で捨てられてしまった貴重品の一つが体系的データの収集である。幸い、残された難民とヨーロッパに向かった難民の学歴構成については、驚くほど良いデータが残っている。UNHCRは、周辺受入国に滞在した人々の体系的なデータ収集を行う一方で、レスボス島のビーチに到着した人々の調査から、ヨーロッパに向けて移住した難民のサンプルを得た。移民の全体像を得るための、紛争直前のシリア国民全体の学歴構成に関する国勢調査データもある。三つの資料を比較することで、選択的移住の程度がわかる。

明らかになったことは驚くべきものである。近隣国に脱出した難民は、事実上、シリアの全人口のランダムなサンプルであった。これは、安全を求めての脱出が不可抗力で、選択の余地がなかったことを示している。住んでいる場所があまりにも危険となり、住人は脱出する以外に道がなかったのだ。国境近くに住む人々は、大人とその子ども、男と女、若者と老人、教育を受けた者と受けていない者、スンニ派、アラウィ派などの違いに関わりなく、皆が国境を越えて脱出した。これとはまったく対照的に、ヨーロッパへの移住は非常に選択的なもので一部の者に限られていた。すでに述べたように、UNHC

Rの調査では、ヨーロッパに入ってきた人々は明らかに裕福であった。紛争前のシリアでは、1人あたり平均年収は2000ドルに過ぎなかったが、密航斡旋業者は料金として5000ドルも要求したので、裕福な人しか密航できなかったのだ。またUNHCRの調査は別の選択性も明らかにしている。移住した者の多くが成人男性で、2015年9月の移動のピーク時には約80%が男性だった。さらに移住者の特性で最も顕著なのは教育だった。シリアの人口全体では、大学教育を受けている人は稀であり、30人に1人程度である。しかしヨーロッパに移住した者の間ではそれが普通で、難民流入のピーク時に、ヨーロッパへたどり着いた人の半数が大卒だった。[10] 残りの半数はほぼ全員が中等教育を修了していたが、人口全体では中等教育修了者は8人に1人に過ぎなかった。[11]

この極端な選択性の程度には二つの意味がある。あまり重要ではない点はカテゴリー化、つまりやむを得ない脱出か、自発的出国かの違いだ。ヨーロッパに移動した高学歴者は、経済的な理由で移住を決めたのであって、暴力から逃れてやむを得ず移動したのではない。シリア人のうち20人に1人程度の少数派に過ぎないこれらの人々は、ヨーロッパへの移民になることを選択したのである。

しかし、本当に重要な意味を持つのは、国内に残った95%のシリア人に対する影響である。高学歴者のヨーロッパへの流出で、シリアで大学教育を受けた人口の約半分が流出したことになる。[12] 同じく、中等教育修了者の約4分の1が流出した。紛争によってこれほどの人的資本が失われることはおそらく前例がない。紛争後のシリアは、現在では最貧国にしか見られないほどの低教育水準の社会になってしまう危険性がある。それによってシリアは何十年も前の状態に戻ってしまう可能性がある。

しかし、これほどの大規模かつ選択的な教育を受けた人々の流出があっても、彼らが紛争後のシリアから永久に失われてしまうことを意味するわけでは必ずしもない。それは、ヨーロッパに移住したシリア人が残留を選ぶか、残留を奨励されるか、あるいは許されるか否かにかかっている。在留シリア人の現時点での意図についての体系的な証拠はない。ジャーナリストのジョシュア・ハマーは、ドイツにいるシリア人の若者たちにインタビューしたところ、彼らが「絶対に戻りたくない」と答えたと報告している[13]。

第4章で述べたように、現在のドイツ政府の政策は、シリア人のドイツ社会への統合を奨励することにあるようだが、これは彼らの帰国を妨げてしまう可能性がある。それはさらに状況を悪化させる。2015年に高学歴のシリア人をドイツに移動するよう促したドイツ政府は、今度は、紛争が終わっても彼らがドイツにとどまるように促しているのだ。人道と連帯の美辞麗句の裏に、ドイツ政府は貧しいシリアの再建に必要な能力を組織的に奪っているという不都合な現実がある。ドイツ政府に悪意があるわけではないが、その政策は見境のないものだといえよう。

しかし、難民が新しいスキルを身につけて帰国する可能性もある。海外に留学して帰国した若者たちの長期的な影響に関する貴重な研究によると、彼らは教わった技術だけでなく、政治的態度も持ち帰っていることがはっきりしている。欧米に留学していた学生は母国の民主化を加速させているが、このことは紛争後のシリアにおいてきわめて貴重だといえよう[14]。

教育を受けた若者の流出が、紛争後のシリアが最も必要としている人材を根こそぎ奪ってしまうことは避けられないことではないが、そのような結果になる危険性は十分にある。不用意にも復興を遅らせてしまう政策は、「頭なき心」の典型例であろう。難民危機への国際的な対応には、善意だけではなく、賢さも必要なのだ。

第8章　ガバナンスを再考する――機能する制度とは

世界の難民を保護するために作られた制度は機能していない。難民のグローバル・ガバナンスの目的は国際協力を促すことだが、現制度が創設されて以来、難民の数は過去最高を記録しているにもかかわらず、各国間の責任分担は最低レベルにとどまっている。また実際の指標を見ても、掲げられた水準の達成には程遠い。例えば保護に関しては、世界の上位五つの難民緊急オペレーションでは必要な資金の3分の1も集まっていない。その結果、難民を最も多く受け入れている上位10カ国中9カ国が難民の就労を原則禁じているというのに、基本的な栄養、医療、教育すら満足に提供できていない[1]。解決に関しては、第三国定住、本国への自主帰還、庇護国での社会統合のいずれかによって解決につながる割合は30人あたり1人にも満たない。

失敗の責任の所在は一つではない。多くの国際機関職員は十分なリソースや適切な手立てにも事欠く中、獅子奮迅の働きをしているし、選挙で選ばれた政治家は、難民の権利についての説得的な議論を展開すべく、民主主義とグローバリゼーションの折り合いをつけようと奮闘している。難民政策は、安全保障、テロリズムや移民との関連で決定されがちだが、こうしたさまざまな政治的思惑を乗り越えて実効的な難民制度を作ることは不可能ではないはずである。制度の目的は、国家の関心や利害が異なっても予測可能な国家間での集団行動パターンを作り出すことであり、うまく機能すれば、交渉を通じて相互に利益が得られる分野を見極めることができる。そのような見通しがあれば、各国は単独行動よりも国際協調に参加するほうを望むはずだ。

制度破綻の原因は、現行の制度と現実に隔たりが生じてしまっているのに制度が依然として過去のものであるということにある。第二次世界大戦後に始まった難民問題についての議論・交渉は、難民問題の性質についての当時の前提、つまり地理的にはヨーロッパ内、発生源は迫害という前提に基づいていた。その上で難民問題の解決には、調整の仕組みと国際協力を促す相互的な法制度が必要と考えられたのである。この想定は愚かなものではない。当時は理に適っていたが、今では時代にそぐわなくなってしまったのだ。難民問題が世界中に広がった今日、難民は迫害からだけでなく、紛争や脆弱な社会からも逃れてくる。このような状況下での課題解決には、法規よりも政治のほうが重要性を持つ。グローバリゼーションは、異なる課題と機会の両方をもたらした。もちろん、難民レジームを構成する規範や組織は今までも変化に順応してきたが、それは漸進的で十分とはいえなかった。これまでは21世紀の効果的な難民ガバナンスがどのようなものになるか、あまり体系的な考察はされてこなかった。

しかし、すべてを改めなければならないわけではない。難民条約やＵＮＨＣＲのような既存の条約や組織には将来も果たす役割がある。難民法は基盤となる重要な原則を規定し、国によっては時として特定の難民への対応に影響を与えることもあるだろう。このような体制が擬似的国際秩序をもたらすからでもあるし、また法律が歴史的な過去に基づいているからでもある。国連の難民機関は、少なくとも蓄積された専門的権威を通じて、集団行動に一貫性と正統性をもたらす可能性を秘めている。しかし、現状を見るとそのように機能しているとは言いがたい。法と人道援助はいまだ一部の問題しか解決できておらず、新たな包括的ビジョンが早急に必要とされている。

この章では、新たな制度がどのようなものか、どのように構築され、そしてなぜ既得権力がそれに抵抗する可能性が高いのかを明らかにする。まず初めに、経路依存性を超えた、21世紀に備えた合理的な制度の再設計とはどのようなものかを検討する。その際には政治学、経済学、法学を用いた制度設計と呼ばれる一連の思考を参考にしたアプローチを用いる。[2] 制度設計という考え方は、戦後の難民レジーム発足時には存在しなかったが、グローバル公共財の提供を最大化するために必要な、最も合理的なインセンティブ構造を確立する方法である。

このビジョンを描くために、これから三つの相互に論理的に関連した問いかけをしていく。第一に、難民ガバナンスの目的は何か。第二に、これらの目的を達成するためには、どのように責任を配分すべきか。第三に、これらの責任を確実に果たすためにはどのような組織構造が必要か。

目的を再考する

ではまず、難民ガバナンスの目的とは何であるべきなのか。この問いに対する明確な答えを出すのは難しい。最も近い答えは、「難民に保護を与え解決策を見つけること」とするＵＮＨＣＲ事務所規程であろう。しかしこれは、難民高等弁務官はパンダではなく難民について関わるものだといっているのに等しく、難民レジームの具体的な目標や優先順位について明確な答えを示しているとはいえない。

目的がはっきりしないままだと制度は経路依存に陥り、政府関係者は現状維持を超えたアプローチを想像することもできなくなってしまう。難民支援団体は既存の制度枠組みをただ良いものとしてそれに固執する一方、政府は制度枠組みを無視して単独行動をとる傾向にある。その結果、本来難民ガバナンスを保護監督する立場にあるＵＮＨＣＲは、率先して未来への指針を示すというよりも、もはや時代に合わなくなった基準を守る受け身の機関となってしまった。

現状維持への批判は簡単だ。むしろ我々が自らを振り返るべきだ。難民への対応は、救援と自立という二つの中核的原則に基づくべきである。救援の義務は、危機的状況にある人々が最も基本的なニーズに迅速にアクセスできるよう担保することである。しかしこれが達成された時点で――つまり「子どもが池から助け出された」後には――自立の回復が目指されるべきである。難民レジームに実効性を持たせるには、特に就労と教育を通じて難民が自らを助け、また、地域社会に貢献できるようにする必要がある。救援と自立という二つの包括的な目標をもとに、より具体的な要件をこれから述べていこう。ここでは、相互に関連する五つの要件を取り上げる。

正しい難民レジームは、運の良い少数だけでなく対象者の大多数を助けるものでなければならない。したがって、まず規模に応じた支援を継続的に長期間実施できるような仕組みが必要だ。今日では迫害のおそれ以外にも、多様な状況から逃れてくる人々に対応しなければならない。難民の数は過去最高を記録し、将来国境を越えて移動し（定義上）難民になるかもしれない国内避難民の数も同様だ。加えて、気候変動や、脆弱な国での「ファット・テール」をもたらす現象（もしシリアではなくパキスタンが崩壊したとしたら）の危険性、一般化した暴力などにより、さらに多くの人々が生き延びるための避難を余儀なくされている。こういった人々の中には、現行制度のもとで難民と認められる人もいるが、多くはそうではない。しかし、母国で人間としての尊厳が保たれる基本的条件にアクセスできないがために逃れてくる人々にも、救援と自立の支援をする方法を考え出さなくてはならないだろう。そして、そういった人の数が増えるほど、持続的な支援可能性に向けてのハードルはより高くなるだろう。

移民研究者のマーティン・ルース（Martin Ruhs）が強調するように、世界中およそどこでも、国家の出入国在留政策では、しばしば、国外から受け入れる人数とその人々に付与される権利がトレードオフの関係にある。[3] 低技能の移民人口が増加すると、彼らが享受できる権利内容は後退する傾向にある。この傾向が難民にも当てはまるとするなら、難民の受け入れ枠を小さくして、その代わりに彼らにフルコースの待遇を用意すべきか、それとも、大規模に難民を受け入れ、とにかく彼らのための持続可能な政策を優先すべきか、という政策上のジレンマが生じる。我々の答えは明白だ。多くの、いやすべての難民のためにならなければならない。

正しい難民レジームは、緊急事態にだけではなく、通常数年に及ぶ避難生活が続く間、機能しなければならない。したがって、第二の要件は、人々が母国に帰れないというリスクが続く限り保護が付与されることである。私たちは救援の義務の内容を真剣に考える必要があるだろう。人類に共通の人間性に鑑みるなら、もし我々がそれほどコストをかけずに苦境にある人を助けることができるのなら、我々は支援の手を差し伸べるべきだ。それはつまり、人々が深刻な危害を受けるかもしれない国に送還されないようにするということであり、また、彼らが母国に帰ることができる日が来るまで、人間としてふさわしい生活を送るための最低限のニーズを満たすということである。

しかし、救援の義務とは、人々に無条件に移住の権利を与えたり、即時の社会統合を認めることではない。難民に必要なのは移住ではなく保護であることを考えると、難民は無制限に移動や行く先を選択できるわけではない。移住は、保護へのアクセスを得るために必要かつ最後の手段である限りにおいてのみ、難民の権利として認められる。救援の義務とは、出身国での危険が続く限りにおいて、難民に保護を約束するものである。[4] 一般的に難民の地位は、母国の状況が変わるまでの間与えられる、一時的な保護とみなされるべきである。

正しい難民レジームは難民の自立を回復させるものでなければならない。したがって、第三の要件は開発特区の設置である。難民は、到着後すぐに自立支援が促されるような環境の中に置かれるべきである。国によって適切なアプローチは異なるだろう。ウガンダのように、国民経済に完全な形で参加するモデルが適切な国もあれば、ヨルダンのように開発エリアを作るというアプローチもあるだろう。しかし、どのようなモデルであっても、共通点は、受入国の周縁に設置される開発特区を通じて、難民と受入国の地域社会双方に新たな雇用と市場が生まれ、そしてより改善された公的サービスを受けられるようになるということである。開発特区の設置は裁判で政府を威嚇することでではなく、受入国の社会の利益に沿うことで難民の自立を達成するものだ。

具体的なモデルは、受入国の主要産業が何か——農業か、製造業か、サービス業か——によって異なるだろう。しかし、どんな種類の産業であっても、度重なる難民流入に見舞われる国々では、難民の受け入れが地域社会にとってプラスとなるような、長期間にわたる開発特区を国境付近に設定することが鍵となる。難民が単に生き延びるだけではなく成功するためには、就労の権利、教育、接続性、電気、交通手段を利用できる環境が必須となろう。

難民が開発特区に到着すると、ほぼ同時に自立する用意ができるかもしれない。しかし、それはあくまでも始まりに過ぎない。人は皆、何らかの希望の物語によって自分自身を支えているが、難民になった人々は必然的にそうした物語を失ってしまう。したがって、良き難民制度の第四の要件は、難民に中途半端な身分から脱却する道筋を提示しなければならないということである。難民は無期限に難民のままであってはならない。

第4章で述べたように、どのような時間的区切りも恣意的なものとなってしまうが、それでも、どんな人にとっても、自分の不安定な身分がいつまでなのかわかっているほうがよいし、その期限が事前に予測できていたほうが助かるものだ。ここで我々が提案するのは、あらかじめ、例えば5年から10年の間の期間を設定しておき、その後に国際社会が公式に再検討を行い、帰還が遠からず可能か否かについての信頼に足る見極めができるようにし、もし、そのような見込みがないと判断された場合は、あらかじめ決められた期限を超過して難民となっている人々に対しては、他国への同化への道が開かれることにするということだ[5]。

出身国への自主帰還、一次庇護国での定住、第三国での再定住という恒久的な解決の可能性が近年ますます狭まる中、開発特区を通じた難民への自立支援が打開につながると考える理由は十分にある。人々に力を与えれば、帰国の前であれば今いる場所で、帰国したなら自国で、自身のコミュニティの再建に携わることができるようになるだろう。また、自立可能性のある難民は、一次庇護国に残るにしても第三国に再定住するにしても、はるかに魅力的な将来性を持つ存在となるだろう。

よって今後も母国への帰還が最も一般的な解決策であることは変わらないだろうが、再定住国が設けた基準に沿った難民受け入れ枠も、母国に帰ることができない人の多くにとってはまだ必要となるだろう。しかし、再定住は、あらかじめ規定された受け入れ期間の終了後も母国に帰れる見込みのない人々の救済手段として、きわめて慎重にかつ戦略的に使われるべきである。

難民は移民ではないが、移動を余儀なくされる場合もある。それでも、難民レジームをしっかりしたものにしておけば、難民がブローカーやいちかばちかの賭けに惑わされる隙はないはずである。したがって、最後の要件は、難民の二次的移動がしっかりと管理されることである。難民ガバナンスの目的は難民の救援と自立を担保することであり、移住それ自体ではない。しかし、難民レジームの実効性を保つには機能的な移民システムが必要不可欠である。グローバリゼーションは、一般の人々にだけでなく難民にも国際的な移動の機会を増加させており、海を越えて大陸間を移動する人は増加し続けている。

難民が長距離を移動して然るべきだろうと思われる状況は、それが庇護を求めるための唯一の手段である場合か、もしくは難民性とは関係のない、他のもっともな事情がある場合だ。難民が隣国で救援を受け自立への道が開かれているなら、保護を理由としたさらなる移動は不要のはずだ。しかしさらに第三国への移住を希望する難民には、一次庇護国にある大使館や領事館を通じて、代替的な移住手段を利用できるようにすべきである。本人が望み、かつその可能性があるなら、難民だからといって就労のための移住、家族との再統合、人道的ビザなどのビザ申請が妨げられることがあってはならない(6)。

責任を再考する

では、どうすればこれらの目的を達成できるのだろうか。誰が達成のための責任を負うのか。責任割り当ての大原則は、負担分担と比較優位性であるのは明らかである。救援の義務には、責任分担を受け入れる心と、国家が難民のニーズに集団的に対応するための最も効果的で効率的な方法を見極める頭の両方が必要である。

難民に適切な支援を担保するには、負担分担が重要である。あらゆるグローバル公共財の場合と同様に、国家には他の国の難民保護にタダ乗りする強い傾向が見られるが、まさにその世界的広がりゆえに、タダ乗りにはいろいろな対処法が編み出されてきた。おそらく最も一般的なのは社会規範の力を借りることである。分担の規範が十分に理解されたコミュニティでは、自分を「最低なやつ」だと思いたい人はほとんどいないし、「最低なやつ」と思われたいと思う人はさらに少数である。現在の難民レジームは明らかに機能不全に陥っているが、その隠された原因は、ほとんどの国家が行動規範を尊重する義務をもはや感じていないということである。大多数がルールを守らない環境では、規則に従う人々は善人というよりは愚か者になってしまう。納得の行く難民制度は国家が自主的に規則を遵守することで機能する。政府は他国や有権者から悪者よばわりされたくないし、指導者も人間として罪悪感に苛まれるような施策はとりたくないものだ。

しかし、すべての新しい規範は協力ゲーム上の調整問題を引き起こす。周りがルールを守るなら自分も守るが、周りがそうするまでは様子を見たほうがいい、とばかり、皆が静観を決め込んでしまう事態になってしまうのだ。それを回避するには、まずは具体的な負担分担を新レジームで明示し、違反には象徴的な罰則を科すことが良いだろう。欧州委員会が財政規則違反に対する罰金を何回も免除してきた経緯を考えると、罰則は、信憑性を保つため象徴的なものにすべきだ[7]。ただし、保育園の閉園時間過ぎに子どもを迎えに来る保護者に罰金を導入したところ逆に遅刻者が増加したというイスラエルの有名な事例が示すように、逸脱行為をしても罰を受ければそれですむと受け取られると、罰則導入は裏目に出かねない[8]。

一方、これはすべての国家が同じような形で貢献しなければならないということではない。比較優位の原則は、各国がある種の分業を行い、それぞれの国が相対的に最も得意とする分野で貢献したほうがすべての国にとって良い結果になることを示唆している。例えば日本は難民をほとんど受け入れないが、難民支援には多額の財政拠出をしている。発展途上にある多くの受入国は、難民を受け入れる土地はあるが、他国で避難生活を送る難民のために財政支援をする余裕はないし、開発援助を受けることなしに自国にいる難民を支えることもできない。

共通のコミットメントのベースラインを設定することが望ましい場合もある。すべての国が再定住を通じた一定数の難民受け入れを約束すべきだとすることは、象徴的な意義を持つだろう。それは世界中の庇護の十分な総数を引き出すために必要な措置かもしれない[9]。同様に、すべての国家は形だけでもいいので最低限の財政支援をすべきである。そのような積極的行動は参加の象徴となる。しかし、一般的には、各国の多様な選好や能力は専門化と交換の機会を育み、そうすることで誰もが同一の行動をとるよりも、より良い結果につながる。

ゆえに負担分担と比較優位の原則は、上記のすべての目標を効率的かつ効果的に達成するためにきわめて重要である。しかし、どちらの原則も現行制度では十分に守られていない。難民レジームには確立された負担分担の枠組みがないし、比較優位性に基づくアプローチの価値もはっきりと認識されていない。

では、各国間の責任分担を進めるには、どのような仕組みが最適なのだろうか。それは、法とアド・ホックな合意の両極の間に多数存在する。

法の限界

現在の仕組みは法に依拠するところが大きい。理論的には難民法は各国に絶対的に均一な責任を割り当てる。どの国家も領域内に難民を受け入れる義務を負う。しかし、難民法はもはや実効力を失い、各国政府からますます顧みられない存在となっている。欧州移民政策の専門家リズ・コレット（Liz Collett）が指摘するように、国際条約は妖精のようなもので皆が信じることをやめれば息絶えてしまう[10]。この例えは調整行動の機能としての「法律のフィクション」概念を言いあてている。法律のフィクションが機能するには、皆が規則を守るという互いへの信頼がなければならない。そして、この想定は規則の正当性が広く受け入れられていることが前提条件だ。罰則だけで遵守を達成させるには、強権国家的な発動が必要だが、国際社会はそのようなたてつけにはなっていない。今日、難民法を神聖視する見方は、現行難民レジームの明らかな機能不全のために破綻しつつある。その機能不全は、規則の不遵守ゆえではなく、一貫性を欠いた目的とそれを達成するための明確な手段の不在から起きている。

法は効果的なこともある。難民に対する国家の行動に時には影響を与えることもある。しかし、難民法がますます守られない現状からもわかるように、法の影響力には限界がある。ヨーロッパから東アフリカ、オーストラレシアに至るまで、難民条約を公然と破る締結国は後を絶たない。そして、「はじめに」で述べたように、世界で最も寛大な受入国の中には、中東、東南アジア、南アジアで見られるように1951年難民条約に加入していない国も多い。この行動パターンは、政治学者スティーブン・クラスナー（Steve Krasner）の「国家は自分たちの利益に合致するときには国際法を遵守する」[11]という洞察を裏付けるものである。規範と利益が相反するとき、ほとんどの国は自国の利益を優先する。にもかかわらず、難民の権利擁護活動や政策立案分野では、国際法を振りかざすことが国家の行動に影響を与える最も効果的方法だという教条主義的な主張がいまだに主流である。

これは国際法は用済みといっているのではない。果たす役割は確実にある。しかし、法の有効性は当然視されるべきではなく、経験的に試されなければならない。国際法は、どのような状況下において国家間の責任を調整するメカニズムとして有効なのか？　我々にとっての難民法の価値は、それが国家間の相互主義と集団行動を保障し続ける限りにおいてに限られる。難民レジームの規範は、難民の権利に関する重要で最低限の保護措置を今も担保している。それは、深刻な危険が待ち受ける状況に人が送還されることは絶対にしてはならない禁忌であるということを支持し、支援者が政府の明白な人権侵害に対する責任を問うことができる根拠となっている。

しかし、国際法だけに頼ることはできない。グローバルな次元での主権が存在しないため、規則の遵守は強制よりもむしろ協調と正統性に頼る部分が大きい。国際法は今後も果たす役割があるが、それは、広範囲に受け入れられている規範の成文化に過ぎない。そして、広範囲に受け入れられる前提条件は、難民レジームが倫理的にも実践的にも擁護可能なものであることだ。だからこそ制度の目的と目的達成手段の明確化が不可欠なのであり、それがないせいで現行の難民法体系は遵守されていないのだ。誰も守らない法レジームは、無用どころか非常に有害である。他の法律を守ろうとする慣習をも無意識のうちに損ねてしまうからである。

したがって、既存の法的枠組みのギャップを補完するために最も実行可能な法は、新たな多国間条約に向けた交渉からは生まれそうにない。むしろ、ソフトローと呼ばれる、拘束力はないが権威あるガイドラインに既存の法体系をまとめ上げたものが有用だ。それは、今のところ判然としないものの広く合理的であると認識されている分野での国家の義務を明確にする。例えば１９９０年代、国内避難民についての問題意識が高まった折、各国政府の間に新たな条約作成に向けた動きはなかった。その代わりに、シンクタンクといくつかの政府の小さな集まりが、既存の難民法、人権法、人道法をもとに「国内避難民の権利に関する指導原則」と呼ばれる一つの権威ある文書をまとめ上げたのだ。今日ではこの「指導原則」は国内避難民に対する各国政府の対応に活用されているが、それは、絶望的な状況から避難してきたにもかかわらず、現行法制度では難民の定義からこぼれ落ちてしまう人々を、国家がどのように処遇すべきなのかについて、同じように権威ある原則を作る先例となりえよう。

地域主義のリフレーミング

難民の移動状況は地域によって異なる。その結果、難民レジームの歴史の中では、特定の地域のニーズに合わせた地域レジームが発展してきた。１９６９年の「アフリカにおける難民問題の特定の側面を規律するＯＡＵ（アフリカ統一機構）条約」、１９８４年のカルタヘナ宣言、そして２００４年以降の欧州理事会の庇護に関する一連の指令は、いずれも世界基準とは若干異なる難民の定義を生み出した。これらの定義は、当時の各地域のニーズに合わせて作られた。さらに欧州人権条約（ＥＣＨＲ）や米州人権条約（ＡＣＨＲ）のような地域的人権レジームは、難民や国境を越えて避難してきた人々の権利を判例を通して状況の変化に適合させてきた。

難民に関する地域政策の実験で最も注目を集めているのは、疑いなく欧州連合（EU）であろう。そして、現時点ではEUは決定的な失敗に終わっている。EUの欧州共通庇護制度（CEAS）は、共通市場の発展の結果の一つとして生み出された。ヨーロッパ域内の国境が取り払われるのであれば共通の庇護政策も必要だという論理のもと、第3章で説明した一連の指令やダブリン・システムなどの仕組みが導入された。その目的は、EU域内での責任配分の公平化と、難民の保護基準の「底辺への競争」回避という、称賛に値するものであった。しかし、最終的な結果は惨憺たるものだった。まさに欧州内の不平等な責任分配と近隣窮乏化政策のダイナミクスにつながってしまったのだ。2015年以降の大量流入による欧州難民危機に直面し、ドイツ、スウェーデン、ハンガリー、ギリシャ、イタリアは、他の23カ国よりはるかに多くの難民を受け入れた。その結果、国内での反対が起き、難民申請者の資産押収から一方的な国境閉鎖、難民申請者への支給金の大幅削減に至るまでさまざまな抑止政策がとられ、欧州の基準調和の精神は著しく痛めつけられた。ダブリン・システムは崩壊し、EU加盟国は責任分担に関する新たな取り決めで合意できなかった。

EU内の難民庇護政策が失敗したことで、対外的な対策に焦点が当てられるようになった。そしてさまざまな弱点、困惑、想定外の結果を伴ったEU－トルコ協定が、実行可能なガバナンス機構を構築しようとするEUの試みの唯一のひな型となってしまった。では、各地域は難民ガバナンスにおいてどのような役割を果たすべきなのだろうか。それはそれぞれの地域、特に地域の地理的特性や他の地域との地域協力の発展度合いによるだろう。

EUの場合、CEASは多くの点で進化が必要だ。最も明らかなのは、単なる庇護政策ではなく難民政策が必要だということである。つまり、単に欧州に到着した難民だけではなく、他の地域に逃れた難民に対するEUの役割も考えなければならないということだ。そのためには、EUが得意とする分野である貿易・開発政策のツールボックスをフルに活用して、世界の難民の多くが居住する地域における保護の質を高めるために展開する必要がある。比較的小規模な政策の一つが第三国定住事業だ。これは、何年も母国に帰ることができず帰還の確実な見通しが立たない比較的少数の難民を、マッチングを通してEU加盟国が公平に受け入れるものだ。最後に、自然発生的な大量流入による混乱に対応するには、人命を危険にさらすことのない方法で今後起きるかもしれない難民流入を管理するシステムが必要である。

一つの選択肢としては、ギリシャとイタリアにEU共通の難民受け入れエリアを設け、そこで難民申請を審査することが考えられる。しかし、この方法はやはり経済力があって責任を感じない人々を不注意に利する形で、人々を人身売買業者に引きつけることになりかねない。より望ましい方法は、難民申請や関連する就労ビザ、家族再統合ビザ、人道ビザの申請を処理する場として、現在彼らが避難している国にあるEUの大使館（政府代表部）を活用することであろう。

ヨーロッパだけでなく、他の地域も難民に関する協力のための重要なガバナンス枠組みを提供している。ほとんどの国が難民条約を批准していない中東、東南アジア、南アジアでは、地域的な難民枠組みの発達が大きな可能性を秘めている。これらの地域では、自然災害を含めて大量の避難民が発生しており、時には大規模な難民緊急事態が起きる。これらの地域は、段階的に地域共通の基準を策定することで、負担分担と比較優位の原則に基づいた相互に有益な協力を構築し、難民問題についてより広い国際社会との交渉力を持つことが可能になる。

世界的な合意にこぎつけることは悪夢なくらい困難である。全会一致の規則を持つ世界貿易機関は、その20年以上の歴史の中で一つも貿易協定を締結することができていない。これに対する実現可能な代替案として地域貿易協定が一般的になってきているが、難民についての取り決めに関しても似たような仕組みが可能となるはずである。

実践的なパートナーシップ

戦後の国際連合システムは、国際協定の範囲と形式、すなわち、国際協定は恒久的で多国間的なものでなければならないという特定の見解に基づいていた。この見解が正しい場合もあるだろう。長期的な協定を結ぶことで、相互作用が繰り返されることが保証される。一回きりのやりとりとは異なり、度重なる相互取引は「未来の影」を生み出す。つまり今自国がタダ乗りすれば、他国もいずれタダ乗りに走るということを互いが知ることで、国家の協力関係が促進される。ゲーム理論で「囚人のジレンマ」として知られるお互いが損をする状況は、一回限りのゲームとして設定されているために生じる。何回もプレーすれば、通常はそのようなジレンマに陥らずに、お互いが得をする結末が生まれるものだ。

多数国参加型のほうが理に適っていることもある。問題が地球規模であり、外部性が世界中のどの政府にも及ぶ純粋グローバル公共財の場合だ。気候変動問題はその典型だ。多数国の参加は望ましいどころか、ウィークリンクを克服するためには必須な場合もある。例えば天然痘の撲滅は、すべての国が方針に従わなければ達成できなかった。

ある問題の解決のためにすべての国が参加した恒久的な国際協定が必要かどうかは、課題の具体的な性質による。そのようなアプローチが常に必要あるいは望ましいとする根拠はない。国際的な取り決めの範囲や形式について教条主義的にならず、何が機能するかを選択の基準とすべきである。法的なものか否かにかかわらず、あらゆる合意の根本的な目的は、難民の救済と自立を確保するという目的を推進しながら、すべての国が他の方法では得られないような良い結果を得る「相互利益」の分野を探し出すことにある。

政策課題によっては、国連総会を構成する１９５の主権国家すべてを拘束する取り決めを追求するより、集団行為を担保できる、より現実的な方法があるかもしれない。多くの文脈において、また特定の政策課題や地理的文脈においては、地域的な、地域間の、あるいは二国間のサブ・グローバルレベルでの合意がより有用であるかもしれない。場合によっては、企業や市民社会のような非国家主体を含むグループのほうが、国家だけよりも課題解決に適しているだろう。アド・ホックな合意より法制化が本質的に優れているかどうかも、解決しなくてはならない課題の本質によって異なってくる。

難民レジームの改革に関する現在の議論は、国際協力に関する三つの間違った思い込みによって妨げられている。難民レジームには国家だけが参加し、多国間的協力でなければならず、人道的な側面に注意を集中しなければならない、というものである。これでは参加者にどれほどの誠意があっても失敗は避けられない。現在の国際法に見られる多くのギャップに対処するためには、これらの思い込みを乗り越えなければならない。

国家（政府）を超えて

ほとんどの領域で世界は国家中心のアプローチから脱却している。難民の保護は国家だけのものではなく、国家、市場、社会が関わる中で、各アクターが重要な役割を担っている。難民政策においてビジネスの重要性はますます高まっている。世界的には、ＵＮＨＣＲと共同でフラットパック型難民シェルターを開発したことで有名なイケア財団から、スウェーデンでシリア難民の就労マッチングに取り組むリンクトイン（LinkedIn）、キャンプでの難民教育のために「スクール・イン・ア・ボックス」と呼ばれるタブレット型システムを開発したボーダフォン財団など、多様な財団や多国籍企業が製品やプロセスを共有することで資金集めや難民支援に積極的に関与している。

しかし、よりローカルなレベルであっても、貢献するアクターとしてのビジネスは重要だ。例えばウガンダでは、社会起業家であるモーゼス・ムサアジ（Moses Musaazi）がマカパッドと呼ばれる製品を開発した。これは耐久性の高いパピルスの葉から作られた女性用の生理用品である。この製品は、第二チャカ難民居住地内の、難民が従業員として働く工場で生産され、ＵＮＨＣＲに直接卸されて居住地内の難民に配布されている。このビジネスは多くの難民に雇用を創出し、効率的に生産された難民向けの製品を提供しただけでなく、ムサアジ氏はその後難民居住地外のウガンダ市場へのビジネスの拡大に取り組み、持続可能なビジネスの創出、そしてそれによる受賞にもつながっている。

市民社会もまた、受入国と再定住国で、重要でありながら見過ごされがちな貢献をしている。ウガンダで難民主導のコミュニティ組織「ヤリド」（ＹＡＲＩＤ）が、コミュニティ内で多様な社会的保護や仕事への道筋としての職業訓練を提供してきたことを先に紹介したが、このような役割を果たしているのはヤリドだけでない。同じ地区で「ボンデコ難民生計センター」（Bondeko Refugee Livelihoods Centre）と「子どもと女性の暴力被害者の希望」（ＨＯＣＷ、Hope of Children and Women Victims of Violence）が難民主導の組織としてコミュニティを支援している。ナイロビでは、ソマリア系組織である「都市部在住難民コミュニティ支援機構」（ＵＲＣＤＯ、Urban Refugee Community Development Organization）が同様の支援を行っている。この種の組織は、グローバルガバナンスの構造からほとんど締め出されている。各国の市民社会組織もまた、多少なりとも国際システムから外されている。年間２５０億ドルの人道支援予算全体のうち、国内の市民社会組織に回されているのはわずか０・２％である。このような組織は、運営母体が難民であろうと現地の人であろうと、最適な場所に位置し、費用対効果が高く、現場の知識が豊富な第一線にいるという大きな強みがある。このことは、難民ガバナンスには、現地のアクターを巻き込み、彼らをパートナーとするためのより良い方法が必要であることを明らかにしている。そのためには、資源を最も効率的に利用できる場所に配分するための「現地化」のアジェンダが必要だ。このような組織を育てるには、既存の世界的な人道予算を優先配分したり、国際機関を入れない、革新的なピア・サポートのネットワークを作り上げることが考えられる。

数十年前からカナダでは難民の再定住に民間スポンサーを活用してきた。このモデルでは、カナダ国民が個人で、または集団でスポンサーとなり、難民の再定住受け入れのために全責任を負う。通常は公的機関が行う手続きすべてを民間が担い、受け入れ難民の選考から、旅費の工面や渡航の手配、到着時の出迎えや到着後の宿泊施設、衣類や家具の用意、交通機関や銀行など日常生活に関するオリエンテーション、子どもの学校、就職支援まであらゆるサポートを行う。コミットメントは、通常は入国後の１年間または自立できるまでだが、１年を過ぎても自立が困難な場合は公的支援につなげる。

１９７８年の制度施行以来、第三国定住でカナダに到着した難民全体の３割にあたる25万人が民間主導で受け入れられた。民間難民受け入れでは、親族など受け入れ難民とつながりのある人がスポンサーとなるのが通例だが、一般家庭や宗教団体、そして最近では法律事務所などの企業がスポンサーとなる場合もある。受け入れには難民１人あたり約１万２６００ドルの費用がかかる。[12] この制度の利点は、難民支援への市民の関与を可能とすること、政府のコストを削減し、家族の呼び寄せを可能にすること、受け入れ地域での難民の統合を容易にし、不正規移住への現実的な代替策となることなどにある。

このように企業や市民社会は重要な貢献をしている。他の多くの政策分野で指摘されているように、グローバル・ガバナンスにおける民間の役割は急増しており、難民レジームも例外ではない。しかし、その貢献度を美化し過大評価すべきではない。民営化は難民ガバナンスの万能薬ではない。民間の役割は、政府の代わりを果たすことではなく補完的なものとして理解されるべきである。公的機関はそれ自体、また、民間アクターの効果的かつ倫理的な役割を可能にするためにも、難民ガバナンスの中心であり続ける。

市場は、効率的に機能するために公的機関に依存している。同様に、民間アクターがグローバルな難民ガバナンスに貢献するためには国際機関が必要である。国際機関は、行動のためのインセンティブを作り出し、倫理基準を設定し、市場が持つギャップを埋め、一貫性を確保し、説明責任のシステムを構築し、包括的な規制の枠組みを提供できる。このような役割は難民のような脆弱な人々に対処する上で、より重要となる。

多国間主義を超えて

民間の補完的役割は、多様なアクター間のパートナーシップの可能性を示唆している。難民ガバナンスは、単なる多国間主義以上のものだ。さまざまなアクターの補完的な貢献を活用することで、特定のイニシアチブが発展する可能性がある。その際、官民連携は政府、国際機関、ＮＧＯ、企業、研究者、市民社会を巻き込んで革新的な解決策を試し、必要に応じて規模拡大を図る手段を提供する。

ヨルダンの開発特区での試験的なプロジェクトは、このようなパートナーシップの可能性を示している。このプロジェクトは国連主導ではない。また多国間システムがまとまって行動するのを待っていたわけでもなかった。このプロジェクトは、利害が一致し比較優位を生かせる少数のグループのイニシアチブで始まった。このグループには、ヨルダン政府と英国政府、世界銀行、アンマンに拠点を置くシンクタンク「ワナ研究所」（Wana Institute）、欧州委員会、そして、イケア財団やアスダなどの熱意ある有力なビジネス関係者が入っていた。比較的小規模な連合体であったため、このグループは、プロジェクトを立ち上げ、実行に移し、その進行に合わせて徐々に新しいパートナーを迎え入れることができた。これは、どのようにしたら官民パートナーシップによって難民の自立を確保するための雇用創出ができるかについての事例となる。

創造的なイニシアチブのもう一つの例は、ノーベル経済学賞を受賞したアルビン・ロス（Alvin Roth）が開発した「プレファレンス・マッチング（選好のマッチング）」を難民の再定住に応用するというアイデアである。[13] これは、交渉当事者双方が結果について互いの希望を明らかにした上でそれを「マッチング」することで、他の方法では得られない、より良い結果を生み出す方法だ。マッチングは「取引の両当事者が同意する必要がある資源の配分」と定義され、学校の選択、腎臓移植、病院での研修医割り当ての分野などで一般的に使われている。

最近、ウィル・ジョーンズ（Will Jones）とアレックス・テイテルボイム（Alex Teytelboym）という2人の学者が、マッチング市場をどのように難民に応用できるかを検討し、[14] マッチングは、難民が再定住国の希望を述べ、再定住国が求める難民像を示し、再定住難民と受け入れ国家を組み合わせる方法を示す可能性を持つと主張した。国際的にはこのスキームは次のようになる。まず、各国はスキームの下で受け入れ難民の再定住枠を決める。次に、再定住国や難民の優先順位に、どのような基準が許されるかについてを決定する。これは第三者への影響を配慮する必要のある倫理的、政治的な選択だ。例えば、シリア人のドイツへの大量流入の際に思いがけず見られた教育、性別、収入に関連した選択性は、倫理的基準を満たしているとはいえないだろう。第三に、このスキームは、再定住国（またはその国内地域）の優先順位や受け入れ能力と難民の希望を明らかにする。最後に、マッチング実施のための一元的なプロセスが必要である（例えば、国連レベル、地域レベル、または国家レベルで行うことが適切かもしれない）。

このスキームは、創造的な制度設計が、制度設計がなかった場合に比べ、難民と受入国の双方にとってより良い結果につながる例を示している。難民は、現在では許されていない、受け入れ先についての希望を伝えることができ、再定住国側は最も容易に社会に溶け込めると思われるタイプの難民受け入れを検討できる。もちろん、倫理的配慮に基づいた注意事項には配慮しなければならないが。

この考え方は、国家レベルではあるがすでに実用化されている。ジョーンズとテイテルボイムは、アルゴリズムを構築し普及する手段として「難民の声」(Refugees' Say) というNPOを設立した。彼らの最初の試験的取り組みは、英国国内での「地元での難民マッチング」であった。この取り組みは英国政府と協力して、英国に再定住してきたシリア難民と難民受け入れ地域のマッチングを試験的に行った。

マルチステークホルダー・アプローチの一つの形は、ミニ・マルチラテラリズムとでも呼ぶことができるもので、少数の国家グループに、時として他のアクターも参加して、サブ・グローバルレベルでの協力を行うものだ。それは、完全な多国間コンセンサスがなくても相互に有益な共同作業を進めていく小規模な「有志連合」を可能にする。その概念上のロジックは、特定の難民問題への対応は、グローバル公共財というよりクラブ財であろうということだ。言い換えれば、難民受け入れにかかるコストと恩恵が、すべての国家にではなく特定の国家グループにもたらされるのだ。

近年の強制移住に関連した最も創造的なガバナンスには、ミニ・マルチラテラリズムに則って行われてきたものもある。例えば、2013年から2015年にかけて、ノルウェーとスイスの両政府は「ナンセン・イニシアチブ」と呼ばれる政府主導の非公式プロセスを開催して、自然災害が引き起こした越境移動についての問題に各国がどのように対処できるかを検討した。国連レベルでの公式な制度改革が進まない中で、ナンセン・イニシアチブによる改革は、一連の地域協議を通した地域レベルでの改革の試みであった。

人道主義を超えて

我々は、難民が単なる人道問題ではなく、また人道的な側面が主要問題ですらないと認識すべきだ。難民問題には、人道主義、開発、移民、人権、紛争後の復興、防災減災、国家建設など、多岐にわたる政策分野が関わる。これまで述べてきた（救済、自立、忘却からの脱出という）目的の達成は、こういった領域横断的な問題の解決策に依拠する。難民の救済には人道的な対応が何よりも必要である。難民の自立には開発援助が重要だ。難民が忘れ去られないためには、紛争後の国家再建や国家建設に関する知見が必要である。難民の先進国への二次移動を管理するには、移民問題の専門的知識が必要である。

それゆえ、難民機関は単なる人道的組織にとどまらず他の分野でのスキルや専門知識を備えなければならない。難民保護について特定の国際機関だけが責任を負うのは無理で、世界銀行とその民間部門、国際金融公社、国連開発計画（ＵＮＤＰ）、国際移住機関（ＩＯＭ）、国連人権高等弁務官事務所（ＯＨＣＨＲ）、国連安全保障理事会、そしてアフリカ開発銀行をはじめとする多くの地域アクターの協力が必要である。

つまり難民保護についてはどの国際機関も独占的な地位を占めてはならないのだ。国連システムの中では難民問題は主に人道問題として考えられている。ＵＮＨＣＲは、あたかも難民に関する主導機関であり、難民支援に関わるすべてのアクターが許可を得なければならない聖なる門番のように扱われている。しかし、難民を単に「ＵＮＨＣＲの問題」とみなすことはできない。

組織を再考する

難民保護のための集団行動の実現のために、効果的にリーダーシップを発揮できる難民機関が切実に求められている。国家や非国家主体の間で公平かつ効率的に責任を分担するために、いくつかの新しい取り決めが必要だ。それには法的な性格を持つものもあれば、アド・ホックなものもあるだろう。本書で提案したシステムには、議題設定から交渉、実施、モニタリング、執行に至るまでのさまざまな機能をサポートできるファシリテーターが必要だ。そのために今まで構築されてきた体制を改善することは一案だ。しかし、新しいモデルでは、今までとはまったく違ったＵＮＨＣＲが必要であり、ますます関連性の高い能力を持つ世界銀行のような組織からのインプットも必要となる。

国際機関の第一の目的は、集団行動を促進することである。現在のＵＮＨＣＲは、集団行動の現場における機能の一部を効果的に果たしている。現場密着型の組織として人道支援を難民に届ける点では優れている。しかし、他の分野では絶望的に弱体化している。ＵＮＨＣＲは政治的アジェンダを主導するどころか、後追いしている。政府に法的助言をしても顧みられないことも稀ではない。政治的な交渉によって長期化した難民問題の解決を図るのではなく、その問題を何とか管理することに甘んじている。

求められているのは、各国政府間の新たな合意を促進する仲介役となりうる機関だ。それは、国家間の「最大公約数」を探る動きに追随したり、時代錯誤的な難民制度を守ろうとするのではなく、積極的にアジェンダを設定できる機関であり、専門性と道義的権威を戦略的に発揮して、ドナー、受入国、難民のために「ウィン・ウィン」を実現することができる機関だ。それは、グローバル、ナショナル、ローカルなレベルの政治の変化を敏感に察知し、未来へのビジョンを掲げ、先頭に立って率いることができる組織である。

ファシリテーターとして能力を発揮するためには、新しい機関は政治との関係を再検討しなければならない。もともと冷戦時代のイデオロギーからＵＮＨＣＲを遠ざけるために考え出されたＵＮＨＣＲ事務所規程の「非政治性」は、ＵＮＨＣＲは政治に関与すべきではないことを意味するとしばしば誤解されている。自国民でない難民の待遇と機会を擁護することほど政治的な行為はない。効果的な機関であるためには、その任務の政治的文脈をよく理解し、難民にとってより良い結果になるように権力を使い利益を誘導することができなければならない。

ここで考察したような要素を持つ難民レジームの構築のためには、効果的なファシリテーターとなれる機関が必要だ。つまり政策上のトレードオフに関与し、相互に利益を得られる分野を見つけることができる組織が必要だ。世界の主要な難民受入国のすべてに開発区域（特区）を設置するという我々のビジョンは、南と北の境を越えた、また官民の関係者を巻き込んだ政治的な取引を必要とする。難民が「忘れ去られた状況」から抜け出す道を確保するためには、国家や非国家主体との間の知的な交渉が必要である。

この役割を果たすために、UNHCRは再編成を迫られるだろう。現在のUNHCRには、法律家と、オペレーションに携わるテクノクラートばかりが多い。そのため、UNHCRの二大機能は、国家に法的助言を行うこと（助言が受け入れられても受け入れられなくても）と、主に難民キャンプでの人道支援活動となっている。これらの活動は今後も大切であるが、つまるところ最も重要な仕事ではない。今日では、政治と経済が難民の将来を左右する要因となっているが、これらの分野でのUNHCRの専門的能力はきわめて限定的だ(15)。開発アプローチを受け入れるなど、UNHCRは徐々に変化に対応していると主張しているが、大半の人的・財政的資源を時代遅れになった活動に投入しているのが実情だ。

UNHCRの改革の方向性は、より多くの結果を出すために活動を絞り込むことにある。その主要な役割は、政治的なファシリテーションと専門家としての権威の発揮に限るべきである。この二つの役割をきちんと果たせば、UNHCRが現在最も資源を使っている人道援助は縮小させることができる。UNHCRは難民保護の業務を独占する必要はなく、他の公的機関と役割を分担しつつ、NGO、市民社会組織、難民自身、企業と協働することができるし、またそうすべきである。

過去にＵＮＨＣＲが最大の成果を挙げたのは効果的なファシリテーターとしての役割を果たしたときである。これまでに取り上げた１９８０年代後半から１９９０年代初頭にかけての「インドシナ包括的行動計画」と「中央アメリカ難民・避難民・帰還民に関する国際会議」（ＣＩＲＥＦＣＡ、Conferencia Internacional sobre Refugiados, Desplazados y Repatriados de Centro América）のプロセスでは、ＵＮＨＣＲは政治的なファシリテーターとして活躍し、積極的にアジェンダを設定した。開発、移民、安全保障などの分野に携わる他機関と協力して、専門的な分析能力も確立している。その中で、セルジオ・ヴィエイラ・デ・メロ（Sergio Vieira de Mello）、レオナルド・フランコ（Leonardo Franco）、コフィ・アナン（Kofi Annan）、シャシ・タルール（Shashi Tharoor）、エリカ・フェラー（Erika Feller）、アイリーン・カーン（Irene Khan）など、少数ではあるがのちに世界的なリーダーとして知られる人材が育ったのは偶然ではない[16]。

驚くべきことに、難民条約の有用性について議論がますます激しくなる中、ＵＮＨＣＲ自体はほとんど見直しの対象にならなかった。役割が究極的には限定されているとしても、国連の難民支援機関が有効であることは非常に重要である。難民にかかる条約が必要か否かについては、法の必要性が判然としないため議論の余地があるだろうが、有効に機能する組織は不可欠である。ＵＮＨＣＲの主要ドナー国はＵＮＨＣＲ改革から大きな恩恵を受けるだろう。ドナー国は、ＵＮＨＣＲがより活発になり、政治的関与を深める組織となっても何も恐れることはない。むしろ、21世紀のニーズに合い、より少ない資源で効果的な成果を挙げることのできる組織の存在は、どの国にとっても利益となるだろう。

改革プロセス

では、どうすれば現状から目標地点までたどり着くことができるのだろうか。障害や反対があることは十分に認識している。制度というものは常に変化に抗うものだ。何十年にもわたる経路依存性で固まってしまった現状は、必然的に既得権益を生み出す。変化することへの無気力は当然だともいえる。多くの法律家は、自らの食い扶持と職業意識のために、もっぱら法的視座からしか難民保護を捉えることができない。人道主義の専門家は、難民レジームが難民のケアとメンテナンスを主要目的とすることに強い関心を持つ。どの組織も他組織に大きな役割を与えることで権力を手放すことを望みはしない。こういった抵抗勢力には真正面から立ち向かわなければならないのだ。

最終的には、変化を起こすことができるのは主要ドナー国のイニシアチブだ。金を出す者に決定権があるというわけである。難民レジームを支える最大の資金拠出国は、米国、日本、カナダ、オーストラリア、そして欧州諸国であり、こういった国々こそが意味ある改革を求める力を持っている。難民に対する政策の違いが共通の行動を妨げる可能性はある。例えば、カナダの政策は、オーストラリアの政策とは非常に異なっている。しかし、どちらの国も現行システムがうまくいっていないという認識は共有していると思われる。

今必要なのは現実的な代替案であるが、ここではあえてその青写真を示すことは控えた。他人の計画を喜んで採用するような組織では変化は望めないからだ。本書の試みは、皆に支持される難民制度が持つべき目的と、その目的を達成するための基本的な手段を提示するという、控えめなものである。

制度改革を加速させるメカニズムにはさまざまなものがあるが、グローバルな規模での委員会の実績はまちまちである。ブルントランド委員会からグローバル・ガバナンス委員会、国際移住に関するグローバル委員会に至るまで、国連事務総長が任命した準独立的な委員会は、時には興味深く賢明な改革に向けた提言を行うこともあったが、政治家に一顧だにされない報告書作りに終始することもあった。一方で、明確なマンデートを持つ国家主導の非公式なイニシアチブが、より良い変革の道筋を示すこともあった。国内避難民のガバナンスへとつながったブルッキングス・ベルン・プロジェクトや自然災害に起因する国内避難についてのナンセン・イニシアチブがその例である[17]。

国連は公式な改革プロセスを開始した。2016年9月19日、国連総会に合わせて「難民と移民に関するハイレベル会合」が開かれ、193の加盟国が宣言に合意した。その中には、「難民キャンプは（有事における）例外事態と捉えるべきである」「すべての子どもの難民は教育を受ける権利を持つべきである」「難民問題は世界全体で共有すべき責任問題である」などの重要な考えが含まれていた。またこの会合で、各国は難民保護システムを補完する二つのグローバル・コンパクト――一つは移民に関するコンパクト（安全で、秩序立った、合法的な移住のためのコンパクト）、もう一つは難民に関するコンパクト――に2年にわたって取り組むことを約束した[18]。こういったレトリカルな、また、（拘束力に乏しい）文書ベースの取り決めが、最終的に各国政府の行動変容につながるかどうかはまだわからない。いずれにせよ今までの国連のプロセスに欠けていたのは、難民の将来に向けた変革的なビジョンや、どのように現場に変化をもたらすかの戦略的な計画である。元難民高等弁務官であって今や国連事務総長であるグテーレスは、古巣のUNHCRの弱点から学び、抜本的な変革を主導するのに理想的な立場にいる。

我々が提案したアプローチは、高尚で抽象的な原則について交渉するよりも、現場での実践的なオペレーションの変化を重視するもので、そこで我々は難民の救済、自立、そして忘却からの脱出の解決策を見出す道筋をつける試験的な計画を呼びかけている。計画は、世界の難民の圧倒的多数を受け入れている国を対象に、それらの国々が抱えている特定の事情にあわせて設計される。この計画は段階的な実施が可能で、積極的に関与したいアクターがいる地域で始めることができ、繰り返し学習しながらより広範囲な制度改革に向けて機運を高めることができる利点がある。つまりこのアプローチは、特定の難民受入国において開発特区をベースにした試験的事業を実施し、それを試行錯誤しながら修正、拡散していくことを国際機関に促すものだ。改革への野心は変革的であるべきだが、出発点は現実的なものでなければならない。

第Ⅲ部

歴史を変える

第9章　未来への回帰

第Ⅰ部では、シリア難民危機の悲劇を、難民制度の創設からギリシャからトルコへの難民の強制送還という結末まで描いた。第Ⅱ部では、世界的な難民政策への新たなアプローチを説明した。それは、今までのキャンプ収容や裁判所の判決、パニックではなく、難民のニーズを満たすための最良の方法を備えるアプローチだ。この最終章では、このアプローチに対する三つの問いを投げかけてみよう。第一に、反実仮想の方法によって、もし私たちのアプローチが2011年に実行されていたとしたらシリア危機はどのように展開しただろうかを考える。第二に、今度は将来において私たちのアプローチが通用するかどうかを検討する。例えば、このアプローチがケニアで実行されるなら、どんな展開がありうるだろうか。最後に、このアプローチについて関係者の合意を得る際に起こるかもしれない問題を考えてみよう。

シリア難民危機の再現

シリア難民危機はわずか四つの重大な決断によって決定づけられた。第一の決断はとても決断とは呼べず、むしろ不作為の罪であった。難民たちが安全な避難所を求め、国境を越えて近隣諸国に流入したとき、主要なドナー国のほとんどは手をこまねいていた。ヨルダン、レバノン、トルコの政府は、国際支援がほとんどない中で大量の難民の流入に対処せざるを得なかった。これまでに見てきたように、ヨルダン政府が受け入れた難民は人口の10分の1以上になる。ドイツに当てはめれば８００万人の難民が流入した勘定になる。だが、50万人のシリア難民の流入の際でさえ、ドイツ政府は他のヨーロッパ諸国は十分に責任を負担していないと不満を表している。ドナー国が資金提供をしなかったのは、今までの何もしない政策を漫然と続けただけだが、時としてもっとひどい政策がとられた。２０１４年に、ドイツ政府はヨルダンのＵＮＨＣＲへの拠出額を半減させたのだ。

当然のことだが、周辺国政府は流入する難民の数が増加するにつれ次第に苛立つようになった。ヨルダンは難民に対して国境を封鎖した。トルコは沿岸の国境を開放し、トルコ内の難民が密航業者を介してＥＵ諸国に向かえるようにした。当然のことながら、一部の難民がその機会を利用して移動を始めた。

このことは、メルケル首相の、難民が最初に到着したＥＵ加盟国に送還することを規定したダブリン協定を一方的に破棄する（つまり難民はドイツに残留できる）という、第二の重大な決断につながった。これはさらに四つの想定外の結果をもたらした。すぐに起きたことは、密航ビジネスが広がり、それを利用した数千人もの人々が地中海で溺死したことである。彼らはメルケル首相の決断ゆえに命を危険にさらすことになったが、メルケル首相の決断がなかったなら、トルコなど周辺国にとどまっていただろう。それに続く結果として、ドイツとスウェーデンへの大規模かつ突然の難民の流入は、両国の人々の意識を好意的な歓迎から憤りと恐怖へと変えてしまった。

国民感情の変化を受けて、スウェーデン政府は国境開放政策を撤回し、難民に対して国境を閉じた。デンマーク政府も同様の措置をとった。さらにスウェーデン政府は、援助予算の半分を貧困国支援からスウェーデンにたどり着いた難民支援に切り替えた。ドイツ国民の感情の変化はより広範囲な影響をもたらした。それはこれもまたメルケル首相による、第三の重大な決断、すなわち、ドイツに移動中の数千人の難民の入国は認めず、トルコに送還するという決断につながった。けんか腰のトルコ大統領に帰還難民を受け入れさせるために、メルケル首相はやや当惑するような提案を示したが、そこには60億ユーロの融資が含まれていた。この合意は、難民を受け入れている他の周辺国の政府に、自国にいる難民を交渉の材料として利用できることを気づかせるという意図せぬ結果を招いた。これまで見てきたように、難民を人質としてうまく利用することに早々に成功したのはケニア政府だった。

ダブリン協定の一方的な停止と、メルケル首相とエルドアン大統領の間で密かに交渉された合意によって、欧州委員会は独自の決断を迫られた。欧州委員会はそれらに反対するか支持するかのどちらかを選択できたのだが、支持することを選んだだけでなく、すでにドイツに向かっている難民を他の加盟国に再配分するルールを設けることで、この合意を強化することを選択した。一部のEU加盟国の政府はこの提案に反対した。このような提案の採択は慣例としては全会一致を要したが、欧州委員会は初めてこの慣例を放棄することを決断した。

これは第三の意図せざる結果をもたらした。英国はすでにEUに残留するかどうかを問う国民投票の最終段階に入っていた。欧州委員会による難民危機の管理が不適切であり、その決断がドイツに支配されているという印象は、離脱派への「贈り物」となった。離脱派の最後の集会ポスターには、「我慢の限界」という見出しのもと、ドイツの国境に押し寄せる人々が描かれ、それは「EUから主権を取り戻す」というスローガンで締めくくられていた。国民投票後の分析では、この表現が決定的だったことが示された。すなわち、難民危機をめぐる一連の重大な決断が、EU最大の加盟国の一つである英国国民がEU離脱を選ぶという予想外の結果をもたらしたのだ。

これらの重大な決断がもたらした最後の意図せざる結果は、大学教育を受けたシリア人の約半数がヨーロッパにいるということである。シリアは国の制度と経済を再建するために必要とされる人々を根こそぎ失ってしまった。紛争後のシリア社会の復興は遅れることになる。

ここに現代の悲劇の1ページがある。そこには、意図せざる四つの結果として、地中海での多数の溺死、人質にされた難民、英国のEU離脱、そして紛争後のシリアの再建の難しさが書かれている。それは何のためだったのか？　400万人の難民がシリア周辺国で適切な機会を得られずに取り残されている。彼らに対する支援は1人あたり年に1ドルに過ぎないが、ヨーロッパに逃れた100万人足らずの優秀な難民は、仕事もせず、1人あたり135ドルのコストがかかっている。こうした事態を本気で擁護しようとする政治家はいるのだろうか。

悲劇とは、恐ろしい結末に向かって容赦なく展開する一連の出来事だが、もし決断が違っていたら、この悲劇は避けられたかもしれない。今こそ歴史を作り直す時だ。

シリアで大規模な暴力が広がり、難民が国境を越えて逃げた頃、再活性化したUNHCRと新たに権限を与えられた世界銀行があったなら、新しい標準的なアプローチが実行されていたことだろう。その場しのぎに危機を乗り越えるモデルは、災害保険を資金源とする定期的な分担金に取って代わられ、潤沢な資金が確保されていただろう[1]。ヨーロッパ諸国の拠出の大半は、欧州委員会の調整の下で行われたことだろう。

その結果、難民への緊急援助が周辺受入国の負担になることはなかったであろう。緊急対応事業は、次の標準的な段階、すなわち開発地区の支援事業へと急速に変わっていったはずだ。受入国政府はこれがもたらしうる機会をすでに知っており、国際企業やシリア企業の移転を誘致するために競いあっていたかもしれない。難民に対して国境を閉じたり、逆に密航業者に海岸を開放したりすることはなかったことだろう。いずれの行為も、合意された約束への重大な違反となるからだ。

開発地区でのシリア人雇用の見通しが立っているなら、シリアの国内避難民の多くはそこを目指して難民になることを選んでいたに違いない。シリアの人口が空洞化するにつれて、相争う集団の間に紛争を解決するように圧力が高まった可能性さえある。そうだとすれば、それは目指すべき目的というよりも、むしろ魅力的な意図せざる結果となったことだろう。

若いシリア人の中には、いまだヨーロッパを夢見る者もいるかもしれない。そのような者はヨーロッパへの再定住を申請できるが、開発地区にいる間だけである。再定住でヨーロッパが受け入れる数は、合意された最少人数を守ることを条件に、各政府の申し出によって決定される。これらの条件を守るなら、受入国政府が再定住対象者を選択するために一定の基準を設けることが認められる。さらに、大使館や領事館を通じた移住ルートも利用できるようになる。密航業者の手引きでヨーロッパ諸国の海岸に到着した者は人道的に扱われる。しかし、周辺国で必要な権利や機会を得られない場合や、特別なリスクがある場合を除き、開発地区に送還されることになる。

いずれシリアに平和が戻ってくれば、周辺国の開発特区にいるほとんどのシリア人は帰国することだろう。なぜなら、彼らは自ら望んで出国したのではないからだ。しかし、紛争が何年にもわたって続いたとすれば、周辺国に住む難民の中には現地で新たな絆を築き、そこで定住を希望する者も出るだろう。他の国への再定住を求める者もいるかもしれない。彼らにはそうする権利があるのである。

世界を取り巻くその他の危機

シリアを事例に過去を再現してきたが、もし私たちの考えが他の場所で実行されたとしたら、未来はけてみよう。
どうなるだろうか。他の場所でどのように斬新な効果をもたらすかを例示するために、ケニアに目を向けてみよう。

第5章で触れたように、ケニアは私たちのアプローチにとっては難しい事例である。1990年代初めに、何十万人ものソマリア難民と多くの南スーダン人が流入して以来、ケニアの難民政策は私たちの提唱するモデルとは正反対のものとなっている。政府は難民の全員をキャンプに収容し、就労を認めないキャンプ収容政策を採用した。また、難民のためのすべての責任を国際人道機関が引き受けることを主張した。各人道機関はそれを受け入れ、不十分ではあるが期限を設けない支援を提供してきた。その結果の一つがダダーブキャンプである。世界で最も非人道的で解決の難しい難民キャンプに、多くのソマリア人が押し込まれ、20年にもわたって基本的な社会経済的な自由を得られないまま暮らしてきた。

ケニア政府は、難民をキャンプから解放するいかなる提案にも強く反対しており、その結果、難民は長期にわたって援助に依存する生活を強いられてきた。しかし、第5章で触れたように、2016年に状況はさらに悪化した。ケニア政府がソマリア難民をすべて国外に追放し、政府の難民局を閉鎖すると脅したのだ。

しかし、このような道をたどる必要はない。ケニアにおいてすらも、私たちの取り組みは有用だと考えている。ケニアの難民政策を分析してみると、適切な飴と鞭の組み合わせがあれば、ほとんど何でも可能であることがわかる。2016年においてすら、政府の政策はありとあらゆる硬軟の姿勢を示した。たしかに、政府はソマリア難民のほぼすべてを追放すると脅した。しかし、ヨーロッパの支援国が水面下で示した責任分担についての新たな取引を受け入れ、追放を思いとどまった。あまり知られていないが、トゥルカナ盆地に新たに設けられたカロベエイキャンプでは、難民の自立に向けた小規模の実験にも着手している。本稿の執筆時点では、このキャンプには数千人の南スーダン人しかいないが、ダダーブの難民とは異なり基本的な経済的自由が与えられている。このようなケニア政府の難民政策の多様性は、適切な国際支援のパッケージを提示されたならケニア政府が柔軟に対応することを示している。

ヨルダンと並んで、ケニアも貿易特権の恩恵を受けることができよう。他の開発途上国とは異なり、ケニアの輸出品は欧州市場へ無条件にアクセスできない。ケニアは米国政府の「アフリカ成長機会法（AGOA）」の特権を受けることができるが、EUの最貧国のための「武器以外の全品目に対する無関税、数量制限なしの原則（EBA）」の枠組みの対象ではない。実際、本稿を書いている時点で、ケニアは欧州委員会の貿易総局から、欧州市場への容易な参入権を間もなく失うと警告されている。他方でこれはEU市場へ参入するための「カーブアウト」による恩恵を受けられることを意味している。EUがヨルダンの難民経済特区にEU衣料品市場へのアクセス特権を与えたように、EUはケニアに対しても、農業、衣料品、繊維のような分野で特権を与えることができよう。

適切な貿易特権があれば、ケニアに事業投資を呼び込むことは可能だ。ケニアはすでに多額の海外直接投資を受けており、企業活動にとって望ましいインフラを持っている。しかし、ケニアの難民との関わりを切望する企業は、これまでは好ましくない規制環境のために関与を控えてきた。難民に働く権利がなければ、企業は彼らを雇用できない。しかし、農業から農産物加工、製造業に至るまで難民雇用には可能性がある。さらに、もしダダーブ難民キャンプがある北東州の乾燥した国境地帯から難民を移動させることができれば、経済的機会はさらに大きくなるだろう。例えば、1991年に多くのソマリア難民が定住したモンバサや、その周辺地域にもチャンスがあるだろう。

シリアについて議論したように、亡命したソマリア人の人的資本を支援することは、典型的な脆弱国家であるソマリアの復興への道筋をつけることになるかもしれない。ソマリアでは平和構築と難民の帰還の試みが何度も失敗してきた。問題の一因は「ソマリア人のパラドックス」である。ソマリア人は亡命先で最も起業家精神に溢れ、経済的に成功したコミュニティを作っているが、本国の社会は機能不全に陥っている。この違いの理由の一つは、起業家精神という特性は個人や家族レベルで存在するのに対し、ガバナンスの成功に必要な特性は社会レベルにあることだ。海外での経済的成功を促す家族や親族集団の競争力は、効果的なガバナンスのための社会レベルの協調性で補われる必要がある。

この点では、亡命先での自由度の高さが役立つだろう。第7章で議論したように、安全な避難国での難民の支援は、本国帰還後の行動を形づくる可能性がある。例えば、経済的な自立と政治的な自治は、特に人々が親族集団を超えて協働することが可能になったときに、本国のガバナンスの再建に必要な協力的行動を生み出すのに役立つ。

私たちのアプローチは、驚くべき速さで、難民支援の現場に新たに参入してきた多くのアクターによって採用されている。2016年9月、オバマ大統領は国連総会のサイドミーティングを招集し、そこで多くの政府が難民政策の転換を約束した。10月には、世界銀行理事会が、ヨルダンに対して経済特区の再整備を行うための譲許的な3億ドル融資をすることを承認した。これは世界銀行がヨルダン政府と結んだ協定を実施するもので、12万人のシリア難民が雇用されることになった。理事会はまたレバノンにも同様の融資を承認し、30万人のシリアの子どもたちが学校に通えるようになった。この二つは世界銀行が難民事業に対して行った初めての融資である。世界銀行のこの決定は、先進国と発展途上国の両方から熱烈に支持された。他の援助機関もまた「ヨルダンモデル」と呼ばれるこのアプローチを取り入れている。英国の開発機関である英国国際開発省（ＤＦＩＤ）は、エチオピア政府と欧州委員会との間で、難民を含む10万人の雇用を可能にする新しい工業地帯のために5億ドルの資金を調達することを取り決めた。(2) メルケル・ドイツ首相はこの件に関心を持ち、プロジェクト支援のためエチオピアを訪れる予定であるし、メイ英国首相も訪問を計画している。市民社会もイノベーションを起こしている。新しいＮＧＯである難民都市連合（Refugee Cities）と、マッキンゼー・グローバル・インスティテュートも、民間企業の専門知識を生かして商業的に実現可能な工業地帯を設立することで多数の雇用を保護国に生み出そうとしている。

私たちのアプローチの明確化

私たちは世界のあらゆる問題の解決策を提示するつもりだったのではない。私たちの狙いは、世界の難民を持続的に保護できる実現可能なシステムを考え出すことだ。私たちにとっての課題は、今日の世界の制約の中で、一部の難民ではなく、すべての難民に救援、自立、忘却からの脱出を提供できるアプローチを提示することだ。

私たちのアプローチの中心にあるのは、紛争や危機に苦しむ国の周辺途上国に難民にとっての安全な避難所を作ることだ。その理由は、難民の圧倒的多数が隣接する途上国におり、そこにとどまることで難民が最終的に帰国して自国を再建する可能性が高くなり、それによって乏しい資源をより効率的かつ持続可能な方法で配分できるからである。

しかし、安全な避難所は今日よく見られる方法で作ることはできない。現在のキャンプ収容型の人道支援モデルは失敗しており、誰の利益にもならない。それは非人道的であり、現代の世界とは断絶している。当然のことながら、難民はキャンプを去る。目指すべきは、自立と雇用を重視したモデルである。もし難民が自分自身と家族を助けることができれば、彼らが恩恵を受けるだけでなく、受け入れ社会にも貢献でき、帰国時には自国社会を再建することができるだろう。

経済参加のモデルには、それぞれの避難国に適したさまざまな種類がある。ウガンダは、約50万人の難民に自国での経済活動へほぼ全面的な参加を認めている。しかし、すべての国がウガンダのモデルを採用できるわけではない。ヨルダンは経済特区で難民に雇用を提供するというアプローチをとっている。異なる難民状況によって異なるアプローチが有効だろうが、共通なのは経済的なエンパワーメントを通じた難民の能力向上ということである。

このようなアプローチを広めるためには、新しい形のパートナーシップが必要だ。ドナー国は、難民の就労についての受入国の懸念に対しては、必要な資源を供与する覚悟をしなければならない。また受入国への投資を促すために自国市場を開放する必要がある。企業による投資は中心的な役割を演じるからだ。そして、このようなパートナーシップを経済的、政治的に促進するために、新しい国際組織モデルが必要となる。

私たちは、このモデルが難民の自立と尊厳を高め、避難国の発展に寄与し、シリアのような国の紛争後の復興に貢献できると信じている。しかし、私たちが提示したのは一つのアプローチであり、青写真ではない。まだまだ解決しなければならないことが多く、このアプローチの有効性は試験的な取り組みを通じて決定されよう。そのためには、それに対する潜在的な批判を考えてみることが役立つ。三つの一般的な反対意見を見てみよう。

本国に帰還できない難民をどうするのか？　いかなる難民も、忘れられた存在のままであってはならない。ある時点で、最終的な本国帰還の現実的な見通しがない場合は、新しい国に同化するための道が提供されるべきである。先に見たように、第三国定住という道がある。5年なり10年なりのあらかじめ決められたタイミングで、独立した機関が解決策が見えないと判断した場合は、第三国定住を可能にすべきである。

このアプローチは難民の自由な移住を許さないのか？　私たちの目標は難民の移住を防ぐことではな

い。難民が移住を望むのであれば、労働移住や家族再統合などの代替手段が提供されるかもしれない。しかし、難民にとって必要なのは、移住自体ではなく、救援と自立である。もちろん、彼らは安全な避難所にアクセスするために必要な限りにおいては、移動の権利を持つべきである。だが、その必要性を超えた移住は重要性を持たない。もし本国のより近くに妥当な避難所があれば、難民は密航組織に頼って危険な旅に出たりする可能性は低くなるだろう。自発的な移民とは異なり、難民は願望ではなく絶望が原因で国を離れたからである。重要なことは、本末転倒してはならないということだ。ヨーロッパの政府が難民の二次的移動を減らすことに真剣であるなら、まずは避難国に投資して経済的機会を増やさなければならない。

どのようにして難民の経済的搾取を防ぐのか？　難民の雇用機会を創出するという考えについて懸念する人もいるだろう。強力な企業による搾取のリスクがあるからだ。ただ、難民の話に耳を傾けると、ほとんどは自分自身とその家族を支えるために、働く機会を望んでいる。重要なことは、働くことが自発的なものであることと、雇用慣行が基本的な人権基準を満たしていることである。国際機関の監督、メディアの監視、大企業の評判リスク管理の組み合わせによって搾取の危険は小さくできる。搾取や虐待の可能性は、難民がインフォーマル・セクターで違法に働き、法律や世間の監視の目が届かない現状でのほうがはるかに高いといえよう。私たちの提案は、難民の機会と選択肢を増やすことを目指すものであり、さらなる制約を課すものではない。

未来の再生

もし政治家が今までに実際に起こったことを擁護するつもりがない場合、彼らは選択を迫られる。たいていの場合の選択肢は、何も言わず身を潜めて、他の問題に目を向けるというものだ。難民はヨーロッパに来なくなった。問題はなくなった、去る者は日々に疎し、という態度だ。私たちはこれが何をもたらすかを知っている。それは、次の予期せぬ危機への対応を誤ることだ。それは、アルジェリアか、カブールか、それともウクライナだろうか？　誰も将来何が起こるかを予測できない。しかし、グローバルな戦略は、これ以上に難民が増えないことをあてにするだけでいいだろうか？　そのような戦略を真剣に擁護する政治家がいるだろうか。

何十年も続いてきた難民戦略は明らかに失敗しており、私たちは違うアプローチを必要としている。砂に頭を突っ込んで危険を避けているつもりのダチョウのような現実逃避でなく、変化を受け入れることが必要だ。政治家たちは今、難民政策の見直しに十分な注意を払い、実際に改革する必要がある。その改革は表面的なものであってはならない。

本書において、私たちは心と頭の両方を使って、代替案を打ち出そうとしてきた。私たちはアイデアと実際の行動の間にある隔たりを十分に認識している。本の中から抜け出して、難民のための大きな変化を引き起こす行動に移るには、今までの状況を支えてきた無気力、利己主義、冷笑主義を克服するチャンピオンが必要だ。国際システムを変えることができるのは危機の時だけであり、それゆえその挑戦の困難さは、落胆させるものではなく、むしろやる気を起こさせるものだ。ここからはあなたに委ねよう。

市民社会を巻き込み、難民問題への対応を強化することを目的としている。移民に関するコンパクトの交渉は、国連諸機関と協力しつつメキシコとスイスが主導して行われる予定であり、グローバルな移民ガバナンスの諸問題に関するコンセンサスを求めると思われる。この二つのプロセスは、難民と移民のガバナンスのための新しいビジネスモデルを提供する可能性がある。しかし、そのためには、これらのプロセスは、単なる現状の追認に終わらず、変革的なものでなければならない。

第9章

1）災害保険に関する一般的な提案については、以下を参照。Daniel J. Clarke and Stefan Dercon, *Dull Disasters? How Planning Ahead Will Make a Difference*（Oxford, 2016: Oxford University Press）

2）*Financial Times*, 'Dozens Killed in Ethiopia during Anti-Government Protests', 3 October 2016, https://www.ft.com/content/96e9600c-88b1-11e6-8cb7-e7ada1d123b1.

Economist Explores the Hidden Side of Everything (New York, 2005: William Morrow).

9) Hathaway, 'Why Refugee Law Still Matters': 102.

10) *Financial Times*, 'EU Summit on Refugee Crisis Ends in Disarray', 19 February 2016, https://www.ft.com/content/93881f40-d725-11e5-829b-8564e7528e54にて引用。

11) Steve Krasner, *Sovereignty: Organized Hypocrisy* (Princeton, 1999: Princeton University Press).

12) Judith Kumin, 'Welcoming Engagement: How Private Sponsorship Can Strengthen Refugee Resettlement in the European Union' (WashingtonDC, 2015: MPI), http://www.migrationpolicy.org/research/welcomingengagement-how-private-sponsorship-can-strengthen-refugee-resettlementeuropean.

13) 例えば以下を参照。Alvin Roth, 'The Economics of Matching: Stability and Incentives', *Mathematics of Operations Research*, 7/4 (1982) : 617-28.

14) Will Jones and Alex Teytelboym, 'Choice, Preferences and Priorities in a Matching System for Refugees', *Forced Migration Review*, 51 (2016) : 80-82.

15) UHNCRは政治学的、経済学的な訓練や専門知識に基づいてスタッフを採用することはしなかった、という意味である。例えば、UNHCRは2014年になって初めてエコノミストを採用した。

16) セルジオ・ヴィエイラ・デ・メロは国連人権高等弁務官、レオナルド・フランコはUNHCRの国際保護局長、コフィ・アナンは国連事務総長、シャシ・タルールは国連広報担当事務次長、エリカ・フェラーは国際保護担当の高等弁務官補、アイリーン・カーンはアムネスティ・インターナショナルの事務総長にそれぞれなった。

17) ブルッキングス・ベルン・プロジェクトは、ブルッキングス研究所とベルン大学の共同プロジェクトで、1994年から1998年にかけて国内避難民の保護についてのソフト・ローである「国内避難民に係る指導原則」を策定した。ナンセン・イニシアチブは、ノルウェーとスイスの両政府が主導して2012年から2015年にかけて実施されたもので、災害による移住のガバナンスに関する地域的な協議の推進と提言を行った。

18) 本稿執筆時点では、二つのグローバル・コンパクトのプロセスは進行中である。難民に関するコンパクトはUNHCRが主導し、「包括的難民対応枠組(CRRF)」を中心に構成される予定である。CRRFは、政府、民間団体、そして

ning Ahead Will Make a Difference (Oxford, 2016: Oxford University Press).

11) 基礎となる数値は13%、47%となっている。

12) 高学歴者の割合は時間の経過とともに減少しているが、これはおそらく多くの人がすでに出国してしまったためであろう。データが貧弱であり、かつ変化しているため推定は難しいが、シリアの大学卒業者全体の3分の1から2分の1程度である。

13) *New York Review of Books*, LXIII/13 (August 2016) : 58.

14) Antonio Spilimbergo, 'Democracy and Foreign Education', *The American Economic Review*, 99/1 (2009) : 528–43.

第8章

1) *Guardian*, 'UN Agencies "Broke and Failing" in Face of Ever-Growing Refugee Crisis', 6 September 2015, https://www.theguardian.com/world/2015/sep/06/refugee-crisis-un-agencies-broke-failing.

2) Barbara Koremenos, Charles Lipson, and Duncan Snidal (eds.), *The Rational Design of International Institutions* (Cambridge, 2001: Cambridge University Press).

3) Martin Ruhs, *The Price of Rights: Regulating International Labor Migration* (Princeton, 2013: Princeton University Press).

4) 例えば以下を参照。James Hathaway and R. Alexander Neve, 'Making International Refugee Law Relevant Again: A Proposal for Collectivized and Solution-Oriented Protection', *Harvard Human Rights Journal*, 10 (1997) : 115-211, p.185 ; James Hathaway, 'Why Refugee Law Still Matters', *Melbourne Journal of International Law*, 8/1 (2007) : 89-103.

5) 5年の区切りを初めて提唱したのはジェームズ・ハサウェイである。

6) OECDとUNHCRは最近、労働ビザや家族の再統合を含む代替的な移住経路が、難民のための既存の解決策をどのように補うことができるかを検討するために共同研究を始めた。

7) 罰金は、次の二つの理由から形式的なものにする必要がある。第一に、罰金が高すぎると支払われなくなり、他の法律の遵守が損なわれる。第二に、罰金が低すぎて象徴的でない場合、自由な選択のための代償と誤解され、結局は政府がそれを払うことになる。

8) 以下を参照。Steven Levitt and Stephen Dubner, *Freakanomics: A Rogue*

plex (A)', *Harvard Business School Case* 710-022 (October 2009).

10) Charlie Thame, 'Ominous Signs for Migrant Workers in Thailand', *New Mandala*, 15 June 2014, http://www.newmandala.org/ominoussigns-for-migrant-workers-in-thailand.

11) 1980年に、ベトナム、ラオス、カンボジアからの難民を収容するために設置されたバータンキャンプは、2014年にモロン経済特区の中のバータンテクノロジーパークとなった。http://www.refugeecamps.net/BataanCamp.html.

第7章

1) 以下を参照。Paul Collier and M. Duponchel, 'The Economic Legacy of Civil War: Firm-Level Evidence from Sierra Leone', *Journal of Conflict Resolution*, 57/1 (2013), 65-88.

2) The World Bank, 'Syria's Economic Outlook — Spring 2016', http://www.worldbank.org/en/country/syria/publication/economic-outlook-spring-2016.

3) Government of Jordan 'white paper'. On file with authors.

4) BBC News, 'Jordan Minister: Syrian Refugees Stretching Economy', 10 August 2013, http://www.bbc.co.uk/news/world-middle-east-23631422.

5) Paul Collier and Anke Hoeffler, 'Aid, Policy and Growth in Post-Conflict Societies', *European Economic Review*, 48/5 (2004): 1125-45.

6) ジェームズ・ミルナーは、難民と平和構築の重要かつ軽視されてきた関係を強調している。以下を参照。James Milner, 'Refugees and the Peacebuilding Process', *New Issues in Refugee Research*, Working Paper No. 224 (Geneva, 2011: UNHCR). http://www.unhcr.org/research/working/4eb25c7f9/refugees-peacebuilding-process-james-milner.html.

7) Collier and Duponchel, 'Economic Legacy of Civil War'.

8) Alexander Betts and Will Jones, *Mobilising the Diaspora: How Refugees Challenge Authoritarianism* (Cambridge, 2016: Cambridge University Press), pp. 103–4.

9) UNHCR, 'Slump Hurts Refugee Schools in Kurdistan Region of Iraq', 8 April 2016, http://www.unhcr.org/uk/news/latest/2016/4/57077c986/slump-hurts-refugee-schools-kurdistan-region-iraq.html.

10) 国勢調査と下記の参考著書の調査では基礎となる数値はそれぞれ3.6%と47%となっている。Daniel J. Clarke and Stefan Dercon, *Dull Disasters? How Plan-*

セージを送り、カナダへの再定住を希望するかどうかを尋ねたが、回答者の70%は「いいえ」と答えた。その理由は、シリアの近くにとどまりたいから、家族の定義が狭いから、慣れ親しんだ文化的背景の下で暮らしたいから、カナダの状況の情報がないからといったものであった。

26）Swiss Forum for Migration, 'Movements of Somali Refugees and Asylum Seekers and States' Responses Thereto'（Neuchâtel, 2005: SFM）.

27）この現象は、しばしば「チェーン・マイグレーション」と呼ばれている。移民理論の概要については、以下を参照。Douglas S. Massey et al., 'Theories of International Migration: A Review and Appraisal,' *Population and Development Review*, 1993, 19/3: 431-66.

第6章

1）Douglass C. North, *Institutions, Institutional Change and Economic Performance*（Cambridge, 1990: Cambridge University Press）, Douglass C. North, 'The New Institutional Economics and Third World Development', in John Harriss, Janet Hunter, and Colin Lewis（eds.）, *The New Institutional Economics and Third World Development*（London, 1995: Routledge）, pp. 17-26.

2）Alexander Betts et al., *Refugee Economies: Forced Displacement and Development*（Oxford, 2017: Oxford University Press）.

3）Betts et al., *Refugee Economies.*

4）例えば以下を参照。ILO, 'Impact of Syrian Refugees on the Labour Market', April 2015, http://www.ilo.org/beirut/publications/WCMS_364162/lang--en/index.htm.

5）Gordon Brown, 'The Syrian Refugee Crisis Calls for a New Marshall Plan', *Guardian*, February 2016, https://www.theguardian.com/commentisfree/2016/feb/04/gordon-brown-syrian-refugee-crisis-marshallplan.

6）2016年9月7日、オックスフォード大学セント・アンズ・カレッジにて行われたManaging Director of the Bundesagentur für Arbeitのヴォルフガング・ミュラーによる講演。

7）Joshua Hammer, *New York Review of Books*, LXIII /13（August 2016）：58.

8）Richard Baldwin, *The Great Convergence: Information Technology and the New Globalization*（Cambridge, Mass., 2016: Harvard University Press）.

9）Dante Roscini, Eric Werker, and Han-koo Yeo, 'The Kaesong Industrial Com-

Human Condition Have Failed (New Haven, 1998: Yale University Press).

14) UNHCR, *UNHCR Policy on Refugee Protection and Solutions in Urban Areas* (Geneva, 2009: UNHCR).

15) Jeff Crisp and MaryBeth Morand, 'Better Late Than Never? The Evolution and Implementation of UNHCR's Urban Refugee Policy', seminar presentation, Refugee Studies Centre, Oxford, 6 May 2015.

16) Evan Easton-Calabria, 'From Bottom-Up to Top-Down: The "Pre-History" of Refugee Livelihoods Assistance from 1919 to 1979', *Journal of Refugee Studies*, 15 April 2015.

17) 同じ苗字ではあるが、トリストラム・ベッツは、著者アレクサンダー・ベッツとまったく無関係である。

18) ICARA IとICARA IIについては以下を参照。Alexander Betts, *Protection by Persuasion: International Cooperation in the Refugee Regime* (Ithaca, 2009: Cornell University Press).

19) CIREFCAについての詳細は以下を参照。Alexander Betts, ibid.

20) 難民支援におけるビジネスの役割については、例えば以下を参照。Alexander Betts et al., *Refugee Economies: Forced Displacement and Development* (Oxford, 2017: Oxford University Press), Chapter 9.

21) 外交目的のために難民を送り込むことの分析については、例えば以下を参照。Kelly Greenhill, *Weapons of Mass Migration: Forced Displacement, Coercion, and Foreign Policy* (Ithaca, 2010: Cornell University Press).

22) 例えば以下を参照。Will Jones and Alex Teytelboym, 'The Refugee Match', presentation at the CMS conference on 'Rethinking the Global Refugee System Protection', New York, 6 July 2016.

23) Hein de Haas, 'Turning the Tide? Why Development Will Not Stop Migration', *Development and Change*, 38/5 (2007): 819-41.

24) ヨーロッパ非正規移民の決定要因を調べた社会科学調査のほとんどは、難民と移民を分けて考えることができていない。例えば以下を参照。Katie Kuschminder, Julia De Bresser, and Melissa Siegel, 'Irregular Migration Routes to Europe and Factors Influencing Migrants' Destination Choices' (Maastricht, 2015: Maastricht Graduate School of Governance)

25) 2015年末にカナダ政府が2万5000人のシリア難民を数カ月間再定住させる計画を打ち出した際、レバノンとヨルダンの難民に10万通以上のテキストメッ

6）*Financial Times*, 'Refugees flock back to Syrian town as ISIS flees', 15 August 2016.

7）例えばイプソス・モリが2016年9月に実施した調査によると、12カ国のヨーロッパ人の約51%が、シリア難民に対して「非常に同情を感じている」か、「いくらか同情を感じている」ことがわかった。しかしながら、主に国家の安全保障、政府のコスト、国の福祉制度圧迫などを理由として、彼らの入国を認めることについて「まったく懸念がない」と答えたのはわずか17%であった。https://www.ipsos-mori.com/researchpublications/researcharchive/3786/Public-attitudes-towards-refugees-in-Europe.aspx. 一方で、バンサークらの最近の研究によると、公正で秩序ある責任分担に基づいている場合において、ヨーロッパ人は難民を支援する可能性が高いことが示唆されている。以下を参照。Kirk Bansak, Jens Hainmueller, and Dominik Hangartner, 'Aristotelian Equality and International Cooperation: Europeans Prefer a Proportional Asylum Regime', 2016, Stanford-Zurich Immigration Policy Lab Working Paper No. 16. https://ssrn.com/abstract=2843697orhttp://dx.doi.org/10.2139/ssrn.2853697.

8）ブレグジット選挙で、離脱派にとっての重要論点は主権と移民の二つであり、残留派にとっての最大の論点は経済であった。ピュー・リサーチ・センターのデータによると、米国大統領選挙におけるトランプ支持者の重要論点として、テロ、移民、貿易が、それぞれ2位、3位、9位に挙げられた。2012年の大統領選挙以降、移民の重要性は大幅に上昇しており、共和党支持者では「非常に重要」と考える人が47%から77%に、民主党支持者では37%から65%にまで上昇した。https://www.people-press.org/2016/07/07/4-top-voting-issues-in-2016-election.

9）IMF World Economic Outlook (WEO), April 2016.

10）2009年9月16日、アレクサンダー・ベッツがニャルグス難民キャンプを訪問した際のインタビュー。インタビュー対象者の名前は、安全上の理由から匿名化されている。

11）UNHCR, 'UNHCR Chief Guterres Meets Refugees at Jordan's Azraq Camp', 3 May 2014, http://www.unhcr.org/news/latest/2014/5/5365368c9/unhcr-chief-guterres-meets-refugees-jordans-azraq-camp.html.

12）2015年11月、アレクサンダー・ベッツはUNHCRの公式訪問でアズラクを訪れた。インタビュー対象者の名前は、安全上の理由から匿名化されている。

13）James Scott, *Seeing Like a State: How Certain Schemes to Improve the*

32）Ruben Atoyan et al., 'Emigration and Its Economic Impact on Eastern Europe', IMF Staff Discussion Note, July 2016, https://www.imf.org/external/pubs/ft/sdn/2016/sdn1607.pdf.

33）Seernels et al., 2014.

34）ジェームズ・ハサウェイは、この「スイッチ・ポイント」がおよそ5年であるとする。というのも、社会心理学者たちが、5年の時間が経つと受け入れ社会との同化が進み、帰国が難しくなると考えるからだ。

35）根底にあるジレンマは、ある国から移住してきた個人が、出身国の社会に集団的責任を負うべきか、それとも個人の自由が尊重されるべきなのか、というものである。この点については以下を参照。Kieran Oberman, 'Can Brain Drain Justify Immigration restrictions?', *Ethics*, 123/3（2013）：427-55

36）Wolfgang Müller, Managing Director for European Affairs of the Bundesagentur für Arbeit, St Anne's College, Oxford, 7 September 2016に示されている。

37）2016年9月現在、極右政党である「Alternative für Deutschland（AfD）」は、ドイツの16の州議会のうち10議会で代表権を獲得した。

38）*Financial Times*, 19 July 2016.

第5章

1）Ben Rawlence, *City of Thorns: Nine Lives in the World's Largest Refugee Camp*（London, 2016: Portobello Books）, p. 2.

2）ケルン経済研究所が推定したドイツ国内の難民に対する公的部門の資源配分の推定値と、UNHCR年次予算の一次庇護国における難民支援のための資源配分から、大まかに推定された比率である。

3）難民が欧州経済に与える影響の推定値は、非常に多岐にわたる。フィリップ・レグランは、適切な政策が採用されれば、2022年までに難民はヨーロッパのGDPを最大0.23%引き上げることができると主張している。一方で、ベルント・ラッフェルヒュッシエンは、難民1人あたり、ドイツに45万ユーロの損害を与える可能性があると指摘している。

4）Michael Walzer, *Spheres of Justice: A Defence of Pluralism and Equality*（Oxford, 1983: Martin Robertson）.

5）経済学の専門用語で言い換えるならば、難民制度の最適化問題とは、いかにして全体のコストを最小限に抑えながら、すべての難民に救済、自立、そして窮地を脱するルートを提供するか考えることである。

Blog, 28 September 2016, Oxford University Faculty of Law, https://www.law.ox. ac.uk/research-subject-groups/centre-criminology/centreborder-criminologies/blog/2016/09/fact-check-did-.

23）例えば以下を参照。Save the Children, 'Children on the Move in Europe: Save the Children's Response to the Deepening Child Refugee and Migrant Crisis in Europe', 26 July 2016, https://savethechildreninternational.exposure.co/children-on-the-move-in-europe。その他の関連情報はEurostat, ec.europa.eu/eurostat/documents/2995521/7244677/3-02052016-AP-EN.pdfにある。

24）ギャラップ社が135カ国で実施した調査によると、世界の成人人口の16％にあたる7億人が、機会があれば国外移住を希望していることがわかった。サハラ以南のアフリカではこの数字は38％に上る。Gallup, 'Million Worldwide Desire to Migrate permanently', 2 November 2009, http://www.gallup.com/poll/124028/700-millionworldwide-desire-migrate-permanently.aspx.

25）基本的な自由主義的価値観に基づいて、移住する人権があると主張する見解のうち、最も説得力があるのは、例えばKieran Obermanの 'Immigration as a Human Right', in *Migration in Political Theory: The Ethics of Movement and Membership*, eds. Sarah Fine and Lea Ypi（Oxford, 2016: Oxford University Press）や、Joseph Carensの *The Ethics of Immigration*（Oxford, 2013: Oxford University Press）である。

26）以下を参照。David Miller, Strangers in Our Midst: The Political Philosophy of Immigration（Cambridge, Mass., 2016: Harvard University Press）

27）David Rueda, 'Dualization, Crisis and the Welfare State', *Socio-Economic Review* 12/2（2014）：381-407.

28）Sergi Pardos-Prado, 'How Can Mainstream Parties Prevent Niche Party Success? Center-Right Parties and the Immigration Issue', *The Journal of Politics*, 77/2（2015）：352-67.

29）Brian Barry, 'The Quest for Consistency: A Sceptical View', in B. Barry and R. Goodin（eds.）, *Free Movement: Ethical Issues in the Transnational Migration of People and of Money*（Hemel Hempstead, 1992: Harvester Wheatsheaf）.

30）以下を参照。Paul Collier, World Development（on AIDS）（2017）.

31）Peter Singer and Renata Singer, 'The Ethics of Refugee Policy', in Mark Gibney（ed.）, *Open Borders? Closed Societies? The Ethical and Political Issues*（Westport, 1988: Greenwood Press）.

10）Gibney, *Ethics and Politics of Asylum.*

11）Walzer, *Spheres of Justice.*

12）Seyla Benhabib, *The Rights of Others: Aliens, Residents, and Citizens*（Cambridge, 2004: Cambridge University Press）.

13）Gibney, *Ethics and Politics of Asylum*, p. 36.

14）Ibid., p. 240.

15）マシュー・ギブニーは、国家間の公正な責任分担はそれ自体も、難民の救済を可能にする国家の集団的能力を高める手段としても重要な規範的目標である、と論じている。以下を参照。Matthew Gibney, 'Refugees and Justice between States', *European Journal of Political Theory*, 14/4（2015）：448-63

16）ジェームズ・ハサウェイとアレクサンダー・ネーヴは、「共通だが差異のある責任分担」という概念に基づいて、各国が難民を保護する総コストを削減するための「比較優位」という考え方の価値を示している。詳細は、James Hathaway and R. Alexander Neve, 'Making International Refugee Law Relevant Again: A Proposal for Collectivized and Solution-Oriented Protection', *Harvard Human Rights Journal*, 10（1997）：115-211.

17）*The New York Times*, 'Europe's Continuing Shame', 23 July 2016, p. 8.

18）James Hathaway, 'Why Refugee Law Still Matters', *Melbourne Journal of International Law*, 8/1（2007）：89-103.

19）第3章を参照。

20）例えば、以下を参照。Ruud Koopmans, 'How to Make Europe's Immigration Policies More Efficient and More Humane', *Migration and Citizenship: Newsletter of the American Political Science Association*, 4/2（2016）：55-9、また'Wir schaffen das'についての経験的遺産については以下を参照。Cathryn Costello 'Europe's Refugee and Immigration Policies — Obligation, Discretion, Cooperation and Freeriding', *Migration and Citizenship: Newsletter of the American Political Science Association*, 4/2（2016）：59-66および Georg Menz 'Europe's Odd Migration Policy Choices', *Migration and Citizenship: Newsletter of the American Political Science Association*, 4/2（2016）：51-5

21）例えば以下を参照。Clár Ní Chonghaile, 'People Smuggling: How It Works, Who Benefits and How It Can be Stopped', *Guardian*, 31 July 2015.

22）これとは異なる見解については以下を参照。Thomas Spijkerboer, 'Fact Check: Did "Wir Schaffen Das" Lead to Uncontrolled Mass Migration?', Guest

人の数は、8月には7万7692人だったが、10月には2倍以上の15万9226人となり、その大半がドイツへ向かった。7月末時点での欧州のシリア人難民申請者数の累計は37万2105人だったが、年末までには90万3545人となっている。http://data.unhcr.org/syrianrefugees/asylum.php.

9) 例えば以下を参照。James Traub, 'The Death of the Most Generous Nation on Earth', *Foreign Policy*, 10 February 2016, https://foreignpolicy.com/2016/02/10/the-death-of-the-most-generous-nation-on-earth-sweden-syria-refugee-europe/.

10) *Politico*, 'Merkel: Welcoming Refugees "Right Thing to Do"', 13 November 2015, http://www.politico.eu/article/merkel-welcoming-refugees-right-thing-to-do.

第4章

1) Jonathan Haidt, *The Righteous Mind: Why Good People are Divided by Politics and Religion* (New York, 2012: Vintage).

2) 救助の義務の開発援助への応用については、以下を参照。Paul Collier, 'The Ethics of International Aid,' in *The Oxford Handbook of International Political Theory, eds. Chris Brown and Robyn Eckersley* (Oxford, 2017: Oxford University Press).

3) Thomas Pogge, *World Poverty and Human Rights*, 2nd edn (Cambridge, 2008: Polity).

4) Matthew Gibney, *The Ethics and Politics of Asylum* (Cambridge, 2004: Cambridge University Press), p. 235.

5) Michael Walzer, *Spheres of Justice: A Defence of Pluralism and Equality* (Oxford, 1983: Martin Robertson).

6) Samuel Scheffler, 'Relationships and Responsibilities,' *Philosophy and Public Affairs* 26/3 (1977): 189-209.

7) Kimberley Hutchings, *Global Ethics* (Cambridge, 2010: Polity), pp. 122-4.

8) Hannah Arendt, *The Origins of Totalitarianism* (London, 1986: André Deutsch), Emma Haddad, *The Refugee in International Society: Between Sovereigns* (Cambridge, 2008: Cambridge University Press).

9) Thomas Nagel, *Equality and Partiality* (Oxford, 1991: Oxford University Press).

(London, 1998: Zed Books)

15) 以下を参照。Milner, *Refugees, the State and the Politics of Asylum in Africa*

16) Loescher, *The UNHCR and World Politics.*

17) Nina Hall, *Displacement, Development, and Climate Change: International Organizations Moving beyond Their Mandates* (Abingdon, 2016: Routledge).

18) これらのアイデアは、2016年4月7日にニューヨークのオープンソサエティ財団で行われたプレゼンテーションでSarah Cliffeが提供したものである。

19) Thomas Gammeltoft-Hansen, paper presented at 'Rethinking the Global Refugee Protection System' conference, SUNY Global Center, New York City, 6 July 2016.

第3章

1) もちろん、危機が起きつつあるという声は2011年以前からあった。例えば、2006年には西アフリカからカナリア諸島を経由するスペインへの移動が注目されていた。また他方では、リビアからイタリアのランペドゥーザ島への人々の移動が、小規模かつメディアや政治の注目度が小さかったものの、長期間継続していた。

2) UNHCR, 'Global Focus, UNHCR Operations Worldwide: Turkey' (2015), https://reporting.unhcr.org/node/2544.

3) *Guardian*, 'UN Agencies "Broke and Failing" in Face of Ever-Growing Refugee Crisis', 6 September 2015, https://www.theguardian.com/world/2015/sep/06/refugee-crisis-un-agencies-broke-failing.

4) M.S.S v Belgium and Greece, ECtHR 2011. Application No.30696/09の裁判例。

5) Sergi Pardos-Prado, 'How Can Mainstream Parties Prevent Niche Party Success? Center-Right Parties and the Immigration Issue', *The Journal of Politics*, 77/2 (2015) : 352-67

6) *Guardian*, 'Libya no-Fly Resolution Reveals Global Split in UN', 18 March 2011, https://www.theguardian.com/world/2011/mar/18/libya-no-fly-resolution-split.

7) BBC, 'Migrant Crisis: Merkel Warns of EU "Failure"', 31 August 2015, http://www.bbc.co.uk/news/world-europe-34108224 .

8) データによると、2014年の夏以降すでにシリア人は増加の一途をたどっていたが、欧州への到着のピークは9月と10月だった。欧州で難民申請するシリア

sity Press), Paul Weis, *The Refugee Convention, 1951: The Travaux préparatoires Analysed* (Cambridge, 1995: Cambridge University Press)

3) 難民レジームの歴史については以下を参照。Alexander Betts, Gil Loescher, and James Milner, *UNHCR: The Politics and Practice of Refugee Protection*, 2nd edn (Abingdon, 2021: Routledge).

4) Gil Loescher, *UNHCR and World Politics: A Perilous Path* (Oxford, 2001: Oxford University Press).

5) 例えば、このような定義の調整以外では、アフリカとラテンアメリカの地域的協定は1951年条約の枠組みをそのまま採用している。さらにOAU条約の多くの署名国も、より広い「公の秩序が深刻に乱される状況」の定義の代わりに、1951年の「迫害に焦点を当てた定義」を通常使っている。

6) ジェームズ・ミルナーが、この議論をアフリカとの関連で説得力を持って展開している。James Milner, *Refugees, the State and the Politics of Asylum in Africa* (Basingstoke, 2009: Palgrave Macmillan).

7) Alexander Betts, *Survival Migration: Failed Governance and the Crisis of Displacement* (Ithaca, 2013: Cornell University Press).

8) Matthew Price, *Rethinking Asylum: History, Purpose, and Limits* (Cambridge, 2009: Cambridge University Press).

9) ベッツは彼の著書*Survival Migration*において、この考えを関連する倫理的概念である「基本的権利」に基づかせている。

10) 同上。

11) 欧州における難民認定率のデータは、EurostatとECREが公表している。それについての議論は、以下を参照。EurActiv, 'Asylum Systems in Europe Remain Disparate', 22 September 2015, https://www.euractiv.com/section/justice-home-affairs/news/asylum-systems-in-europe-remain-disparate.

12) 説得ゲームとは、二つの層が非対称な力を持つ国際協力問題を説明するために用いられるゲーム理論上の状況。難民レジームへの適用については、以下を参照。Alexander Betts, 'North–South Cooperation in the Refugee Regime: The Role of Linkages', *Global Governance*, 14/2, 2008, 157–78

13) Alexander Betts, *Protection by Persuasion: International Cooperation in the Refugee Regime* (Ithaca, 2009: Cornell University Press).

14) インドシナCPAの概要については以下を参照。W. Courtland Robinson, *Terms of Refuge: The Indochinese Exodus and the International Response*

3) Mary Kaldor, *New and Old Wars: Organized Violence in a Global Era* (Cambridge, 2012: Polity Press).

4) 以下を参照。Paul Collier and Anke Hoeffler, 'Do Elections Matter for Economic Performance?', *Oxford Bulletin of Economics and Statistics*, 77/1 (2015) : 1–21。

5) Nicolas Berman, Mathieu Couttenier, Dominic Rohner, and Mathias Thoenig, *This Mine is Mine! How Minerals Fuel Conflicts in Africa,* OxCarre Working Paper 141 (2014), https://ora.ox.ac.uk/objects/uuid:174782c5-0468-43df-9ff4-25147f4d9a82.

6) Maddalena Agnoli, Lisa Chauvet, Paul Collier, Anke Hoeffler, and Sultan Mehmood, 'Democracy's Achilles Heel: Structural Causes of Flawed Elections and Their Consequences for Citizen Trust', unpublished paper, CSAE.

7) 以下を参照。Paul Collier, 'The Institutional and Psychological Foundations of Natural Resource Policies', *Journal of Development Studies*, 53 (2) : 217–228.

8) P. Cirillo and N. N. Taleb, 'On the Statistical Properties and Tail Risk of Violent Conflicts', *Physica A: Statistical Mechanics and its Applications*, 452 (2016) : 29-45.

9) 例えば、以下を参照。Ian Bremmer and Preston Keat, *The Fat Tail: The Power of Political Knowledge in an Uncertain World* (New York, 2010: Oxford University Press)。

10) ここでの「ハニーポットの国」とは、世界銀行が定義するところの高所得国(2015年では1人あたりの国民総生産(GNP)が1万2475ドルを超えている国)を指す。

11) 1975年から2015年までの各年の難民受け入れ数を合計したもの。準永久的に難民となっていることからやや特殊な状況にあるパレスチナ人の数を除く。

第2章

1) Claudena Skran, *Refugees in Inter-War Europe: The Emergence of a Regime* (Oxford, 1995: Oxford University Press), Phil Orchard, *A Right to Flee: Refugees, States, and the Construction of International Cooperation* (Cambridge, 2014: Cambridge University Press).

2) 1951年条約のTravaux preparatoiresの分析については、例えば以下を参照。Andreas Simmermann (ed.), *The 1951 Convention Relating to the Status of Refugees and Its 1967 Protocol: A Commentary* (Oxford, 2011: Oxford Univer-

注　釈

序　章

1）この比率は、ケルン経済研究所によるドイツ国内の難民に対する公的部門の資源配分の試算と、UNHCRによる第一庇護国の難民支援のための資源配分についての年次予算データから推定された大まかなものである。ケルン研究所の試算では、2016～17年のドイツにおける100万人の難民に対する連邦政府の支出は543億ドルである。また、同年のUNHCRの1610万人の支援対象者に対する予算は約65億ドルである（実際にはこの資金のうち、難民に使われるのはごく一部である）。ここから135：1という比率が出てくる。ただし、この比率については次の3点に留意すべきである。①これらの数字は限られた利用可能なデータに基づく推定値である、②公的支出によって発生したコストのみを含み、難民の経済的貢献による利益や収益は考慮していない、③この数字自体は、資金は再配分できる、または再配分すべきであるということを意味するわけではない。この比率は、多くの難民が避難している国々で、いかに少ない資金で保護が行われているかを示すために我々が計算したものである。例えば、以下を参照。Russia Today, 'Asylum Seekers to Cost €50bn within 2 Years — Forecast' (1 February 2016), https://www.rt.com/news/330869-germany-migrants-50bn-cost.

第1章

1）2015年現在でUNHCRが公表している最新のデータに基づく。以下を参照。UNHCR, *Global Trends: Forced Displacement in 2015*（Geneva, 2016: UNHCR）。［訳注：最新の統計では、移動を強いられた人数は8930万人で、世界全体の88人に1人となっている（UNHCR、*Global Trends: Forced Displacement in 2021*）。］

2）レフ・トルストイの『アンナ・カレーニナ』は、「幸せな家族はどれもみな同じようにみえるが、不幸な家族にはそれぞれの不幸の形がある」と始まる（望月哲男訳、光文社古典新訳文庫）。

ま

や

は

た

な

索　引

英数字

あ

春聡子（はる　さとこ）［第2章］

国際基督教大学修士。専門は、国際関係学、政治思想、人権問題。主な論文に、「The Impact of Nation Formation on Human Rights and Human Security: A Case Study of Japan」（The Journal of Social Science, ICU, 2020年）など。

古川麗（ふるかわ　うらら）［第8章］

上智大学外国語学部ポルトガル語学科卒業。サセックス大学国際関係論修士課程修了。東京大学総合文化研究科博士課程。国連難民高等弁務官事務所で保護・法務担当として、日本、旧ユーゴ、中央アジア、ミャンマー等に勤務。

松井春樹（まつい　はるき）［第4章］

京都市出身。2021年東京大学法学部卒業。弁護士（森・濱田松本法律事務所所属）。一般社団法人国際人道プラットフォーム事務局、RULEMAKERS DAO地域パート責任者。弁護士としては、スタートアップ、ビジネスと人権の分野を中心とする他、難民申請者やNPO等のソーシャルセクターに対する法的支援も行う。観光、ビジネスと人権、スタートアップ等の分野でロビイング活動にも関与している。

松本昂之（まつもと　たかゆき）［第3章］

サセックス大学大学院修士課程。

宮下大夢（みやした　ひろむ）［第9章］

早稲田大学大学院社会科学研究科博士後期課程修了。博士（社会科学）。東京大学大学院総合文化研究科持続的平和研究センター特任研究員などを経て、現在、名城大学外国語学部准教授。専門は、国際関係論、平和・紛争研究、国際協力論。主な著書に、『全国データ SDGsと日本――誰も取り残されないための人間の安全保障指標』（共著、明石書店、2019年）、『「非伝統的安全保障」によるアジアの平和構築――共通の危機・脅威に向けた国際協力は可能か』（共著、明石書店、2021年）、『新しい国際協力論［第3版］――グローバル・イシューに立ち向かう』（共著、明石書店、2023年）など。

山本剛（やまもと　つよし）［第6章］

早稲田大学大学院社会科学研究科博士後期課程修了（社会科学博士）。国際協力NGOや東京電機大学未来科学部非常勤講師を経て、現在、独立行政法人国際協力機構（JICA）ラオス事務所次長。専門は国際関係論、国際協力論。主な著書に、『難民を知るための基礎知識――政治と人権の葛藤を超えて』（共著、明石書店、2018年）、『平和学から世界を見る』（共著、成文堂、2020年）、『新しい国際協力論［第3版］――グローバル・イシューに立ち向かう』（共著、明石書店、2023年）など。

佐藤安信（さとう　やすのぶ）［第2章、第5章］

ロンドン大学高等法学研究所（法学博士）、ハーバード・ロースクール（LL.M）。早稲田大学アジア太平洋研究センター特別センター員、元東京大学教授（大学院「人間の安全保障」プログラム）、同大学院附属グローバル地域研究機構持続的平和研究センター長。日本および、ニューヨーク、アムステルダム、ブラッセルで法律事務所弁護士、国連難民高等弁務官事務所（UNHCR）法務官、国連カンボジア暫定統治機構（UNTAC）人権担当官、欧州復興開発銀行（EBRD）弁護士。主な著書・論文に、「難民とSDGs――地球社会のパイオニアとして」野田真里編著『SDGsを問い直す――ポスト／ウィズ・コロナと人間の安全保障』（法律文化社、2023年）、「『人間の安全保障』からみた『暴力』と『難民』――冷戦後の『アジア』と『日本』」伊藤聖伸・藤岡俊博編『「暴力」から読み解く現代世界』（東京大学出版会、2022年）、「『難民に関するグローバル・コンパクト』のためのネットワーク・ガバナンス――難民の国際保護に関するアジア・ネットワークの可能性」『国際関係と国際法――小和田恒国際司法裁判所裁判所裁判官退官記念』（信山社、2021年）など。

杉木明子（すぎき　あきこ）［第4章、第6章］

英国エセックス大学大学院政治学研究科博士課程修了、政治学博士（Ph.D.）。神戸学院大学法学部専任講師、同助教授、同准教授、同教授を経て、2018年より慶應義塾大学法学部教授。専門は、国際関係論、現代アフリカ政治。主な著書・論文に、『国際関係論のアポリア――思考の射程』（共著、晃洋書房、2021年）、*Repatriation, Insecurity and Peace: A Case Study of Rwandan Refugees*（共編著、Springer, 2020）、『「難民」をどう捉えるか――難民・強制移動研究の理論と方法』（共著、慶應義塾大学出版会、2019年）、『国際的難民保護と負担分担――新たな難民政策の可能性を求めて』（単著、法律文化社、2018年）、「ケニアにおける難民の「安全保障化」をめぐるパラドクス」『国際政治』第190号（単著、2018年）など。

山田満（やまだ　みつる）［第7章、第9章］

東京都立大学大学院社会科学研究科博士課程単位取得退学（博士「政治学」神戸大学）。埼玉大学教養学部教授などを経て、現在早稲田大学社会科学総合学術院教授。専門は、国際関係論、国際協力論、平和構築論。主な著書に、『新しい国際協力論［第3版］――グローバル・イシューに立ち向かう』（共編著、明石書店、2023年）、『平和構築のトリロジー――民主化・発展・平和を再考する』（単著、明石書店、2021年）、『「非伝統的安全保障」によるアジアの平和構築――共通の危機・脅威に向けた国際協力は可能か』（共編著、明石書店、2021年）、『「一帯一路」時代のASEAN――中国傾斜のなかで分裂・分断に向かうのか』（共編著、明石書店、2020年）など。

〈訳者〉

金井健司（かない　けんじ）［第7章］

東京大学経済学部卒業。University College London 経済学修士課程在学中。

佐々木日奈子（ささき　ひなこ）［第1章］

聖心女子大学文学部卒。2023年秋より、コロンビア大学国際公共政策大学院に進学予定。

須藤春樹（すとう　はるき）［第5章］

東京大学大学院経済学研究科修了（経済学修士）。現在、日系金融機関に勤務。

著者・訳者紹介（[　] 内は監訳・翻訳の担当章）

〈著者〉

アレクサンダー・ベッツ（Alexander Betts）

オックスフォード大学の強制移住および国際問題の教授で、30代で同大学難民研究センターの所長。UNHCRや幾つもの国際機関や政府のコンサルタントとして働いた経験がある。主要著書には、*Refugee Economies: Forced Displacement and Development*（Oxford University Press）等多数。2016年には世界経済フォーラムのYoung Global Leaderに、またForeign Policyによって世界のトップ100人のGlobal Thinkersの一人に選ばれている。

ポール・コリアー（Paul Collier）

オックスフォードのセントアントニーズカレッジの経済学教授。世界銀行を経て、開発経済学の世界的な大家。著書*The Bottom Billion*（邦訳『最底辺の10億人』）は、ライオネル・ゲルバー賞、外交問題評議会のアーサー・ロス賞、コリン・プライズなどを受賞。移民問題を扱った*Exodus: How Migration is Changing Our World*（Oxford University Press、2013）（邦訳：『エクソダス――移民は世界をどう変えつつあるか』松本裕訳、みすず書房）も話題を呼んでいる。

〈監修者〉

滝澤三郎（たきざわ　さぶろう）[序章、第1章]

東京都立大学大学院社会科学研究科・カリフォルニア大学バークレー経営大学院修了（法学修士・MBA）。国連難民高等弁務官事務所（UNHCR）等を経て、現在、東洋英和女学院大学名誉教授。専門は、難民問題、日本の難民政策。主な著書・論文に、*Japan's Immigration Policy 2015-2020: Implications for Human Security of Immigrant Workers and Refugees*（Journal of Human Security Studies, Vol. 10）、『変わりゆく日本の難民政策――補完的保護の議論の背景を探る』（多文化共生研究年報、2023年）、『国連式――世界で戦う仕事術』（集英社新書、2019年）、『世界の難民をたすける30の方法』（編著、合同出版、2018年）、『難民を知るための基礎知識』（編著、明石書店、2017年）など。

〈監訳者〉

岡部みどり（おかべ　みどり）[第3章、第8章]

東京大学大学院総合文科研究科国際社会科学博士課程修了。博士（学術）。上智大学法学部国際関係法学科教授。国際連合大学Academic Programme Associate（Peace and Governance Programme）、ケンブリッジ大学国際関係研究所客員研究員などを経て現職。また、この間、オックスフォード大学移民研究所（COMPAS）客員研究員、ジョンズホプキンス大学政治学部客員研究員などを歴任。専門は国際関係論、人の国際移動研究、地域統合（主にEU）研究。主な著書・論文に、『世界変動と脱EU／超EU――ポスト・コロナ、米中覇権競争下の国際関係』（編著、日本経済評論社、2022年）、"How States React to the International Regime Complexities on Migration: A Study of Cases in South East Asia and Beyond," *International Relations of the Asia-Pacific* (Oxford University Press), 21:1, 2021など。

難民——行き詰まる国際難民制度を超えて

2023年8月15日　初版第1刷発行

著　者　アレクサンダー・ベッツ
ポール・コリアー
監修者　滝澤三郎
監訳者　岡部みどり
佐藤安信
杉木明子
山田満
訳　者　金井健司
佐々木日奈子
須藤春樹
春聡子
古川麗
松井春樹
松本昂之
宮下大夢
山本剛
発行者　大江道雅
発行所　株式会社明石書店
〒101-0021 東京都千代田区外神田6-9-5
電　話　03（5818）1171
FAX　03（5818）1174
振　替　00100-7-24505
http://www.akashi.co.jp
装丁　清水肇（prigraphics）
印刷・製本　モリモト印刷株式会社

ISBN978-4-7503-5625-9
Printed in Japan
（定価はカバーに表示してあります）